JN074248

新版 会計学入門

会計・監査の基礎を学ぶ

千代田邦夫［著］

中央経済社

はじめに

本書では，私たちが暮らすこの社会における会計の役割とその仕組みについて勉強します。

第１章は，会社の実態を知ろうとする大学生Ｋ君の問題提起です。皆さんと同じ疑問を抱いています。

第２章は，簿記について勉強します。あの文豪ゲーテが「最高の芸術である」と絶賛したのです。簿記に親しめるアイデアも紹介します。

第３章は，会社の経営成績を示す損益計算書です。「いくら儲けたか」より「どうやって儲けたか」がポイントです。日立製作所とパナソニックの損益計算書も分析します。

第４章は，会社の財政状態を示す貸借対照表です。資産と負債と純資産について説明します。

第５章は，会社の現金の流れを示すキャッシュ・フロー計算書です。第３の財務諸表として注目されています。

第６章は，財務諸表作成の基礎となる「一般に公正妥当と認められる企業会計の基準」です。会計学の中心課題です。それが世界共通の会計基準となりつつあるのです。

第７章は，原価の計算です。モノを作っている会社の状況を知るためには，原価が計算されるプロセスを学ばなければなりません。

第８章は，監査についてです。財務諸表が会社の実態を示しているかどうかを公認会計士がチェックするのです。

第９章では，本書を読み終えたＫ君が研究室に教授を訪ね質問します。

本文中の太字は，簿記・会計・監査の専門用語です。なるべく覚えてください。また，太字部分は，私が特に強調したい事項でもあります。下線部分は，「注意喚起」事項です。

そして，本文中に（○頁）が頻繁に出てきます。K君の疑問に対する回答や関連事項ですので，当該頁を参照してください。

さらに，引用した法規を略語で示しています（目次の後の「略語例」)。例えば，（会436②一）は，会社法第436条第２項第１号の意味です。できれば『会計法規集』と対照させながら読むと効果的です。法学部の学生が『小六法』を活用して勉強するのと同じ方法です。

会計学は決して華やかな学問ではありません。でも，この社会から会計を取り除いてしまったら，どうなるのでしょうか。現状も将来も見えないのです。

まず，実際に行われている会計に目を向けましょう。それは，財務諸表として各社のホームページに発表されています。そして，財務諸表が作成されるプロセスを勉強しなければなりません。簿記の技術と会計理論，それに原価の計算です。財務諸表の信頼性を検証する公認会計士監査についても学びましょう。

社会科学の中では，ともすると敬遠されがちな会計学ですが，会計学ほど，基礎・展開・応用というプロセスが明確な学問はありません。１年生，２年生，３年生，４年生と積み重ねて，広くかつ深く勉強できるのです。基礎的な知識を習得し，それを体系的に組み立てることを心掛けましょう。

著　者

目　　次

第1章　会社の実態とは ― K君の疑問　1

1　会社，企業，会社とは？……2
(1)　会計と企業会計・2
(2)　企業と会社・2
(3)　会社の種類・3
(4)　上場会社と大会社・5

2　会社の実態とは？……6
(1)　ステークホルダー・7
(2)　会　　社・9
(3)　会社の実態とは？・10

3　ホームページで見る財務諸表……10

4　K君の疑問……13
(1)　資本金，売上収益，当期純利益・13
(2)　貸借対照表と損益計算書・14
(3)　会計処理方法が異なる？・15
(4)　貸借対照表と損益計算書の信頼性は？・16

5　財務諸表作成プロセスとその問題点……17

6　財務ディスクロージャー制度と有価証券報告書……19

第2章　複式簿記とは？　23

1　ルカ・パチョーリと福沢諭吉……24

2　単式簿記……25
(1)　簿記とは？・25
(2)　単式簿記の特徴と欠陥・26

3　複式簿記……28

4　複式簿記の原理(1)——貸借対照表等式と試算表等式……30

5　複式簿記の原理(2)——仕訳の原則……32
(1)　仕訳の原則・33
(2)　勘定科目・34

6　ケース・スタディ……35
(1)　仕　　訳・39
(2)　元帳への転記・42
(3)　試算表の作成・45

7　決算整理……47
(1)　売上原価の計算・48
(2)　有価証券の評価・51
(3)　売掛金の回収可能性 —— 貸倒引当金・52
(4)　減価償却費の計算・53
(5)　前払費用と前受収益・54
(6)　未払費用と未収収益・55

8　精 算 表……56
(1)　精算表の作成手続・57
(2)　残高試算表と貸借対照表及び損益計算書の関係・59

9　貸借対照表と損益計算書……60
(1)　貸借対照表・60

(2)　損益計算書・61
(3)　貸借対照表と損益計算書の関係・62

第3章　損益計算書とは？　67

1　損益計算書の基本フォームを覚えよう……68
2　経常損益と特別損益，そして段階別損益……69
(1)　経常損益 ── 営業損益と営業外損益・69
(2)　特別損益・72
(3)　段階別損益 ── 損益はどの段階で発生したか？・73
3　ケース・スタディ(1)……74
(1)　いくら儲けたか？・74
(2)　どうやって儲けたか？・75
4　ケース・スタディ(2) ── 日立とパナソニック……77
(1)　親会社の日立とパナソニックの業績・77
(2)　日立グループとパナソニックグループの業績（連結）・80
5　損益を計算するためのルール……83
(1)　一致の原則 ── 期間損益計算の根拠・83
(2)　発生主義の原則・84
(3)　実現主義の原則・85
(4)　収益認識基準・86
(5)　費用収益対応の原則・88

第4章　貸借対照表とは？　89

1　貸借対照表の見方……90
(1)　資金の「調達」＝ 資金の「運用」・91

(2) もう一度，貸借対照表の合計欄に注目！・*93*

2 会社の安全性 ──「流動資産」対「流動負債」……*93*

(1) 流動・固定の分類基準とは？・*93*

(2) 流動比率 ── 会社の安全性を知る・*94*

(3) 貸借対照表の科目の並び順と科目の表示・*97*

3 資産の部……*98*

(1) 流動資産・*98*

(2) 固定資産・*101*

(3) 繰延資産 ── 費用なのに資産とは？・*105*

4 負債の部……*106*

(1) 流動負債・*106*

(2) 固定負債・*109*

5 純資産の部……*110*

(1) 純資産の構成・*110*

(2) 株主資本 ── 資本金と剰余金・*110*

(3) 資本剰余金 ── 資本準備金とその他資本剰余金・*111*

(4) 利益剰余金 ── 利益準備金とその他利益剰余金・*112*

(5) 評価・換算差額等，株式引受権，新株予約権・*114*

6 株主資本等変動計算書……*116*

7 資産評価のルール……*118*

(1) 資産と負債の評価・*118*

(2) 資産の評価基準・*119*

(3)「取得原価基準から時価基準へ」ではない・*121*

8 ケース・スタディ
── 総資産と利益剰余金と自己資本比率……*121*

(1) 総資産・121
(2) 利益剰余金・123
(3) 自己資本比率・124

9　貸借対照表は会社の歴史も示しているのです……125

第5章　キャッシュ・フロー計算書とは？　127

1　キャッシュ・フロー計算書の登場……128
2　キャッシュ・フロー計算書のフォーム……129
3　キャッシュの流れを3つの領域でつかむ……131
(1) 営業活動によるキャッシュ・フロー・131
(2) 投資活動によるキャッシュ・フロー・133
(3) 財務活動によるキャッシュ・フロー・133
(4) フリーキャッシュ・フローとは？・134

4　キャッシュ・フロー計算書の有用性……135
5　損益計算書と貸借対照表と
キャッシュ・フロー計算書の関係……136
6　「点」が「線」になるのです……138

第6章　一般に公正妥当と認められる企業会計の基準とは？　139

1　企業会計の理論的な仕組み……140
2　会計公準……142
(1) 企業実体の公準・142
(2) 継続企業の公準・142
(3) 貨幣的測定の公準・143

3　会計原則と会計基準……143

4　会計方針の開示と継続性の原則……144

(1)　会計方針の開示・145

(2)　継続性の原則・146

5　受取手形と売掛金と貸付金の会計……147

6　有価証券の会計……149

(1)　有価証券の分類・149

(2)　有価証券の評価・149

(3)　有価証券の減損 ── 時価が著しく下落した場合・152

7　棚卸資産の会計……154

(1)　棚卸資産の取得原価の決定・154

(2)　取得原価を売上原価と次期繰越高とに配分・154

(3)　棚卸資産の期末評価・161

8　有形固定資産の会計……162

(1)　減価償却の意味と目的・162

(2)　減価償却の計算要素・163

(3)　減価償却費の計算方法・163

(4)　減価償却累計額の表示・166

(5)　無形固定資産の償却・166

(6)　修繕費と改良費の違いは？・167

(7)　固定資産の減損・167

(8)　リース資産・171

9　引当金の会計……172

(1)　引当金とは？・173

(2)　引当金のポイントは「費用」計上にある・174

(3)　引当金の種類と区分表示・176

10　退職給付会計……177
(1)　退職給付引当金の計算・177
(2)　退職給付費用の計算・180

11　税効果会計……181
(1)　税効果会計とは？・182
(2)　税効果会計の手続・183
(3)　繰延税金資産と繰延税金負債・186

第7章　原価の計算とは？　189

1　原価計算のプロセス……190

2　原価の費目別計算……193
(1)　原価要素の分類・193
(2)　材料費の計算・195
(3)　労務費の計算・197
(4)　経費の計算・198

3　原価の部門別計算……198
(1)　原価部門とは？・198
(2)　なぜ部門別計算か？・199
(3)　部門費の集計と配賦の手続・200

4　原価の製品別計算 ── 個別原価計算……205
(1)　個別原価計算の特徴・205
(2)　個別原価計算の手続・206
(3)　ケース・スタディ・207

5　原価の製品別計算 ── 総合原価計算……209
(1)　総合原価計算の手続・209

(2) 仕掛品の完成品換算数量・209
(3) 仕掛品と完成品の原価の計算・211
(4) ケース・スタディ・213

6 要約 ── 日立の原価計算プロセス……215

第8章 公認会計士監査とは？ 221

1 財務諸表監査の課題……222
2 経営者の立場と監査の必要性……227
3 公認会計士監査の目的……229
4 公認会計士……231
(1) 公認会計士と監査法人・231
(2) 公認会計士の独立性・232
(3) 職業的懐疑心とは？・234
(4) 公認会計士の損害賠償責任・235

5 監査の基準……236
6 現代監査の特徴……238
(1) リスク・アプローチ監査・238
(2) 試　査・242

7 監査報告書……243
(1) 監査報告書の種類・243
(2) 監査報告書の構造・244

8 法定監査制度……247
(1) 金融商品取引法と会社法の定める監査・247
(2) その他の法律の定める監査・248

9　公認会計士監査に対する期待と限界……249

第9章　K君と教授との対話　253

〔1〕企業会計基準の弾力性と会計方針の継続性について・254
〔2〕「一般に公正妥当と認められる企業会計の基準」の優位性について・256
〔3〕企業会計と税務会計との関係，そして税理士を目指す諸君へ・259
〔4〕連結財務諸表について・262
〔5〕グローバル世界における会計 ―― 国際会計基準について・263
〔6〕就職活動と有価証券報告書の活用について，そして公認会計士を目指す諸君へ・266
〔7〕会計学の学び方と基本会計図書について・268
〔8〕AI時代の学生生活について ―― ひとつのヒント・270

〔資料1〕財務ディスクロージャーと会計の仕組み・274

〔資料2〕「日経・経済図書文化賞」「日本会計研究学会太田・黒澤賞」「日本会計研究学会賞」受賞図書・論文一覧・276

あとがき……285

索　引……287

略語例

会…………会社法

金商法……金融商品取引法

会規………会社法施行規則

計規………会社計算規則

財規………財務諸表等規則（「財務諸表等の用語，様式及び作成方法に関する規則」）

第1章
会社の実態とは？
——K君の疑問

“うみ”と聞くと，水平線が長く続く穏やかな海や荒れ狂った怖（こわ）い海が思い出されます。“そら”と聞くと，どこまでも高い紺碧の空や真っ赤な夕焼けの空が思い出されます。

うみと聞いた時に，さんずいに毎日の毎を思い浮かべる人はいないでしょう。そらと聞いた時も，ウ冠（かんむり）にハとエを思い浮かべる人もいないでしょう。それは，「海」や「空」が生きた言葉だからです。

「会計学」と聞いた時，何を思い浮かべますか？

1　会計，企業，会社とは？

会計の「意義」とか「本質」という言葉を聞くだけで，やる気をなくしてしまう学生諸君も多いことでしょう。私も，そんな学生のひとりでした。でも，会計学を学んでよかったナ，とつくづく思います。皆さんが本書を最後まで読み終えることができるよう多少工夫しましたので，あきらめずに付いて来てください。

まず最初に，会計と企業と会社に関する基本的な知識を“インプット”しておきます。

（1） 会計と企業会計

会計は，英語で“accounting”といいます。“account”とは，「計算」や「説明」を意味します。このことから，会計は，金銭や土地等の財産の管理・運用を頼まれた者（受託者）が，頼んだ者（委託者）に対してその管理・運用の結果を記録・計算し説明するための手段として発達してきたのです。

そこで，**会計**とは特定の経済主体がその目的を達成するために行う活動を金額で記録・計算しその結果を関係者に報告すること，といえます。**会計学**とは，その会計を研究対象とする学問のことです。

経済主体には，家計，企業，政府等がありますが，会計は，通常，企業を対象とします。そこで，**企業会計**という言葉が使われるのです。

企業会計の中心は株式会社の会計です。それは，以下で説明するように，株式会社は株主や債権者，取引先，従業員，消費者，国や地方自治体等の多くの利害関係者を有し，そして複雑な会計問題を提供しているからです。

（2） 企業と会社

ところで，「企業」と「会社」はどう違うのでしょうか？　右頁の**図表１－１**をご覧ください。

図表1－1　企業と会社

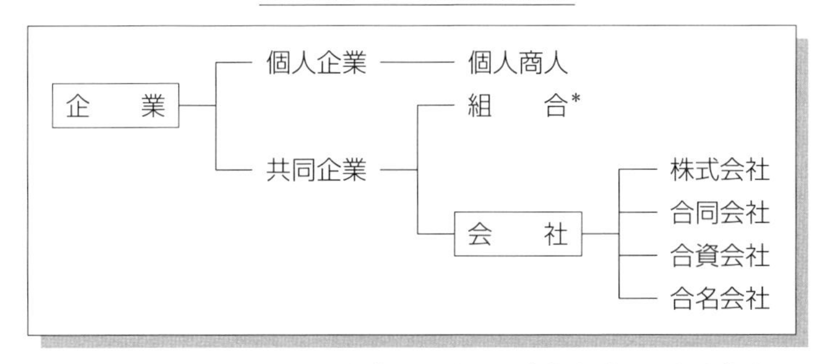

＊　組合とは，２人以上が出資して共同の事業を営むことを約することによって成立する団体のことです。例えば，農業協同組合（農協）や消費生活協同組合（生協）等です。

企業とは，私たちの生活を維持し社会を発展させるために，「財貨」（財産として価値のある品物。例えば，衣服，食物，住宅，家電製品，自動車等）を生産する経済主体，あるいは「用役（サービス）」（運輸，通信，情報，金融・保険等）を提供する経済主体のことです。企業の目的は，投下した資本から生まれる利益を最大化することです。企業は，いつの時代にも，国を問わず，資本主義社会でも共産主義社会でも存在します。

そのような企業がどのような形態を採るかというと，大きく「個人企業」と複数人が出資し経営する「共同企業」とに分かれます。そして，共同企業のうち法律で定める会社形態を採るものが**会社**です。

日本には，会社法の定める株式会社，合同会社，合資会社，合名会社の４種類の会社があります。

（３）　会社の種類

では，４種類の会社はわが国にはどのくらいあるのでしょうか？　国税庁の調査によると，次頁の**図表１－２**のとおりです。

図表 1－2　会社形態と会社数

資　本　金	稼働会社数	株式会社	合同会社	合資会社	合名会社
100万円以下	520,878	393,018	118,347	7,306	2,207
100万円超	78,559	66,216	10,503	1,516	324
200万円 〃	1.134,230	1,108,096	23,555	2,167	412
500万円 〃	691,208	683,564	6,343	1,053	248
1,000万円 〃	135,817	135,183	338	229	67
2,000万円 〃	142,756	142,178	339	185	54
5,000万円 〃	51,834	51,571	228	23	12
1億円 〃	10,127	10,041	84	1	1
5億円 〃	1,444	1,427	17	−	−
10億円 〃	2,621	2,610	10	1	−
50億円 〃	627	625	2	−	−
100億円以上	840	833	7	−	−
合　　計	2,770,941 (100%)	2,595,362 (93.7%)	159,773 (5.7%)	12,481 (0.5%)	3,325 (0.1%)

（出所：『第147回国税庁統計年報，令和３年度版』，2023年６月21日，238頁）

４種類の会社は，それぞれの会社の社員がどのような責任を負うのかを基準に区別されます。ここでいう「社員」とは，会社で働く従業員という意味ではありません。会社に資本を提供している者のことです。

株式会社は，**株主**のみによって構成されます。株主は，自己が引き受けた株式に相応する金額の払い込みをしなければなりませんが，それ以外にはなんらの責任も負いません。これを「株主有限責任の原則」といいます（会104）。したがって，株主は「有限責任社員」です。なお，**株式**とは株式会社の社員としての地位をいい，この地位を具体的に表すものが**株券**です。

株式会社は約260万社で会社全体の94％ですが，資本金１億円以下の法人税法上の**中小企業**である株式会社が99.4％（約258万社）も占めています。

合同会社は，有限責任社員１名以上によって構成され，社員の総意によって定める定款（ていかん）により取締役や監査役を置かず，自由度の高い運営ができる会社形態です（会621）。合同会社は約16万社です。あのアップルやアマゾン，グーグル等の日本法人も合同会社です。

合資会社は，有限責任社員と会社債権者に対して無限の責任を負う社員（これを「無限責任社員」という）によって構成されます（会576③）。無限責任社員は，もし会社が倒産して自分の出資した額以上の借金が残った場合には，自分の財産から会社の借金を弁済しなければなりません。合資会社は約12,500社です。

合名会社は，無限責任社員のみによって構成されます（会576②）。資本の出資者である社員が全員で会社経営に参加し，そこから得られる利益を享受するという会社形態です。社員相互の信頼関係が不可欠なので，多くの場合，親族等で構成されます。合名会社は約3,300社です。

合資会社と合名会社は，地方の酒造会社等に多く見られます。

そして，合同会社と合資会社それに合名会社を，総称して**持分会社**と呼びます（会575-675）。

なお，現実には有限会社も存在しています。会社法の施行（2006（平成18）年５月１日）により有限会社法は廃止され新たに有限会社を設立することはできませんが，既存の有限会社は「特例有限会社」として存続することができます。

（４） 上場会社と大会社

日本には４つの証券取引所（法律上は金融商品取引所）があります（東京，名古屋，福岡，札幌）。このうち，売買の取引が圧倒的に多いのは東京証券取引所です。

証券取引所は一定の基準を満たした会社の有価証券，典型的には株式を売買の対象にします。取引所の売買の対象になることを**上場**と呼びます。４つの証券取引所に株式を上場している会社は，次頁の**図表１－３**で見るように，2023年３月31日現在，3,976社です。

図表1－3　証券取引所と上場会社数

東京証券取引所	プライム	1,834社	3,874社
	スタンダード	1,446	
	グロース	523	
	プロ市場*	71	
名古屋証券取引所	プレミア	4	61
	メイン	44	
	ネクスト	13	
福岡証券取引所	本則（単独）	19	24
	Qボード	5	
札幌証券取引所	本則（単独）	9	17
	アンビシャス	8	
合　計			3,976社

＊　プロ投資家向けの市場

そして，会社法は，資本金5億円以上または負債総額200億円以上の株式会社を**大会社**と呼んでいます（会2①六）。大会社は，計算書類（13頁）の作成や報告，会計監査人監査（公認会計士または監査法人による監査。248頁）において，上場会社と同様に扱われます。2022年3月末現在，上場会社以外の大会社は6,033社です（**図表8－4**，248頁）。比較年度が1年ずれていますが，多くの上場会社も大会社なので，「大会社は約10,000社」と覚えましょう。

2　会社の実態とは？

図表1－4を30秒間だけ眺めてください。

まず，右側のステークホルダーと左側の会社に注目しましょう。左側の会社

●図表1-4　会社の実態と企業公開制度●

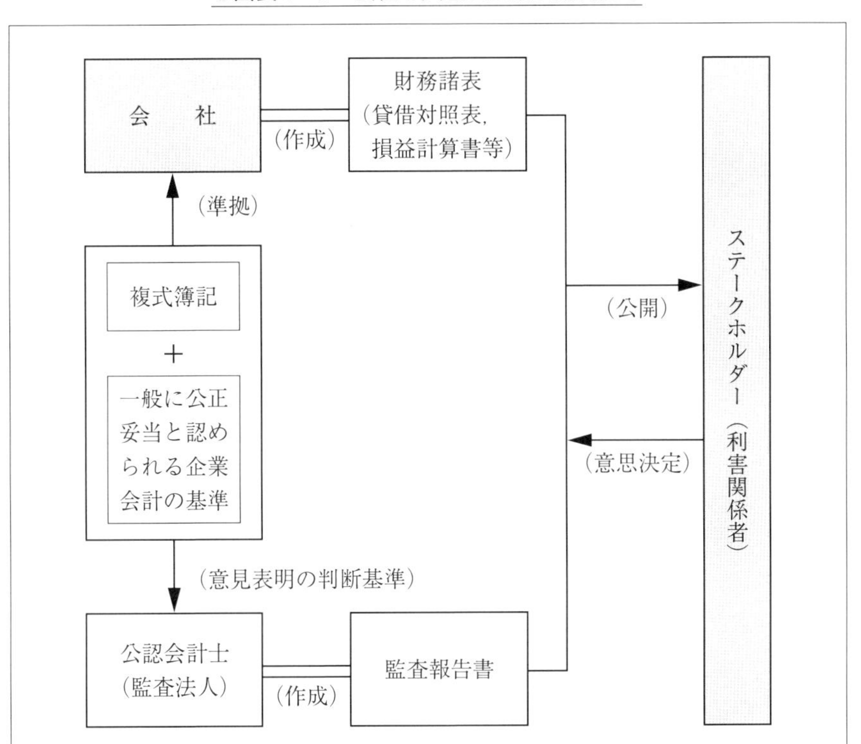

については，特に上場会社をイメージしてください。上場会社は多くの利害関係者を有し，「社会の公器」(公共のための存在という意味) としてその役割は大きいからです。

(1)　ステークホルダー

ステークホルダー (stakeholder) とは，会社を取り巻く利害関係者，つまり，株主，債権者，取引先，従業員，消費者，国や地方自治体等のことです。

株主とは，会社の株式を所有している人のことです。なぜ人は株主になろうとするのでしょうか？　株主になって会社を経営するためですか？　銀行預金利息よりも多くの配当金（株主に分配される現金のこと）を得るためですか？かなりの資金を出資して株主になっても会社の経営はできません。預金利息よりも多くの配当金を得ることもありますが，会社が赤字では配当金はもらえません。つまり，株主になろうとする人は株で儲けようとするのです。株価が株式を購入した時の価格よりも上昇すればするほど売却時に多くの利益を得ることができるからです。逆に，株価が下落し，損失を被ることもあります。株価は会社の業績によって変動します。ですから，株主は「会社の実態」を知りたいのです。

債権者の代表は銀行です。銀行は会社に資金を融資します。会社が安定して儲かっていれば，銀行としては問題ありません。融資を継続します。ベンチャー会社のように現在は赤字でも将来性のある会社にも融資するでしょう。しかし，赤字が続くと新たな融資を断りこれまでの貸付金の回収を急ぎます。ですから，銀行は「会社の実態」を知りたいのです。

Ａ社は，Ｂ社から材料を仕入れ，製品を生産し，Ｃ社に販売しています。しかし，Ｃ社が倒産しては販売代金の回収はできません。Ｂ社への支払いも滞ってしまいます。Ｂ社も困難な状況に陥ります。連鎖倒産（Ｃ社 ⟶ Ａ社 ⟶ Ｂ社）の危険性が高まります。ですから，取引先の各社も「会社の実態」を知りたいのです。

従業員は，会社のために，家族のために，朝早くから夜遅くまで働きます。会社の業績が好調ならば，それに見合った給料とボーナスを求めます。当然のことです。安定した生活を維持するために，会社の将来も見通したいのです。ですから，従業員は「会社の実態」を知りたいのです。

消費者は，一般には会社の状況を事前に調べて製品を買うわけではありません。しかし，購入した製品を長期間使用するためには，製品を製造した会社が存続し故障した場合には迅速に対応してもらう必要があります。また，消費者によっては余裕資金で株式を購入しようとします。ですから，彼らは「会社の実態」を知りたいのです。

国や地方自治体も，会社と関係をもっています。国や地方自治体の収入（「歳入（さいにゅう）」という）は，会社の納める税金に依存しているからです。また，国が認可する電気，ガス，鉄道，バス等の公共料金も，会社の業績を反映して決められているのです。ですから，国や地方自治体も「会社の実態」を知りたいのです。

そして，君は今，大学生のK君です。会計学を受講している平均的な学生です。ビジネスマンとして活躍したいと考えています。将来性のある会社への就職を希望します。ですから，K君は「会社の実態」を知りたいのです。

（2）会　社

図表1－2で見たように，会社のうち圧倒的に多いのが株式会社です。株式会社は，その規模が大きくなればなるほど，多くの人々や他の会社とさまざまな関係をもちます。上場会社がその典型です。

上場会社は，国内外の投資者から資金を調達します。当然，株主の最大の関心事である株価の変動に注意を払います。融資を受ける金融機関との信頼関係を維持することも重要です。他の会社とは商品・製品・原材料等の購入や販売を通じて債務者・債権者の関係にあります。長期的に安定した取引を希望します。従業員からは労働力の提供を受け，給料やボーナスを支給します。持続的な発展を支える意欲的な人材を確保したいと常に考えています。一般の人々とは供給する商品や製品を通じて生産者・消費者の関係にあります。消費者が納得する商品や製品であるならば，良好な関係は続きます。国や地方自治体とは納税や各種の補助金を受ける関係にあります。事業の認可を受ける場合もあります。

上場会社は，世界中に拡がるこれらのステークホルダーとの関係を良好に保ち事業を展開することによって成長することができるのです。そのためには，自社の状況を知ってもらわなければなりません。ですから，「会社の実態」を明らかにするのです。

(3) 会社の実態とは?

このように，ステークホルダーと会社との共通の関心事は「会社の実態」ということです。では，会社の実態とは?

会社の海外進出や旺盛な設備投資の記事が見られます。**増収増益**（前期と比較して売上高と当期純利益が増大していること）という用語が明るく見えます。一方で，海外からの撤退や資産の売却の記事も見られます。**減収減益**（前期と比較して売上高と当期純利益が減少していること）の活字が寂しそうです。

テレビで会社が新製品を大々的に宣伝しています。高いコマーシャル代を払っているのですから，儲かっているに違いありません。一方で，売上げが伸びず，原材料の高騰や人件費の上昇をカバーし切れず従業員を解雇するニュースも流れます。会社は，苦境に陥っているのです。

会社の状況は，いろいろな方法や手段を通じて伝えられます。しかし，それらの情報は会社の一面を表しているにすぎないのです。重要なことは，会社の実態は財務諸表（financial statements）によって示されるということです。財務諸表とは，貸借対照表，損益計算書，株主資本等変動計算書，キャッシュ・フロー計算書の4つです（財規1）。これらの財務諸表とそれぞれの関係については第3章以降で勉強します。

3 ホームページで見る財務諸表

財務諸表が会社の実態を示すのです。財務諸表がステークホルダーと会社を結ぶ“連結環”なのです。ですから，上場会社は自社のホームページで財務諸表を公開しているのです。

そこで，K君は日本を代表する総合電機メーカーである日立製作所のホームページにアクセスし，「企業情報」から「株主・投資家向け情報」を，次に「第154回定時株主総会報告」の「招集ご通知等」をクリックしました。

図表1－5　日立製作所の貸借対照表

貸借対照表

科　目	2021年度（ご参考）2022年3月31日現在	2022年度（当期）2023年3月31日現在
(資産の部)	百万円	百万円
流動資産	**1,139,368**	**1,020,191**
現金及び預金	62,225	32,916
売上債権及び契約資産	639,422	591,333
製品	12,987	15,493
半製品	17,317	14,954
材料	27,520	32,344
仕掛品	64,279	62,805
前渡金	31,752	26,266
短期貸付金	114,002	75,124
その他の流動資産	181,494	177,759
貸倒引当金	△11,634	△8,807
固定資産	**4,676,251**	**4,920,307**
有形固定資産	202,192	192,605
建物	105,265	95,950
構築物	6,018	5,358
機械装置	7,522	6,744
車両運搬具	127	123
工具器具備品	41,966	41,546
土地	23,815	23,430
リース資産	14,339	14,982
建設仮勘定	3,138	4,467
無形固定資産	96,778	96,938
特許権	49	41
ソフトウェア	90,855	91,579
施設利用権	68	207
リース資産	75	54
その他の無形固定資産	5,729	5,055
投資その他の資産	4,377,279	4,630,763
関係会社株式	3,610,468	3,849,069
その他の関係会社有価証券	9,058	18,592
関係会社出資金	33,267	33,126
投資有価証券	284,485	244,722
長期貸付金	347,176	362,011
繰延税金資産	40,637	58,624
その他の投資等	52,414	64,753
貸倒引当金	△228	△137
資産合計	**5,815,620**	**5,940,498**

科　目	2021年度（ご参考）2022年3月31日現在	2022年度（当期）2023年3月31日現在
(負債の部)	百万円	百万円
流動負債	**2,106,178**	**1,474,485**
電子記録債務	10,292	10,613
買掛金	276,483	262,665
短期借入金	682,328	143,730
償還期社債	90,000	30,000
リース債務	3,723	4,261
未払金	20,106	22,393
未払費用	173,829	181,803
契約負債	112,025	104,486
預り金	688,256	674,680
製品保証引当金	460	69
工事損失引当金	43,708	37,272
その他の流動負債	4,963	2,507
固定負債	**1,065,707**	**1,129,374**
社債	160,000	130,000
長期借入金	666,732	750,378
リース債務	13,192	12,718
退職給付引当金	74,003	75,212
関係会社事業損失引当金	131,785	139,422
資産除去債務	12,118	10,889
その他の固定負債	7,875	10,754
負債合計	**3,171,886**	**2,603,860**
(純資産の部)		
株主資本	**2,555,037**	**3,216,044**
資本金	461,731	462,817
資本剰余金	452,473	254,133
資本準備金	179,697	180,783
その他資本剰余金	272,775	73,349
利益剰余金	1,643,835	2,502,632
その他利益剰余金	1,643,835	2,502,632
固定資産圧縮積立金	1,026	927
繰越利益剰余金	1,642,808	2,501,705
自己株式	△3,002	△3,539
評価・換算差額等	**87,227**	**119,359**
その他有価証券評価差額金	76,502	103,379
繰延ヘッジ損益	10,725	15,980
新株予約権	**1,468**	**1,233**
純資産合計	**2,643,733**	**3,336,637**
負債及び純資産合計	**5,815,620**	**5,940,498**

●図表1-6　日立製作所の損益計算書●

損益計算書

科　目	2021年度（ご参考）（自2021年4月1日 至2022年3月31日）	2022年度（当期）（自2022年4月1日 至2023年3月31日）
	百万円	百万円
売上収益	1,623,424	1,631,338
売上原価	1,155,026	1,173,314
売上総利益	**468,398**	**458,023**
販売費及び一般管理費	354,447	369,999
営業利益	**113,950**	**88,023**
営業外収益	285,085	312,820
（受取利息及び配当金）	(275,339)	(292,812)
（雑収益）	(9,746)	(20,008)
営業外費用	33,987	46,125
（支払利息）	(6,034)	(14,185)
（雑損失）	(27,952)	(31,939)
経常利益	**365,049**	**354,719**
特別利益	146,586	701,451
（関係会社株式売却益）	(—)	(687,447)
（投資有価証券売却益）	(17,138)	(12,640)
（不動産売却益）	(7,604)	(1,363)
（有価証券評価益）	(121,833)	(—)
（関係会社出資金売却益）	(10)	(—)
特別損失	19,390	23,690
（減損損失）	(4,552)	(12,091)
（関係会社株式評価損）	(12,554)	(9,556)
（関係会社出資金評価損）	(—)	(1,908)
（投資有価証券評価損）	(2,282)	(134)
税引前当期純利益	**492,246**	**1,032,480**
法人税，住民税及び事業税	△50,629	76,455
法人税等調整額	26,760	△31,922
当期純利益	**516,115**	**987,946**

日立が株主総会に提出した第154期報告書（自2022年４月１日至2023年３月31日）は，「事業報告」，「〔日立グループ全体の〕連結計算書類」，「〔親会社である日立の〕計算書類」，「会計監査人の監査報告書」，「監査委員会の監査報告書」等から構成されています。このうち，親会社日立製作所の計算書類の貸借対照表と損益計算書は，**図表１－５**（11頁）と**図表１－６**（12頁）のとおりです。

注意！

会社法は，株主総会に提出する貸借対照表，損益計算書，株主資本等変動計算書，それに個別注記表の４つを**計算書類**と名付けています（会435②，計規59①）。「財務諸表」とは呼んでいません。注意することは，計算書類には財務諸表の１つであるキャッシュ・フロー計算書は含まれていないということ，一方で，「個別注記表」が含まれるということです。

注記（notes）とは，財務諸表や計算書類に記載された重要な事項についての内容を補足または説明するものです。会社法の定める注記表には，個別注記表と連結注記表とがあります。個別注記表は会社個別の注記事項を記載した書類です。注記事項の内容と記載方法については，「会社計算規則」が定めています（計規97-116）。また，金融商品取引法に関連する「財務諸表等規則」も，公開会社等の財務諸表に注記を求めています（財規８）。「証券アナリストはまず注記を見る」といわれているほど大切なものです。

4　Ｋ君の疑問

Ｋ君は，日立の貸借対照表と損益計算書から同社の実態を知ろうとしました。

（１）　資本金，売上収益，当期純利益

Ｋ君は，まず，貸借対照表の資本金，損益計算書の売上収益と当期純利益の３つの項目に目を向けました。おそらく皆さんも注目する項目でしょう。

資本金は，会社が株式を発行して株主から調達した資金のことだろう。資本金が大きいということは，会社の規模が大きいということだ。日立の資本金は4,628億円だ。

売上収益は，1年間における売上高のことだ。日立の売上収益は1兆6,313億円だ。だが，日立グループ全体の売上高はどうなっているのだろうか？

当期純利益は，会社の1年間の儲(もう)けを示す。2023年3月期の日立は9,879億円という巨額の利益だ。これは過去最高益という。どのようにして儲けたのだろうか？　また，当期純利益と同額の現金を入手したのだろうか？

（2）貸借対照表と損益計算書

次に，K君は，貸借対照表と損益計算書の全体を観察しました。

① **貸借対照表**は，左側の資産の部と右側の負債の部と純資産の部から構成されている。資産とは会社の所有する財産，負債とは会社が負う借金と思うが，純資産とはなんだろう？

ところで，なぜ資産の合計金額と負債及び純資産の合計金額は等しいのだろうか？　日立の場合，〔資産合計5,940,498百万円＝負債合計2,603,860百万円＋純資産合計3,336,637百万円〕である。そして，資産は流動資産と固定資産に，負債は流動負債と固定負債に分かれているが，「流動」と「固定」とはどういう意味だろう？　また，なんのためにそうするのか？

流動資産の中では，売上債権及び契約資産が突出して大きい（591,333百万円）が，初めて接する用語だ。また，製品と商品，半製品と仕掛品(しかかりひん)は，どう違うのだろうか？　短期貸付金もかなりあるナ（751億円）。なんだろう？

固定資産は，有形固定資産と無形固定資産，投資その他の資産の3つに分かれている。有形固定資産と無形固定資産の内容はおおよそわかるが，投資その他の資産とは何か？　日立は4兆6,307億円と巨額である。また，繰延税金資産とは？

負債の部の電子記録債務とは？　未払金と未払費用の違いは？　契約負債？　預り金の金額が大きいナ（6,746億円）。資産除去債務とは？

負債の部の引当金とはなんだろう？ また，貸倒引当金だけは資産の部に表示されている。なぜ？

純資産の部の剰余金や準備金，評価・換算差額等やその他有価証券評価差額金についてもまったく知らない。

② **損益計算書**は，収益と費用と損失を示している。**収益**とは主に商品や製品の販売高，つまり売上高のことだろう。**費用**とは売上原価や販売費，一般管理費等のことだ。だが，費用と**損失**はどう違うのだろうか？

売上収益（売上高）からいろいろな費用や損失を差し引いて当期純利益が算出されることは理解できる。しかし，営業外収益と営業外費用，特別利益と特別損失の内容についてはよくわからない。

そして，最後に表示されている法人税等調整額とはなんだろう？

（3） 会計処理方法が異なる？

K君は考える。

例えば，売上げはいつの時点で計上するのだろうか？　顧客から注文を受けた時だろうか，商品を倉庫から出荷した時だろうか，請求書を発行した時だろうか，現金を受け取った時だろうか？

会社は製品を製造するために建物を建設し機械を取得する。その建物や機械の価値は年々低下しているが，その価値の低下をどのように算定するのだろうか？

さらに，K君は，日立の貸借対照表に表示されている引当金に注目し，パナソニックの貸借対照表の引当金と比較して，**図表1-7**を作成した。なお，パナソニックは2022年4月1日より，持株会社（パナソニックホールディングス㈱）と事業会社からなる新しいグループ体制に移行したため，これまで公表していたパナソニック㈱単体の財務諸表を明らかにしていない。したがって，同社の貸借対照表は1年前の2022年3月31日現在のものである。

●図表1-7　日立とパナソニックの引当金●

日立製作所	パナソニック
貸倒引当金	日立と同じ
製品保証引当金	日立と同じ
工事損失引当金	—
退職給付引当金	—
関係会社事業損失引当金	—
—	投資損失引当金
—	賞与引当金

このように，両社の引当金は7種類で，このうち2つは共通しているが，他の5つはそれぞれ異なる。会社は自由に引当金を計上することができるのだろうか？　もちろん，K君は個々の引当金の会計処理方法についてはまったく知らない。しかし，選択した会計処理方法によって貸借対照表や損益計算書の数字が変わることはわかる。とすると，両社の当期純利益等を単純に比較しても有益とは思えない。

一体，日本の会計制度はどうなっているのだろうか？

（4）　貸借対照表と損益計算書の信頼性は？

K君は，さらに考える。

貸借対照表と損益計算書は，経営者が作成し公表したものだ。経営者はこれらの貸借対照表や損益計算書が「会社の実態」を示していると主張している。しかし，そのことをそのまま信じるわけにはいかない。日本を代表する日立の経営者は誠実であるに違いない。しかし，もしかすると自社の状況を良く見せようとしているかもしれない。“粉飾決算”という言葉を何度も聞いたことがある。74年間の上場の歴史に幕を閉じた名門東芝も，その原因は粉飾決算だ。上場企業である日立の財務諸表は「監査法人」と呼ばれる会計専門家によって監査を受けているはずだ（232，247頁）。一体、彼らはどのような監査報告をしているのだろうか？

〔余談〕

「粉飾決算」は英語で“window dressing”といいます。つまり，“the skill of decorating shop windows and arranging goods in them so that they look attractive to people going past”のことですが，「その真意」は，“misleading presentation of something, designed to create a favourable impression”です。つまり，「店の窓をきれいに飾り，店内の商品を巧妙に配列することによって，道行く人々を誘い，（虚偽を真実と信じ込ませて）人を惑わすこと，判断を誤らせること」です。かつて，著名な大学が入試で“window dressing”を和訳せよと出題していました。

5　財務諸表作成プロセスとその問題点

K君は，「会社の実態」を把握するために，日立の貸借対照表と損益計算書を観察し，いろいろな問題点を提起しました。おそらく多くの皆さんも同じような疑問点を抱えているに違いありません。

そこで，皆さんが意思決定の手段として利用する財務諸表はどのようなプロセスを経て作成されるのかについて説明します。

会社は，毎日発生する取引を「簿記」（複式簿記）により記録します。複式簿記は500年以上にもわたって世界中の企業に採り入れられている計算技術です（第2章で検討します）。その計算技術が，今，コンピュータの中に組み込まれているのです。

会社は，また，会計のルール，つまり「会計基準」に従って取引を処理します。会計基準は，当然のことながら個々の会社が好き勝手に決めるものではなく，社会的に承認されたものでなければなりません。社会が公正妥当な会計基準として認めたものでなければ，公表された利益は意味をもたず，また，税金も公共料金も決められないのです。そこで，「一般に公正妥当と認められる企業会計の基準」が必要とされるのです。そして，それはすでに準備されているのです（第６章で検討します）。

つまり，会社の実態を示す財務諸表は「簿記」と「一般に公正妥当と認められる企業会計の基準」に基づいて作成されるのです。

ところがです。

一般に公正妥当と認められる企業会計の基準は１つの取引に対して複数の会計処理の方法を容認しているのです。例えば，建物や機械装置の価値の低下は減価償却費として「定額法」や「定率法」といった方法によって算定されますが，経営者はどちらの方法でも選択できるのです（163頁）。そのため，経営者は往々にして自社に有利な会計処理の方法を採用し，場合によっては一度採用した方法を変更します。

また，Ｋ君の作成した**図表１－７**によると，日立とパナソニックの７種類の引当金のうち２つは同じですが，残りの５つについてはバラバラです。引当金は将来発生する可能性の高い費用または損失に備えるためのいわば準備金で経営者の見積額です。

このように，経営者の判断や見積りに大きく依存する財務諸表は，そのままでは会社の実態を適正に示しているとは必ずしもいえないのです。

そこで，財務諸表の信頼性を確かめるために，上場会社や大会社に対しては経営者から独立した職業的専門家による会計監査が要求されているのです。公認会計士や監査法人は，経営者の作成した財務諸表が一般に公正妥当と認められる企業会計の基準に準拠しているかどうかについて監査し，財務諸表が「会社の実態」を適正に表示しているか否かの意見を，監査報告書において表明するのです。

会社の公表した財務諸表とそれに添付される公認会計士や監査法人の監査報告書の両者に基づいて，Ｋ君を含むステークホルダーはそれぞれの立場で意思決定をするのです。**図表１－４**で再確認してください。

しかし，Ｋ君は「一体，日本の会計制度はどうなっているのだろうか？」という重大な問題を提起しました（16頁）。本書で勉強します。

6　財務ディスクロージャー制度と有価証券報告書

証券市場の発達により，多くの人々は株式や社債（109頁）等の有価証券の取得を通じて容易に株主や社債権者になることができます。したがって，現在の株主や社債権者だけではなく，将来において株主や社債権者となりうるK君を含む一般の人々も，財務情報の重要な受け手として認識されなければなりません。証券投資を行うこれらの人々は，一般に，**投資者**（investors）と呼ばれています。

現に，株式会社は，必要な資金を証券市場から調達しています。資金調達を円滑に行うために，株式会社は投資者に会社内容を，特に財務情報を提供しなければなりません。現在の株主は，その財務情報を判断資料として成長性のある会社に再投資します。一般の人たちも，財務情報に基づき余裕資金を株式購入に充てようか，それとも危険を避けて，社債にしようか，預金に回そうかと考えるのです。このようにして，社会全体の資金は効率的に配分されているのです。

そこで，法律（金融商品取引法）は，証券市場において投資者が適切に意思決定できるように，上場会社等に対して企業内容の開示を求めています。これを**ディスクロージャー制度（企業内容等開示制度）**といいます。そして，企業内容は主に財務諸表によって示されるので，**財務ディスクロージャー（financial disclosure）制度**ともいわれているのです。

「有価証券報告書」について説明します。**有価証券報告書**とは，金融商品取引法に基づき上場会社等が毎決算期経過後3ヵ月以内に内閣総理大臣に提出する書類のことです。これが，今，日本において会社内容についての情報を最も詳細に掲載している年次報告書です。有価証券報告書の内容は，次頁の**図表1－8**のとおりです。

●図表1－8　有価証券報告書●

第1　企業の概況――主要な経営指標等の推移，沿革，事業の内容，関係会社の状況，従業員の状況
第2　事業の状況――経営方針，経営環境及び対処すべき課題，サステナビリティに関する考え方及び取組，事業等のリスク，経営者による財政状態と経営成績及びキャッシュ・フローの状況の分析，経営上の重要な契約等，研究開発活動
第3　設備の状況――設備投資等の概要，主要な設備の状況，設備の新設・除却等の計画
第4　提出会社の状況――株式等の状況（株式の総数，新株予約権，発行済株式総数・資本金等の推移，所有者別状況，大株主の状況，議決権の状況），自己株式の取得等の状況，配当政策，コーポレート・ガバナンスの状況（役員の状況，監査の状況，役員の報酬等，株式の保有状況）
第5　経理の状況――連結財務諸表，財務諸表
第6　提出会社の株式事務の概要――決算期，株券の種類，株主に対する特典等
第7　提出会社の参考情報――親会社等の情報
監査法人の監査報告書及び内部統制報告書
有価証券報告書の内容が適正である旨の社長の確認書

このように，有価証券報告書は，企業の概況，事業の状況，設備の状況，株式等の状況，経理の状況等を開示し，そして，公認会計士や監査法人による監査報告書も添付しています。

日立の2023年3月期の有価証券報告書は全199頁です。そのうち「第5　経理の状況」（グループ全体の連結財務諸表と親会社の財務諸表）が100頁で，全体の約50％を占めています。このことから，「有価証券報告書は財務ディスクロージャーの重要な手段である」といわれているのです。

有価証券報告書はインターネットで24時間どこからでも無料で見ることができます（EDINET：Electronic Disclosure for Investors' NETwork，267頁）。

本書は，財務ディスクロージャー社会に生きる皆さんにとって最低限必要な知識を得るための入門書です。

〔ポイント〕

読者の皆さん！「簿記」と「一般に公正妥当と認められる企業会計の基準」に基づいて作成された財務諸表は**会社の実態**を反映している，ということが世界共通の大前提として確立しているのです。私たちの生活する社会における会計や税務，監査の役割を理解するうえで，このことを知ることは非常に重要です。

第2章 複式簿記とは？

「商売をやってゆくのに，広い視野を与えてくれるのは，複式簿記による整理だ。整理されていればいつでも全体が見渡される。細かしいことでまごまごする必要がなくなる。複式簿記が商人にあたえてくれる利益は計り知れないほどだ。人間の精神が産んだ最高の発明の一つだね。立派な経営者は誰でも，経営に複式簿記を取り入れるべきなんだ」（ゲーテ作・山崎章甫訳『ヴィルヘルム・マイスターの修業時代（上）』岩波文庫，2000年，54頁）。

1　ルカ・パチョーリと福沢諭吉

会社の実態を示す財務諸表は，簿記という世界共通の計算手段によって作成されます。簿記とは「複式簿記」のことです。500年以上も続いている複式簿記を，コンピュータにも活かされている複式簿記を勉強しましょう。**複式簿記は人類史上，最大の発明の１つなのです**。

誰が複式簿記を考案したのかは不明ですが，現存する文献の中で複式簿記を最初に紹介したのは，1494年にイタリアのヴェネツィア（英語名ヴェニス）で出版されたルカ・パチョーリ（Luca Pacioli）の『算術，幾何，比及び比例に関する綜覧』（*Summa de Arithmetica, Geometria, Proportioni et Proportionalita*）です（『ズムマ』と略称）。ルカ・パチョーリという名前を覚えましょう。

この『ズムマ』には，財産目録の作成，主要簿である日記帳・仕訳帳・元帳と借方・貸方への記入方法，仕訳帳から元帳への転記，現金仕入れと掛け仕入れの処理，支店勘定の利用，利益勘定と損失勘定の記入，元帳の締め切り・繰り越し等，当時のヴェネツィアで行われていた複式簿記が説かれています(1)。

その後，イタリア式簿記は，イタリア商人との取引等を通じて16世紀の中頃までにヨーロッパ各地の商業都市へ伝えられ，イギリスでは1543年に初めてイタリア式簿記書が翻訳され出版されています(2)。

ところで，日本固有の簿記は「和式帳合（ちょうあい）」（帳合とは簿記のこと）と呼ばれ，その史料は少なくとも17世紀前半頃の江戸時代に遡（さかのぼ）ることができるとされていますが(3)，複式簿記が日本に紹介されたのは明治になってからです。

日本語で書かれた最初の洋式簿記書は，福沢諭吉が著した『帳合之法』です。これは，当時米国の商業学校で簿記教科書として広く使用されていた *Bryant & Stratton's Common School Book-Keeping ; Embracing Single and Double Entry*（1871年）の訳書です。『帳合之法』は，全４冊で「略式」と題する単式簿記を扱う初編２冊が1873（明治６）年６月に，「本式」と題する複式簿記を扱う二編２冊が翌1874年６月に出版されました(4)。

そして，同じ1873年12月には大蔵省から『銀行簿記精法』全5巻が刊行されました[5]。これは，アレキサンダー・アラン・シャンド（Alexander Allan Shand）の講義記録を基礎に編集されたわが国最初の複式簿記書です。シャンドは，イギリス系銀行の横浜支店の銀行員でしたが，1872（明治5）年に日本政府が国立銀行を創設するに当たって大蔵省に雇用され，複式簿記による銀行の帳簿システムを考案しました。『銀行簿記精法』はわが国の銀行によって採用され，その後数十年にわたって，会計実務のうえで尊重されたばかりでなく，簿記・会計に関する学校教育にも深い影響を与えたといわれています[6]。

2　単式簿記

（1）　簿記とは？

簿記は，英語の“bookkeeping”，つまり，「帳簿記入」の略語です。簿記は，商人や会社等の活動を帳簿に金額で記録し，その金銭や商品等の財産の変動を明らかにするための技術です。簿記には単式簿記と複式簿記があります。

単式簿記（single-entry bookkeeping）は，通常，複式簿記との対比で用いられますが，それは，複式簿記以外の簿記のことです。したがって，まず，複式簿記を定義する必要があります。

複式簿記は，英語では“double-entry bookkeeping”です。“ダブル・エントリー”とは「複式記入」，“ブックキーピング”は「簿記」ですから，文字どおりいえば，「複式記入による簿記」ということになります。

では，複式記入とはどういうことでしょうか？ それは，ある事実の「原因」と「結果」という二面性に着目して帳簿に記入することです。例えば，商品を現金で販売した場合は，商品を販売したという原因があり，その結果として現金を入手したということです。商品はなくなりました。一方で現金を入手したのです。つまり，商品の減少と現金の増加です。このように，取引の原因と結果に着目し，取引の内容を分解し，それぞれにふさわしい科目を使用して帳簿に記入することが複式記入です。

下線部分をもう一度読んでください。

そこで，複式簿記とは帳簿記入を必要とするすべての取引について例外なく二面的に捉(とら)えて記入する簿記，と一応定義することができます。

すると，単式簿記とはすべての取引を二面的に捉えて記入しない簿記のことです。例えば，上の商品を現金で販売した場合は，現金のみに着目し，収入としての現金の増加を記録するだけです。同様に，商品を現金で仕入れた場合は，支出としての現金の減少を記録するだけです。このように，取引の一面のみを帳簿に記入する簿記を単式簿記というのです。

（2） 単式簿記の特徴と欠陥

単式簿記について，もう少し詳しく紹介しましょう(7)。

今，K君が金銭の出納管理のために，勘定という簿記特有の手段によって，現金と預金の増減を記録するとします。**勘定**（account）とは，同じ種類の項目ごとにその増減を記録し計算するための場所のことをいいます。その項目が現金であれば「現金勘定」，預金であれば「預金勘定」です。つまり，「現金勘定」とは，現金の増減とその残高を記録する場所のことです。

勘定は，以下のように，その項目の名称である**勘定科目**と，左側と右側を二分する2つの欄から構成されるT(ティー)字型(じがた)で示すのが一般的です。

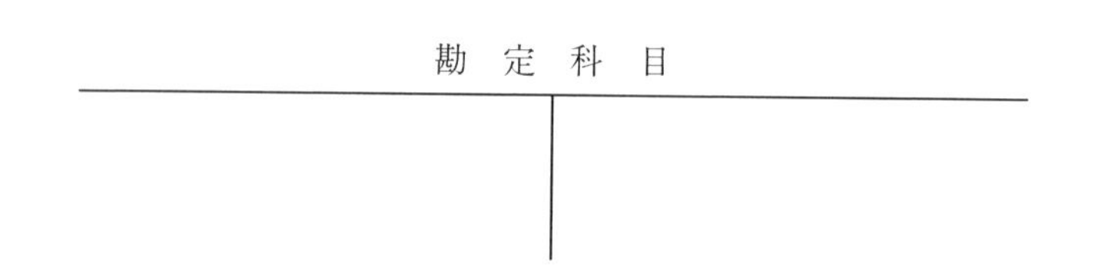

重要なことは，**項目の増加と減少は勘定の左と右に反対に記入される**，ということです。ここでは，仮に現金と預金の増加を左側に，減少を右側に記入するとしましょう。

さて，ある期間中に，K君の持つ現金と預金に関して，次のような事実が発生したとします。

①　現金の当初の手持高は30,000円であった。
②　家庭教師のアルバイトの報酬として50,000円を現金で受け取った。
③　衣服を購入し20,000円を現金で支払った。
④　生活費として親からの仕送り100,000円を現金で受け取った。
⑤　銀行に普通預金口座を開設し80,000円を現金で預け入れた。
⑥　家賃50,000円を現金で支払った。
⑦　図書を購入し10,000円を現金で支払った。
⑧　光熱費10,000円を現金で支払った。
⑨　アルバイト先の文房具店から報酬として20,000円が普通預金口座に振り込まれた。
⑩　普通預金口座から現金50,000円を引き出した。

これらの事実を現金勘定と預金勘定に簡略化して記入すると，以下のようになります（単位：千円）。確認します。左側が増加，右側が減少です。

現　　金

①	当初手持高	30	③	衣　服　費	20
②	アルバイト報酬	50	⑤	預　　金	80
④	収入（仕送り）	100	⑥	家　　賃	50
⑩	預　　金	50	⑦	図　書　費	10
			⑧	光　熱　費	10
				残　　高	60
		230			230

預　　金

⑤	現　　金	80	⑩	現　　金	50
⑨	アルバイト報酬	20		残　　高	50
		100			100

ここでは，⑤と⑩の事実は現金と預金の２つの面から観察され２つの勘定の左側と右側の二面に記入されていますが，その他はすべて現金または預金の左側か右側の一面にしか記入されていません。このように，二面的記入もあれば一面的記入もある場合，またはすべてが一面的記入である場合，その簿記は単式簿記と呼ばれるのです。

すでに指摘したように（25頁），簿記は財産の変動を明らかにするための技術ですが，その財産の変動（財産の正味増減額）の計算は，典型的な単式簿記においては最終的な現金預金残高と当初の現金手持高との比較によって行われます。上の例では，正味増加額は，〔現金残高60,000円＋預金残高50,000円－当初手持高30,000円〕により80,000円となります。

このように，財産の正味増減額自体の計算は勘定から直ちに行うことができます。しかし，正味増減額がどのような原因によって発生したのか，つまり，原因別計算を勘定において自動的に行うことはできません。その原因を知るためには，すべての勘定の中から必要な数値を拾い出して集計しなければなりません。この作業は，人為的に，つまり簿記の「外」で行われます。毎日多くの取引が行われ，勘定の内容が複雑になると，このような作業を行うことは到底不可能です。この点に単式簿記の致命的な欠陥があるのです。

3　複 式 簿 記

この単式簿記の欠陥を是正するためには，財産が増減した原因についても勘定に記録し，勘定において原因別計算が行われるようにすればよいのです。

上の例でいえば，前頁の現金勘定と預金勘定への記入に加えて，現金と預金の増減の原因を示す勘定を設定し記入することです。つまり，「当初手持高」「アルバイト報酬」「収入」「衣服費」「家賃」「図書費」「光熱費」という勘定を設定し，各勘定において，現金勘定と預金勘定とは左右反対側に記入することです。具体的には，次頁のようになります（単位：千円）。

当初手持高

	① 現　金　30

アルバイト報酬

	② 現　金　50 ⑨ 預　金　20

収入（仕送り）

	④ 現　金 100

衣　服　費

③ 現　金　20	

家　　賃

⑥ 現　金　50	

図　書　費

⑦ 現　金　10	

光　熱　費

⑧ 現　金　10	

残　　高

ⓜ 現　金　60 ⓝ 預　金　50	

有高比較計算

現金残高	60	当初手持高	30
預金残高	50	正味増加額	80
	110		110

原因別計算

衣　服　費	20	アルバイト報酬	70
家　　賃	50	収入（仕送り）	100
図　書　費	10		
光　熱　費	10		
正味増加額	80		
	170		170

ここでは，次の２点が特徴的です。

第１は，すべての事実がある勘定の左側と他の勘定の右側の二面に記入（複式記入）されているということです。

第２は，これらの勘定での記録を集計することによって，財産の正味増減額について２つの計算が可能になるということです。すなわち，現金勘定と預金勘定それに当初手持高勘定によって有高比較計算が，そして，その他の勘定（収支の原因を示す勘定）によって原因別計算が行われるのです。2つの計算の結果は同額です。このように，原因別計算を簿記の「外」ではなく「内」において自動的に行うことができます。ここに，複式簿記固有の特長があるのです。

そこで，**複式簿記とは，すべての取引を勘定の左側と右側という二面に記入することによって，財産の有高とその増減をもたらす原因を自動的に計算することのできるシステム**，と定義することができます。

ある大学教授が「簿記3級の資格を持っている者は講義に出席しなくとも単位をあげます」と言ったそうです。とんでもないことです。簿記3級は商業高校1年生の授業内容です。

皆さん！　簿記と簿記論あるいは簿記学の違いを考えてください。大学では複式簿記の技術だけでなく，その歴史や理論も学ぶのです。

4　複式簿記の原理(1)——貸借対照表等式と試算表等式

世界中の企業は複式簿記を導入していますが，複式簿記を行うためには，まず，次の2つのことを理解しなければなりません。

第1に，**企業のすべての取引は，資産，負債，資本，収益，費用の5個の項目によって処理される**，ということです。個人商店もトヨタもソニーも，毎日のすべての取引はこれらの5項目によって処理されるのです。なお，簿記・会計では「負債」という用語を使用します（法律上は「債務」といいます）。また，貸借対照表の見出しとしては「純資産」を用いますが（11頁），簿記では「資本」を使用します。

第2に，これらの**5項目の関係について知る**ことです。そこで，次のようなケースを考えてみましょう。

東京家電株式会社は，家庭電気製品の販売を目的として，株主から払い込まれた現金1,000万円を元手に20x1年4月1日に設立された。そして，同日，3年後に元利（利率年3％）を返済する条件で銀行から1,000万円を借り入れた。

これらの事実は，次のように考えることができます。

東京家電㈱は，4月1日現在，自由に使える現金2,000万円を保有しているということです。そして，その現金のうち半分は株主からの払込金であり，他の半分は銀行からの借入金であるということです。

現金は会社のこれからの事業活動に必要な**資産**であり，株主からの払込金は会社が存続する限り返済する必要のない**資本**であり，銀行からの借入金は将来返済しなければならない**負債**です。

すると，これらの事実は，以下のように示すことができます。

資産	=	資本	+	負債
2,000	=	1,000	+	1,000

左辺と右辺がともに2,000万円で“イコール”であることは，上の事実から容易に理解できるでしょう。そして，資産を左辺に，負債を先に並べ資本とともに右辺に表示することが長い間の慣行です。つまり，

資　産　=　負　債　+　資　本

です。この式を**貸借対照表等式**といいます。

ところで，東京家電㈱が1年間の事業活動の結果，利益をあげることができたとしたならば，その利益は資本の提供者である株主に帰属します。株式会社は株主から委託された資金を経営者が管理・運用し，獲得した利益を配当として株主に分配する組織だからです。したがって，利益は資本に追加されます。つまり，期末時点においては，次頁のようになります。

資　産　＝　負　債　＋　（資　本　＋　利　益）

一方，**利益**は，１年間の**収益**からその収益を獲得するために使用された**費用**を控除した残額です。つまり，〔利益＝収益－費用〕です。これを上の等式に代入すると，以下のようになります。

資　産　＝　負　債　＋　資　本　＋（収　益　－　費　用）

そして，費用を左辺に移すと，次のような算式が成立します。

資　産　＋　費　用　＝　負　債　＋　資　本　＋　収　益

この式を**試算表等式**といいます。試算表等式は，30頁の第２の５項目の関係を明示しています。そして，この試算表等式が複式記入のための原則を知るうえで，非常に役立つのです。すぐ後に説明します。

なお，企業経営においては**損失**が発生する場合もあります。費用は収益を獲得するために必要とされるものですが，損失は収益の獲得にはなんら貢献しません（K君の疑問，15頁）。しかし，損失も収益で補填（ほてん）しなければならないので，費用に準じて扱われます。

いずれにせよ，読者の皆さんは上の算式を中学１年生頃に学んだはずです。

5　複式簿記の原理（2）――仕訳の原則

複式記入とは，取引を「原因」と「結果」という二面的に観察し，取引の内容に相応しい勘定科目と金額を，左側と右側に記入することです。そこで，取引が発生した場合には，まず，それを分解して，左側にどのような勘定科目と金額を，右側にどのような勘定科目と金額を記入するかを決定しなければなりません。**複式簿記の最大のポイント**です。

（1）　仕訳の原則

ここで，**仕訳**（しわけ）という簿記上の専門用語が登場します。仕訳とは，取引を左側と右側に分解し，勘定科目（26頁）と金額を記録する作業のことです。仕訳を記録する帳簿を**仕訳帳**といいます。そして，簿記では，左側のことを**借方**（かりかた）(debit)，右側のことを**貸方**（かしかた）（credit）と呼びます。なぜ借方・貸方と呼ぶかについては簿記論としては興味あるテーマですが，ここでは取り上げないことにします。

取引を借方と貸方に分解し複式記入するためには，そのためのルール（**仕訳の原則**）を知らなければなりません。つまり，すべての取引は資産，負債，資本，収益，費用の５個の項目によって処理されるので，これらの５項目に関する仕訳の原則を覚えるのです。理解するのではなく覚えればよいのです。

この際，重要なことは，**５項目に関する仕訳の原則は前頁に示した試算表等式（資産＋費用＝負債＋資本＋収益）によって決定される**，ということです。つまり，資産は試算表等式の左側に位置するので，仕訳で左側（借方）に資産を記入すれば，それは，資産の増加を意味します。長い間の慣行でそうなっているのです。逆に，仕訳で右側（貸方）に資産を記入すると，もともと等式の左側にあった資産が反対記入されることになるので，資産の減少を表すことになるのです。費用も等式の左側にあるので，左側（借方）が増加（費用の発生）を意味します。

一方，試算表等式の右側にある負債，資本，収益は，右側（貸方）が増加（収益の発生）で，左側（借方）は減少です。

確認しましょう。

①　資産が増加した場合は左側に記入する。

②　負債が増加した場合は右側に記入する。

③　資本が増加した場合は右側に記入する。

④　収益が発生した場合は右側に記入する。

⑤　費用（または損失）が発生した場合は左側に記入する。

そして，減少の場合は，それぞれ反対側に記入するのです。

したがって，仕訳の原則は，**図表２－１**のように要約することができます。

図表２－１　仕訳の原則

借　　方	貸　　方
資産の増加	資産の減少
負債の減少	**負債の増加**
資本の減少	**資本の増加**
費用（損失）の発生	**収益の発生**

Ｋ君は，授業で習った以下のようなフォームの貸借対照表と損益計算書を思い出しました。

貸借対照表
20x2年３月31日

資　産	×××	負　債	×××
		純資産	×××

損益計算書
自20x1年４月１日至20x2年３月31日

費　用	×××	収　益	×××
損　失	×××		

つまり，貸借対照表の資産・負債・純資産（資本）と損益計算書の収益・費用・損失は，各々の項目の増加を意味しているのです。資産が増えたら借方，負債と資本が増えたら貸方，収益が増加（発生）したら貸方，費用と損失が増加（発生）したら借方に記入するのです。

この「５項目の増加の場合の仕訳の原則」を必ず覚えてください。減少の場合はその反対です。そして，64頁の〔ポイント〕も必ず読んでください。

（２）　勘定科目

簿記の勉強を始めた頃には，誰しもが２つのことで悩みます。１つは，仕訳の原則です。でも，これはすでに覚えました。もう１つは，取引を仕訳する際にどのような勘定科目を用いたらよいのかということです。でも，心配はいりません。これについても，慣行的に使用されている勘定科目を覚えればよいのです。

次頁の**図表2－2**は，主な勘定科目の一覧表です。簿記3級の問題を繰り返し練習すると自然に覚えることができます。

皆さん！　**図表2－1**の仕訳の原則と**図表2－2**の主な勘定科目を覚えましたか？　これらを覚えさえすれば，簿記は複雑でも難しくもないのです。

では，ケース・スタディに挑戦しましょう。

6　ケース・スタディ

会社が帳簿記入を必要とする取引を認識してから財務諸表を作成するまでのプロセスは，以下のとおりです。

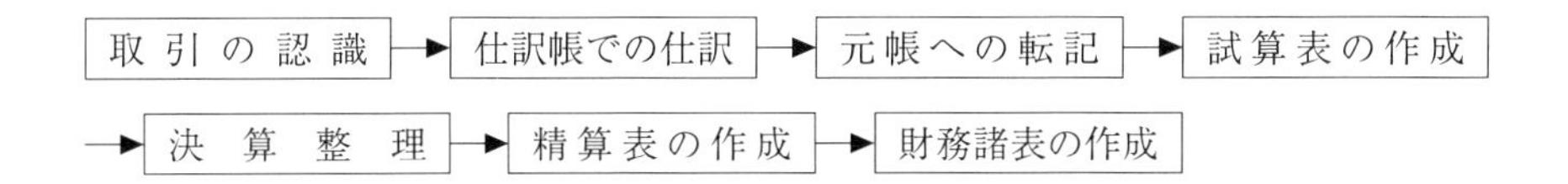

そして，試算表の作成から財務諸表の作成までのプロセスを**決算**といいます。

ところで，今日多くの会社はコンピュータを利用しているので，日常の取引を手書きで仕訳帳に仕訳し**元帳**（いろいろな勘定科目を収容した帳簿のこと）に記入することはしません。コンピュータ・プログラムの中に仕訳の原則を組み込ませ，仕訳帳での仕訳から元帳への転記を経て試算表の作成までを自動化しています。つまり，伝票に記録されたデータをキーボードでインプットすると，仕訳帳と元帳と試算表を一挙にアウトプットすることができるのです。私たちはその処理過程を見ることはできません。しかし，皆さんはその処理過程を知らなければなりません。

そこで，38頁の設例に基づき仕訳から財務諸表の作成までのプロセスについて勉強しましょう。

●図表2－2　勘定科目一覧表●

貸借対照表の勘定

資産の勘定	負債の勘定
流動資産	流動負債
現金	支払手形
当座預金	買掛金
通常は「現金預金」	短期借入金
受取手形	未払金
売掛金	仮受金
〔△貸倒引当金〕	前受金
有価証券	預り金
商品	未払法人税等
製品	未払費用
原材料	前受収益
前渡金	固定負債
短期貸付金	長期借入金
未収入金	社債
仮払金	退職給付引当金
前払費用	
未収収益	**純資産の勘定**
固定資産	株主資本
（有形固定資産）	資本金
建物	資本剰余金
〔△減価償却累計額〕	資本準備金
機械装置	利益剰余金
車両	利益準備金
工具器具備品	繰越利益剰余金
土地	
建設仮勘定	
（無形固定資産）	
のれん	
特許権	
（投資その他の資産）	
投資有価証券	
関係会社株式	

損益計算書の勘定

費用の勘定	収益の勘定
仕　　入	売　　上
（販売費及び一般管理費）	
給　　料	
販売促進費	
運　送　費	
広告宣伝費	
減価償却費	
貸倒引当金繰入額	
福利厚生費	
通　信　費	
旅費交通費	
水道光熱費	
雑　　費	
（営業外費用）	（営業外収益）
支払利息	受取利息
社債利息	受取手数料
有価証券売却損	受取家賃
有価証券評価損	受取配当金
有価証券運用損益	有価証券利息
雑　損　失	有価証券売却益
	有価証券評価益
	有価証券運用損益
	仕入割引
	雑　収　益
（特別損失）	（特別利益）
関係会社株式評価損	投資有価証券売却益
減損損失	固定資産売却益

〔設　例〕

東京家電株式会社は，家庭電気製品の販売を目的として，株主から払い込まれた現金1,000万円を元手に20x1年４月１日に設立された。そして，同日，３年後に元利（利率年３％）を返済する条件で銀行から1,000万円を借り入れた。

その後，同社は，初年度（自20x1年４月１日至20x2年３月31日）において，次のような①～⑩の取引を行った。

① 20x1年４月１日に，自動車を200万円で購入し現金で支払った。
② 商品300万円を仕入れ，代金のうち100万円を現金で支払い，残額は掛け（後払い）とした。
③ 手持商品のうち200万円を400万円で販売し代金は掛けとした。
④ 20x1年６月１日に，銀行から３年後に返済する条件で1,000万円を借り入れ（利率年３％），１年分の利息を前払いし，残額を当座預金とした。
⑤ 20x1年７月１日に，従業員宿舎としてマンションの１室を500万円で購入し小切手で支払った。同日，入居した従業員から１年分の家賃24万円（月２万円）を現金で受け取った。
⑥ 短期に売却する目的で他社の株式を100万円で購入し小切手で支払った。
⑦ 商品仕入代金のうち掛けとしていた200万円を現金で支払った。
⑧ 従業員の給料20万円と広告宣伝費10万円を現金で支払った。
⑨ 現金10万円が盗まれた。
⑩ 株式の配当金５万円を現金で受け取った。

最初に心掛けることは，君は今，東京家電株式会社の経理課員という立場にあると仮定することです。つまり，同社に経理課員として雇用されているので，会社の立場に立って，取引を仕訳し，財務諸表を作成するということです。

(1) 仕　　訳

まず，〔**設例**〕を仕訳します。仕訳は，34頁の**図表2－1**の仕訳の原則に従って行われます。

20x1年4月1日，株主から会社設立のための現金1,000万円が払い込まれました。現金はこれからの事業活動のための元手となる資金（資本金という）です。したがって，（借方）「資産の増加」と（貸方）「資本の増加」という取引です。そこで，36頁の**図表2－2**の中から取引の内容に相応しい名称である「現金」という科目を選択し金額1,000万円とともに仕訳の左側に記入します。同時に，払込金に相応しい「資本金」という科目を選択し金額1,000万円とともに仕訳の右側に記入します。

（借方）	現　　　金	1,000	（貸方）	資　本　金	1,000

さらに，同日，会社は銀行から3年後に返済する約束で1,000万円を借り入れました。事実は，手元に現金が1,000万円あるということと3年後に返済しなければならない借金が増えたということです。つまり，「資産の増加」と「負債の増加」という取引です。そこで，「現金」と金額1,000万円を仕訳の左側に，返済が1年を超えるので**図表2－2**の中から「長期借入金」という科目を選択し金額1,000万円とともに仕訳の右側に記入します。

（借方）	現　　　金	1,000	（貸方）	長期借入金	1,000

取引①は，自動車という資産が増加し，現金という資産が減少したのです。「資産の増加」と「資産の減少」という取引です。そこで，「車両」と金額200万円を仕訳の左側に記入し，現金の減少200万円を仕訳の右側に記入します。

（借方）	車　　　両	200	（貸方）	現　　　金	200

取引②は，商品を購入し資産が増えたという事実と，その代金の3分の1は現金で支払ったので資産が減少し，残りの3分の2については負債が発生したという事実です。これは，左側が「資産の増加」，右側が「資産の減少」と

「負債の増加」という取引です。そこで,「商品」という科目と金額300万円を仕訳の左側に記入し,「現金」と金額100万円ならびに取引の内容に相応しい名称である「買掛金」と金額200万円を仕訳の右側に2行で記入します。

(借方)	商　　品	300	(貸方)	現　　金	100
				買 掛 金	200

取引③は掛け売りの取引です。左側が「資産の増加」,右側が「資産の減少」と「収益の発生」という取引です。取引の内容に相応しい名称である「売掛金」と金額400万円を仕訳の左側に記入し,「商品」と金額200万円ならびに取得価額と販売価額の差額である「商品販売益」200万円を仕訳の右側に2行で記入します。

(借方)	売 掛 金	400	(貸方)	商　　品	200
				商品販売益	200

取引④は,会社が再び長期の借り入れを行い,1年分の利息を前払いして残高を当座預金とした取引です。**当座預金**とは,小切手や手形での支払いのための預金です。銀行からすると小切手や手形の取り扱いは手間が増えるので,当座預金には利息は支払われません。この取引は,当座預金という「資産の増加」と借入金利息の支払いという「費用の発生」,一方で借入金という「負債の増加」です。「当座預金」と金額970万円ならびに「支払利息」と金額30万円(1,000万円×3%)を仕訳の左側に2行で記入します。そして,「長期借入金」と金額1,000万円を仕訳の右側に記入します。

(借方)	当座預金	970	(貸方)	長期借入金	1,000
	支払利息	30			

取引⑤は,2つの事実からなっています。会社がマンションの一室を購入したということと,それを従業員に貸して家賃を受け取ったということです。マンションの購入については,増えたのは家屋,減ったのは小切手での支払い

による当座預金，そのマンションの賃貸については，増えたのは現金，同時に収益も発生しました。そこで，以下のように仕訳します。

（借方）	建　　物	500	（貸方）	当座預金	500
	現　　金	24		受取家賃	24

なお，「受取家賃」という科目は，マンションの賃貸料を示す収益項目です。

取引⑥は，株式の購入です。有価証券という資産が増えました。「有価証券」と金額100万円を仕訳の左側に，小切手での支払いについては「当座預金」の減少であり，金額100万円とともに右側に記入します。

（借方）	有価証券	100	（貸方）	当座預金	100

取引⑦は，買掛金を現金で決済したのです。「買掛金」の減少を左側に，「現金」の減少を右側に，ともに金額200万円で記入します。

（借方）	買 掛 金	200	（貸方）	現　　金	200

取引⑧は，従業員給料と広告宣伝費を現金で支払ったのです。「費用の発生」と「資産の減少」という取引です。そこで，「給料」と「広告宣伝費」を仕訳の左側に2行で記入し，「現金」を右側に記入します。

（借方）	給　　料	20	（貸方）	現　　金	30
	広告宣伝費	10			

取引⑨は，現金が盗まれたのです。損失が発生しました。簿記では，会社は泥棒と取引したことになります。したがって，「盗難損失」と金額10万円を左側に記入し（通常は「雑損失」とします），右側には「現金」の減少を記入します。

（借方）	盗難損失	10	（貸方）	現　　金	10

取引⑩は，⑥の株式に関する配当金を現金で受け取りました。株式の発行会社が利益を計上したので株主に還元したのです。これは，「資産の増加」と「収益の発生」という取引です。仕訳の左側には「現金」，右側には取引の内容に相応しい名称である「受取配当金」を５万円とともに記入します。

（借方）現　　　　　金　　　５（貸方）受 取 配 当 金　　　５

設例のすべての取引の仕訳が完了しました。

ところで，仕訳は，取引②や③のように左側（借方）が１科目で右側（貸方）が２科目の場合や取引④や⑧のように借方が２科目で貸方が１科目，そして，取引⑤のように借方も貸方も複数の勘定科目で構成される場合もあります。しかし，１つの取引について，勘定科目の数は問題ではなく，重要なことは，**借方と貸方の合計金額は一致する**，ということです。

１つの取引を仕訳した場合に，左側の借方に記入された金額と右側の貸方に記入された金額が一致するということは，すべての取引の仕訳を集計すると，〔全取引の借方金額合計＝全取引の貸方金額合計〕が成立するということです。これを**貸借平均の原理**といいます。したがって，**〔設例〕**の場合は，〔全取引の借方金額合計4,769万円＝全取引の貸方金額合計4,769万円〕となります。

ここまでくると，皆さんは簿記にそれほど抵抗感をもたなくなったでしょう。確実に１つのハードルを越えました。そして，できれば，**これまでとは逆に，記録した仕訳から発生した取引を推定してください（かなり難解です）**。この「作業」は，考えることの重要性を教えてくれます。

続く「元帳への転記」と「試算表の作成」は機械的に処理できます。

（２） 元帳への転記

毎日発生する取引を仕訳し仕訳帳に記入すると，次に，仕訳帳に現れた勘定科目をそれぞれの勘定科目ごとに集計します。現金は現金勘定に，売掛金は売掛金勘定に集計するのです。それぞれの勘定の有高や発生高を知るためです。

いろいろな勘定科目を収容した帳簿を**元帳**または**総勘定元帳**といいます。そして，仕訳帳に記録された事項を元帳の各勘定に移し替える作業を**転記**といいます。

転記は，仕訳帳の借方に記載された勘定科目と金額を，元帳の同じ名前の勘定科目の借方に相手勘定とともに同一金額で記入することです。仕訳帳の貸方についても同様です。例えば，取引①は，

（借方）	車　両	200	（貸方）	現　金	200

と仕訳されているので，元帳の車両勘定の借方に相手勘定の「現金200」と記入し，元帳の現金勘定の貸方に「車両200」と記入します。

そして，相手勘定が複数ある場合は**諸口**（しょくち）と記入します。例えば，取引②は，

（借方）	商　品	300	（貸方）	現　金	100
				買掛金	200

と仕訳されているので，元帳の商品勘定の借方に「諸口300」と記入し，元帳の現金勘定の貸方に「商品100」，元帳の買掛金勘定の貸方に「商品200」と記入します。

次頁の**図表２－３**は，東京家電㈱の仕訳帳の記入事項を元帳の各勘定に転記した状態を示しています（単位：万円）。各取引を必ずチェックしましょう。

以上で明らかなように，複式簿記における取引記入は，仕訳帳における仕訳と元帳への転記という二段構えで行われるのです。このように，仕訳帳と元帳は複式簿記の構造上欠くことのできない帳簿なので**主要簿**と呼ばれます。

また，特定の取引や勘定についての明細を記録し，主要簿の記録を補う帳簿を**補助簿**といいます。例えば，毎日の売上げを記録する売上帳や得意先元帳（元帳の売掛金勘定の明細で得意先ごとの記録を示す帳簿），毎日の仕入れを記録する仕入帳や仕入先元帳（元帳の買掛金勘定の明細で仕入先ごとの記録を示す帳簿），現金出納帳等があります。実務的には補助簿の方が有用です。

●図表2-3　元帳への転記●

現金			
期首 資本金	1,000	① 車両	200
長期借入金	1,000	② 商品	100
⑤ 受取家賃	24	⑦ 買掛金	200
⑩ 受取配当金	5	⑧ 諸口	30
		⑨ 盗難損失	10

資本金	
	期首　現金 1,000

長期借入金	
	期首　現金 1,000
	④ 諸口 1,000

車両	
① 現金 200	

商品	
② 諸口 300	③ 売掛金 200

買掛金	
⑦ 現金 200	② 商品 200

売掛金	
③ 諸口 400	

商品販売益	
	③ 売掛金 200

当座預金	
④ 長期借入金 970	⑤ 建物 500
	⑥ 有価証券 100

支払利息	
④ 長期借入金 30	

建物	
⑤ 当座預金 500	

受取家賃	
	⑤ 現金 24

有価証券	
⑥ 当座預金 100	

給料	
⑧ 現金 20	

広告宣伝費	
⑧ 現金 10	

盗難損失	
⑨ 現金 10	

受取配当金	
	⑩ 現金 5

(3) 試算表の作成

元帳への転記が完了すると，通常は月末時点で，**試算表**（T/B：Trial Balance）を作成します。試算表には，元帳の各勘定科目の借方合計と貸方合計を集計する**合計試算表**（例えば現金勘定の場合，**図表2-3**の借方合計2,029と貸方合計540）と，勘定科目ごとに借方と貸方の金額を相殺しその残高だけを集計する**残高試算表**（現金勘定の場合は1,489（2,029－540））があります。また，これらの両方を結合すると，**図表2-4**のような**合計残高試算表**も作成することができます。

勘定科目欄は貸借対照表項目を先に，次に損益計算書項目を記載します。

図表2-4　合計残高試算表

20x2年3月31日　（単位：万円）

借方残高	借方合計	勘定科目	貸方合計	貸方残高
1,489	2,029	現　　金	540	
370	970	当座預金	600	
400	400	売 掛 金		
100	100	有価証券		
100	300	商　　品	200	
500	500	建　　物		
200	200	車　　両		
	200	買 掛 金	200	0
		長期借入金	2,000	2,000
		資 本 金	1,000	1,000
		商品販売益	200	200
		受取家賃	24	24
		受取配当金	5	5
20	20	給　　料		
10	10	広告宣伝費		
30	30	支払利息		
10	10	盗難損失		
3,229	4,769		4,769	3,229

試算表の目的は，転記が正しく行われたかどうか，つまり元帳記入の正確性を試算することです。この目的のためには合計試算表がよいのです。なぜなら，すべての取引は借方の金額と貸方の金額が等しくなるように仕訳されており，転記は仕訳の借方金額と貸方金額を元帳の借方と貸方へ移し替えたものにすぎないので，合計試算表の借方合計と貸方合計の金額は貸借平均の原理により一致するはずであり（**図表2－4**の借方合計4,769万円と貸方合計4,769万円），もし一致しなければ，転記が正しく行われなかったことがわかるからです。このように，元帳記入の正確性を検証することのできる仕組みを**複式簿記の自己検証機能**といいますが，合計試算表はこの機能を備えているのです。

しかし，試算表には別の目的もあります。それは，試算表によって会社の状況を知ることです。もちろん，会社の状況を知るためには財務諸表を利用すればよいのですが，財務諸表は通常は事業年度末や四半期ごとに作成するだけです。これに対して，試算表は毎日でも作成することができ（通常は月次に作成します），それは，一定時点における資産・負債・資本（純資産）の残高及び一定期間における収益・費用の発生高を示しているので，それによって財政状態や経営成績を知ることができるのです。この目的のためには残高試算表がよいのです。ただし，残高試算表が財政状態や経営成績を示すといっても，それは，後に説明する決算整理以前のものですから概要のみです。

なお，残高試算表は各勘定科目の借方合計と貸方合計との差額（残高）を集計した表ですから，残高試算表でも借方合計と貸方合計は一致するはずです（**図表2－4**の3,229万円）。したがって，残高試算表も元帳記入の正確性を検証する自己検証機能を部分的には備えています。

注意することがあります。35頁で指摘したように，今日のコンピュータ処理においては，データをインプットすると，借方と貸方の金額が一致した試算表を自動的にアウトプットすることができます。しかし，勘定科目の誤りや金額のミス等は，試算表では発見できません。

例えば，取得原価1,000万円の機械装置を建物1,000万円と入力すると，同じ資産の増加なので仕訳は成立しますが，試算表の機械装置と建物の金額は正しく表示されません。また，耐用年数10年の機械装置を5年とインプットすると，機械装置に係る減価償却費は，当期も次期以降も誤って計算されてしまいます(53頁)。売掛金の桁(けた)違いのミス等は誤った請求金額となってしまいます。したがって，インプット時点において正しく仕訳することが基本です。

皆さん！　試算表はOKですか？　ほとんどの大学の簿記論の中間試験の問題は試算表の作成です。これができないと後半には進めないからです。

少し休憩しましょう。

7　決　算　整　理

試算表によって元帳記入の正確性が検証されても，そのことは，元帳が財政状態や経営成績を表すための適正な金額を示していることにはなりません。なぜなら，元帳には保有する商品や株式，建物や車両等の価値の変動は記入されていないからです。商品や株式の時価が下落している場合にはそれを反映するように帳簿価額を切り下げなければならず，また，建物や車両等の価値の低下は減価償却費として認識しなければなりません。さらに，取引が記入されていても，それが期間損益を計算するうえで必ずしも適切であるとは限りません。例えば，借入金の利息を1年分支払ったが途中で事業年度末(決算日)となる場合には，その記録を修正しなければならないからです。

このように，決算日において元帳に追加したり修正を加えたりする手続を**決算整理**または**整理記入**といいます。決算整理も元帳への追加記入ですから，必ず決算日の日付で仕訳帳に仕訳し，それを元帳へ転記するという手順で行われます。決算整理のために必要な仕訳を**決算整理仕訳**といいます。

決算整理は簿記の最後のハードルです。ここでは，基本的な6種類の決算整理を紹介します。これらをマスターすれば，日本商工会議所簿記検定3級は「合格」です。

（1） 売上原価の計算

これまでの仕訳と転記においては，商品の仕入れ（取引②）と販売（取引③）のつど，それぞれを商品勘定の借方と貸方に取得価額で記入し，販売価額との差額を商品販売益として算定しました（40，44頁）。しかし，膨大な仕入取引と販売取引が発生している現状では，この作業を行うことは不可能です。

このため，現在の実務は，1事業年度に販売されたすべての商品の売上高から販売されたすべての商品の原価（売上原価）を控除することによって1事業年度全体の商品販売益である売上総利益を算定するのです。

そこで，1事業年度全体の売上原価を計算しなければなりません。その売上原価の計算式は，以下のとおりです。

売 上 原 価 ＝	商品期首棚卸高 （前期繰越高）	＋ 当期商品仕入高 －	商品期末棚卸高 （次期繰越高）

商品期首棚卸高は前期に売れ残ったため当期に繰り越された商品有高で，それは前期末の貸借対照表に「商品」として表示されています。当期商品仕入高は1年間の仕入取引の合計金額です。補助簿の仕入帳に記入されています（43頁）。両者は容易に知ることができます。商品期末棚卸高については，決算日に商品を実地に調べてその有高を計算しなければなりません。この手続を**実地棚卸**（じっちたなおろし）といいます。実地棚卸によって算定した商品の有高が商品期末棚卸高となり，次期に繰り越されます。

ここまでで大切なことは，上の売上原価の計算式の意味を理解し，覚えないとダメだということです。次頁の**図表2－5**は，その一助となります。

左側のハコと右側のハコの合計金額は同じです。商品期首棚卸高に当期商品仕入高を加算することによって当期中に販売しうる商品の総原価が求められます。その総原価から売れ残った商品期末棚卸高（**在庫**（ざいこ）という）を控除すると，当期中に販売された商品の原価，つまり売上原価が算定されます。

図表2－5　売上原価の算定

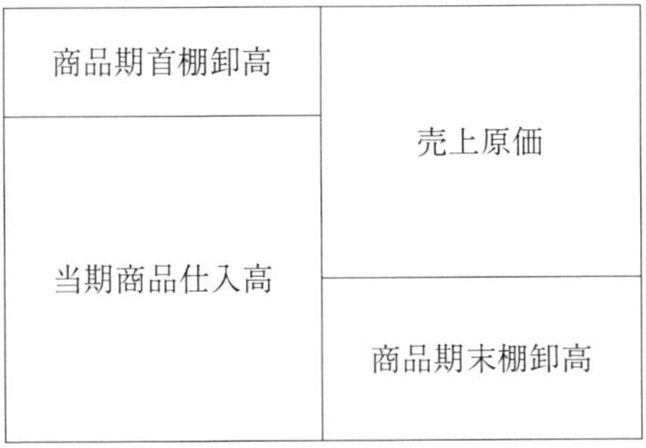

商品期首棚卸高	売上原価
当期商品仕入高	
	商品期末棚卸高

そして，売上原価の会計処理も他の取引と同じように仕訳と元帳への転記を通じて行わなければなりません。これが少々厄介（やっかい）です。

まず，商品勘定を仕入勘定，売上勘定，繰越商品勘定の３つの勘定に分割します。つまり，通常の商品売買の取引を，仕入と販売と在庫の３つに分け，仕入は**仕入勘定**，販売は**売上勘定**，在庫は**繰越商品勘定**において記録するのです。

仕入勘定には，商品を仕入れた時に原価で記入します（値引きや返品があった時は反対記入します)。例えば，38頁の設例②で東京家電㈱は商品300万円を仕入れ，代金のうち100万円を現金で支払い，残額は掛けとしました。すると，〔(借方）仕入300（貸方）現金100，買掛金200〕と仕訳します。

売上勘定には，商品を販売した時に売値で記入します（値引きや返品があった時は反対記入します)。例えば，設例③の商品400万円の掛け売りの場合は，〔(借方）売掛金400（貸方）売上400〕と仕訳します。

繰越商品勘定には，期首と期末の在庫商品の有高を原価で記入します。この勘定は決算時だけに用いられます。

そして，諸君の理解を容易にするために結論を急ぐならば，**売上原価を仕入勘定において算定する**のです。太字部分がポイントです。つまり，結果として，仕入勘定は次頁のようになります。

仕入

諸口 （当期商品仕入高）	300	繰越商品 （商品期末棚卸高）	100
繰越商品 （商品期首棚卸高）	0	売上原価	200

期末時点における仕入勘定の借方には，当期の商品仕入取引の金額（300万円）が記入されています（49頁の設例②）。そこで，まず，商品期首棚卸高を仕入勘定の借方に発生させるために，繰越商品勘定に記入されている商品期首棚卸高を仕入勘定の借方に振り替える必要があります。これは，売上原価の計算式（48頁）から明らかなように，商品期首棚卸高は当期商品仕入高に加算されるので，当期商品仕入高と同じ側，すなわち借方に記入されなければならないからです。

下線部分を繰り返し読んでください。

設例では東京家電㈱は当期が第1期なので，商品期首棚卸高はありません。商品期首棚卸高は0なので，実務上は仕訳の必要はないのですが，原理的には，以下の仕訳となります。なお，番号は東京家電㈱の1年間の取引と連続する番号です。

⑪（借方）仕　　入　0（貸方）繰越商品　0

次に，実地棚卸によって算定した商品期末棚卸高を仕入勘定の貸方に記入します。それは，売上原価の計算式から明らかなように，商品期末棚卸高は商品期首棚卸高と当期商品仕入高の合計から控除されるので，それらの反対側，すなわち貸方に記入されなければならないからです。

下線部分も再読してください。

東京家電㈱の実地棚卸の結果，商品期末棚卸高は100万円であったとすると，仕訳は以下のようになります。

⑫（借方）繰越商品　100（貸方）仕　　入　100

前頁の仕入勘定をもう一度見ましょう。繰越商品の仕訳と転記の結果，借方合計300万円と貸方の繰越商品（商品期末棚卸高）100万円の差額として売上原価200万円が算定され，貸方に記入されます。売上原価の発生を仕訳するならば，〔(借方）売上原価200（貸方）仕入200〕となります。売上原価は損益計算書に表示されます（12頁）。

そして，⑪と⑫の決算整理仕訳を転記すると，繰越商品勘定は以下のようになります。

繰　越　商　品

	商品期首棚卸高	0	⑪	仕　　入	0
⑫	仕　　入	100			

繰越商品勘定における商品期首棚卸高は⑪仕入と相殺され，残高は，⑫商品期末棚卸高，つまり，次期繰越高のみとなります。

また，売上勘定は以下のようになります。貸方は売上取引の金額です（49頁の設例③)。

売　　　上

		売　掛　金	400

「売上原価の仕訳はわからない」という皆さんの声が聞こえます。私も同じ経験をしました。この仕訳は，“ビギナー”にとって最大の難関です。でも，これさえわかれば，３級合格が一気に近づきます。ポイントは，48頁の売上原価の計算式を覚えているか，にあるのです。

（２）　有価証券の評価

株式のような有価証券の価値は毎日変動します。そこで，時価の変動による差益（時価－取得価額）を得ることを目的として保有する有価証券（これを「売買目的有価証券」という）については，決算日に時価で評価しなければなりません。

東京家電㈱において100万円で購入した他社の株式（41頁の取引⑥）が決算日に時価80万円に下落したとすると，帳簿価額を80万円に修正しなければなりません。したがって，次のような決算整理仕訳が行われます。

⑬（借方）有価証券評価損　20（貸方）有　価　証　券　20

有価証券評価損が発生したため，有価証券の帳簿価額100万円から20万円を控除します。売買目的有価証券の評価損は，有価証券売却損とまとめて「有価証券運用損益」として損益計算書の営業外費用に表示します（37頁）。

逆に，時価が130万円になったとすると，帳簿価額を130万円に修正します。

（借方）有　価　証　券　30（貸方）有価証券評価益　30

有価証券評価益が発生したため，有価証券の帳簿価額100万円に30万円を加算します。売買目的有価証券の評価益は，有価証券売却益や受取配当金とまとめて「有価証券運用損益」として営業外収益に表示します（37頁）。

（3）売掛金の回収可能性 ── 貸倒引当金

売掛金が回収できないことを**貸倒れ**（かしだおれ）といい，その損失を**貸倒損失**といいます。

ところが，貸倒損失額は貸倒れが実際に発生した後でなければわかりません。そこで，期末現在の売掛金について将来の貸倒見積額を算定します。そして，その金額を貸倒損失ではなく**貸倒引当金繰入額**（かしだおれひきあてきんくりいれがく）という勘定科目で仕訳し，当年度の費用（販売費）に計上するのです。相手勘定は**貸倒引当金**です。

東京家電㈱の期末の売掛金は400万円です（**図表2－4**）。これについて，例えば貸倒実績率を利用して貸倒見積額を算定します。貸倒実績率（例えば，過去3年間の平均貸倒損失 ÷ 過去3年間の売掛金の平均帳簿価額）を仮に0.5%とすると，貸倒引当金は2万円（400万円×0.5%）となり，次のような決算整理仕訳を行わなければなりません。

⑭　(借方)　貸倒引当金繰入額　　2　(貸方)　貸 倒 引 当 金　　2

貸倒引当金は，原則として**図表2－6**のように売掛金から控除する形式で表示されます。398万円が売掛金の回収可能額になります。

●図表2－6　貸倒引当金の表示●

売　掛　金	400	
貸倒引当金	△ 2	398

(4)　減価償却費の計算

建物，機械装置，車両等の固定資産の価値は，使用や時の経過，その他いろいろな原因によって年々低下します。しかし，これらの固定資産は収益を獲得するために使用されているので，そのような価値の低下は費用として認識されなければなりません（32頁）。減価償却費の計算がそれです。

東京家電㈱が200万円で購入した自動車の使用可能期間（これを**耐用年数**という）が5年間であるとし，5年後の処分価額を0とすると，均等割（これを**定額法**という）で減価償却費は年間40万円となります。したがって，次のような決算整理仕訳をします。

⑮　(借方)　減 価 償 却 費　　40　(貸方)　車両（または車両減価償却累計額）　　40

貸方に車両と仕訳することは，39頁の取引①の仕訳で示したように車両は借方に計上されているのでそれを減額することです。その残高が期末現在の帳簿価額です。この方法を**直接法**といいます。貸方に車両減価償却累計額と仕訳することは，車両の取得価額を残しつつ，これまでの減価償却費の合計額である減価償却累計額を取得価額から控除する形式で表示することによって，その残額を期末現在の帳簿価額とする方法です。これを**間接法**といいます（**図表6－6**，166頁）。

（5） 前払費用と前受収益

費用と収益に関係する勘定のなかには，次期以降に属する分が含まれていることがあります。そこで，正しい期間損益を計算するために，次期以降に属する分をそれらの勘定から取り除いて当期の損益計算に関係させないようにしなければなりません。

⑴ 前払費用（費用の繰り延べ）

費用として支払った金額のうち，次期以降に属する分がある場合は，その金額を当該費用勘定から差し引くとともに，資産として次期に繰り延べます。この資産を**前払費用**といいます。前払費用には，前払利息，前払保険料，前払地代，前払家賃等のように期間を基準に計算するものが多いのです。

例えば，東京家電㈱においては，取引④で6月1日に支払った長期借入金の利息30万円は1年分のものですから，当期（自20x1年4月1日至20x2年3月31日）の支払利息としては6月から3月までの10ヵ月分を費用に計上し，4月と5月の2ヵ月分については次期に繰り延べ，前払費用として資産に計上しなければなりません。なぜ資産に計上するかというと，2ヵ月分については無利息で借り入れることのできる権利を意味しているので，これを資産として認識するのです。したがって，次のような決算整理仕訳が行われます（40頁で示したように，支払利息は借方に発生しているので，2ヵ月分を控除するためには貸方に記入します）。

⑯（借方）前　払　費　用　　5（貸方）支　払　利　息　　5

⑵ 前受収益（収益の繰り延べ）

収益として受け取った金額のうち，次期以降に属する分がある場合は，その金額を当該収益勘定から差し引くとともに，負債として次期に繰り延べます。この負債を**前受収益**といいます。前受収益には，前受利息，前受地代，前受家賃等があります。

例えば，取引⑤で7月1日に従業員から1年分の家賃（24万円）を受け取っています。しかし，会社が受取家賃として当期の収益に計上できるのは7月から3月までの9ヵ月分だけで，4月から6月までの3ヵ月分については，次期に繰り延べ，前受収益として負債に計上しなければなりません。なぜ負債に計上するかというと，会社はすでに4月以降の3ヵ月分の家賃も受け取っており，従業員に住居を提供しなければならない義務を負っているので，これを負債として認識するのです。したがって，次のような決算整理仕訳が行われます（41頁で示したように，受取家賃は貸方に発生しているので，3ヵ月分を控除するためには借方に記入します）。

⑰	（借方）	受取家賃	6	（貸方）	前受収益	6

（6）　未払費用と未収収益

当期の費用や収益であるにもかかわらず，現金の支出や収入がないため，それが計上されていないことがあります。そこで，正しい期間損益を計算するために，費用と収益の未計上分を当期の損益計算に含めなければなりません。

⑴　未払費用（費用の見越し）

まだ現金支出がなくとも，当期の費用として認識しなければならない場合は，当期に属する分を費用として計上するとともに，負債として次期に繰り越す必要があります。この負債を**未払費用**といいます。未払費用には，未払利息，未払給与，未払家賃，未払地代等があります。

例えば，東京家電㈱は，20x1年4月1日に3年後に元利を返済する条件で銀行から1,000万円を借りています。20x2年3月31日の決算日時点ではまだ利息の支払いは行われていませんが，借金をしてすでに1年間が経過しているので，その間の利息30万円を費用として認識し，同額を支払義務として負債に計上しなければなりません。そこで，次頁のような決算整理仕訳を行います。

⑱ （借方） 支 払 利 息 30 （貸方） 未 払 費 用 30

⑵ **未収収益（収益の見越し）**

まだ現金収入がなくとも，当期の収益として認識しなければならない場合は，当期に属する分を収益として計上するとともに，資産として次期に繰り越す必要があります。この資産を**未収収益**といいます。未収収益には，未収利息，未収家賃，未収地代，未収手数料等があります。

例えば，取引⑤において，会社が従業員の家賃を1年後に受け取ることに同意したとするならば，決算日時点ではまだ現金収入はありませんが，会社はすでに7月以降9ヵ月間住居を提供しているので，家賃（18万円）を受け取る権利を有しています。したがって，その権利を資産（未収収益）として認識するとともに，住居を提供したサービスを当期の収益（受取家賃）として計上するのです。そこで，次のような決算整理仕訳を行います。

（借方） 未 収 収 益 18 （貸方） 受 取 家 賃 18

ここまでの説明で重要な6種類の取引の仕訳を理解できたでしょう。

皆さん！ いっそうの自信を深めるために，簿記3級の問題集で繰り返し練習しましょう，練習の成果は，確実に自らの「力」となります。

8 精 算 表

決算整理により修正された元帳の各勘定の残高は，期末現在の状況を適切に反映することになります。そして，これらの勘定残高に基づいて，貸借対照表と損益計算書が作成されます。これが通常の手続ですが，簿記の学習においては，**精算表**と呼ばれる表が作成されます（35頁の決算の仕組みを見ましょう）。

（1）　精算表の作成手続

精算表は，残高試算表と一連の決算整理仕訳，ならびに損益計算書と貸借対照表を一覧表示したものです。通常の精算表は，残高試算表，決算整理仕訳，損益計算書，貸借対照表からなる８欄ですが（金額欄が８つあるので８桁（けた）精算表と呼ぶ），ここでは，決算の仕組みを理解するために，決算整理後残高試算表を加え，次頁の**図表２－７**のような10桁精算表を作成してみましょう。その作成手続は，以下のようになります。

① まず，残高試算表の勘定科目を精算表の勘定科目欄に記載し，各勘定の借方または貸方の残高を残高試算表欄に記入します。

② 次に，決算整理仕訳欄には，決算整理仕訳に従って，すでに勘定科目欄に現れている科目については借方または貸方に金額を記入します。勘定科目欄にない科目については，新たに追加し，その借方または貸方に金額を記入します。**図表２－７**の勘定科目欄の「有価証券評価損」から「未払費用」までの８個の勘定科目と金額の記入がこれです。

③ 決算整理後残高試算表は，残高試算表と決算整理仕訳の合計額です。両欄の借方金額または貸方金額はそのまま加算し，借方と貸方に現れている勘定科目については相殺し，その残高を多い方に記入します。

　例えば，有価証券については，残高試算表欄は借方100，決算整理仕訳欄は貸方20なので，その差額80を決算整理後残高試算表欄の借方に記入します。また，支払利息のように残高試算表欄は借方30，決算整理仕訳欄は借方30貸方５の場合は，借方合計60から貸方５を控除し，その残高55を決算整理後残高試算表欄の借方に記入します。

④ 決算整理後残高試算表の収益と費用・損失に属する勘定科目の金額は損益計算書欄に，資産と負債及び資本に属する勘定科目の金額は貸借対照表欄に移行します。

⑤ 損益計算書欄の貸方の合計額が借方の合計額よりも大きい場合には，収益合計が費用・損失合計よりも大きいということですから，両者の差額として当期純利益が算出され，勘定科目欄に「当期純利益」と損益計算書

●図表２－７　精　算　表●

20x2年３月31日　　　　　　　　　　　　　　（単位：万円）

勘定科目	残高試算表		決算整理仕訳		決算整理後残高試算表		損益計算書		貸借対照表	
	借方	貸方	借方	貸方	借方	貸方	借方	貸方	借方	貸方
現金	1,489				1,489				1,489	
当座預金	370				370				370	
売掛金	400				400				400	
有価証券	100			20	80				80	
繰越商品	0		100	0	100				100	
建物	500				500				500	
車両	200				200				200	
長期借入金		2,000				2,000				2,000
資本金		1,000				1,000				1,000
仕入	300		0	100	200		200			
売上		400				400		400		
受取家賃		24	6			18		18		
受取配当金		5				5		5		
給料	20				20		20			
広告宣伝費	10				10		10			
支払利息	30		30	5	55		55			
盗難損失	10				10		10			
	3,429	3,429								
有価証券評価損			20		20		20			
貸倒引当金繰入額			2		2		2			
貸倒引当金				2		2				2
減価償却費			40		40		40			
車両減価償却累計額				40		40				40
前払費用			5		5				5	
前受収益				6		6				6
未払費用				30		30				30
当期純利益							66			66
			203	203	3,501	3,501	423	423	3,144	3,144

＊　勘定科目欄は商品勘定を３分割（「繰越商品」「仕入」「売上」）しています。したがって，**図表２－４**の残高試算表の「商品」と「商品販売益」は消えます。なお，決算整理後残高試算表の「仕入200」は「売上原価」です（49頁）。

欄の借方に金額66が記入されます。

また，貸借対照表欄の借方の合計額が貸方の合計額よりも大きい場合には，資産合計が負債及び資本合計よりも大きいということですから，ここでも両者の差額として当期純利益66が算出され貸方に記入されます。

⑥　最後に，各欄とも合計額は貸借平均するので締め切ります。

（2）　残高試算表と貸借対照表及び損益計算書の関係

精算表から明らかなように，損益計算書と貸借対照表の当期純利益（この例では66万円）は一致しますが，その理由は次のとおりです。

図表2－7の決算整理後残高試算表の借方合計と貸方合計は一致します(3,501万円)。つまり，〔資産 ＋ 費用 ＋ 損失 ＝ 負債 ＋ 資本 ＋ 収益〕です。

●図表2－8　残高試算表と貸借対照表・損益計算書の関係●

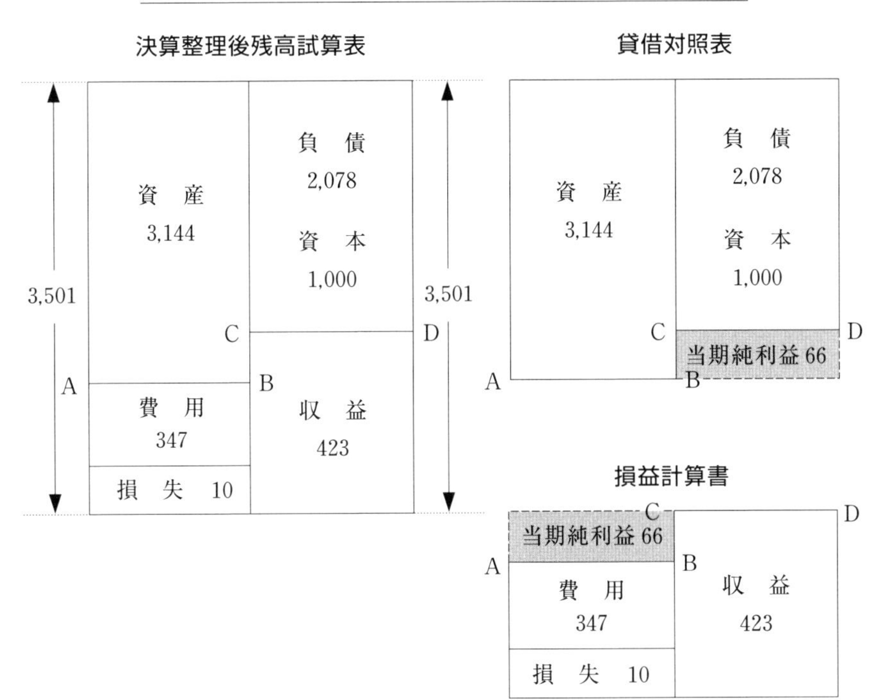

この式がすでに指摘した試算表等式です（32頁）。これを図解すると，前頁の**図表2－8**の左の図表です。

そして，この決算整理後残高試算表をAB，CDの線で区切ると，右側の上の図表が貸借対照表，下の図表が損益計算書となるのです。AB線とCD線との食い違いの高さが「当期純利益」です。この食い違いの面積，すなわち金額は66万円で同一であり，かつ，貸借反対です。

このように，残高試算表の構造を理解することによって複式簿記の絶妙な仕組みを実感することができるのです。

そして，皆さん！　本章の扉のゲーテの言葉を思い出してください。「〔複式簿記は〕人間の精神が産んだ最高の発明の一つ」なのです。

9　貸借対照表と損益計算書

東京家電㈱の株主総会に提出される貸借対照表と損益計算書は，**図表2－9**と**図表2－10**のようになります。

（1）　貸借対照表

貸借対照表には，貸借対照表という表題とともに，作成年月日（通常は決算日），会社の名称，金額の単位を記載します。

貸借対照表の様式には勘定式と報告式があります。**勘定式**は，**図表2－9**のように貸借対照表を左右両欄に分け，借方に資産，貸方に負債及び純資産を対照して掲げ，両欄の合計を平均させて示すものです。**報告式**は，金額欄を右側に寄せ，最初に資産を記載して次に負債を掲げ，最後に純資産を示す形式です。

日立の例に見られるように，株主総会提出用の貸借対照表は勘定式が一般的です（11頁）。

図表2-9　貸借対照表

東京家電（株）　20x2年3月31日　（単位：万円）

（資産の部）			（負債の部）		
流動資産			流動負債		
現　金		1,489	未払費用		30
当座預金		370	前受収益		6
売掛金	400		流動負債合計		36
貸倒引当金	△ 2	398	固定負債		
有価証券		80	長期借入金		2,000
商　品		100	固定負債合計		2,000
前払費用		5	負債合計		2,036
流動資産合計		2,442	（純資産の部）		
固定資産			株主資本		
建　物*		500	資本金		1,000
車　両	200		資本剰余金		
減価償却累計額	△ 40	160	資本準備金	0	0
固定資産合計		660	利益剰余金		
			利益準備金	0	
			繰越利益剰余金**	66	66
			純資産合計		1,066
資　産　合　計		3,102	負債及び純資産　合　計		3,102

*　建物については減価償却を行っていない。

**　**図表2-8**（59頁）の貸借対照表の「当期純利益」は，「繰越利益剰余金」に含まれるため独立して表示されていない（**図表4-5**の当期純利益987,946百万円を参照。117頁）。

（2）　損益計算書

損益計算書には，損益計算書という表題とともに，会計期間（通常は1年間または四半期の3ヵ月間），会社の名称，金額の単位を記載します。

損益計算書の様式にも勘定式と報告式があります。勘定式は，損益計算書を左右両欄に分け，左側に費用と損失，右側に収益を記載し，その差額を当期純損益として示し，両欄の合計を平均させて示すものです。報告式は，**図表2-10**のように金額欄を右側に寄せ，一定の配列順序に従って収益と

●図表2-10　損益計算書●

東京家電㈱　自20x1年4月1日 至20x2年3月31日　（単位：万円）

科目		
売上高		400
売上原価		200
売上総利益		200
販売費及び一般管理費		
給料	20	
広告宣伝費	10	
減価償却費	40	
貸倒引当金繰入額	2	72
営業利益		128
営業外収益		
受取家賃	18	
受取配当金	5	23
営業外費用		
支払利息	55	
有価証券運用損益*	20	75
経常利益		76
特別利益	–	–
特別損失		
盗難損失	10	10
税引前当期純利益		66
法人税，住民税及び事業税（0とする）		0
当期純利益		66

＊　52頁参照

費用・損失を掲げ，その差額を当期純損益として示す形式です。

損益計算書は報告式が一般的です。日立も報告式です（12頁）。

（3）　貸借対照表と損益計算書の関係

経営活動の成果は貸借対照表と損益計算書によって示されますが，両者の

図表2-11　損益法と財産法の関係

損益計算書　（単位：万円）

（費用・損失）		（収　益）	
売上原価	200	売上高	400
給　料	20	受取家賃	18
広告宣伝費	10	受取配当金	5
減価償却費	40	（計）	423
貸倒引当金繰入額	2		
支払利息	55		
有価証券運用損益	20		
盗難損失	10		
（計）	357		
当期純利益	66		

（期首貸借対照表）

資産	純資産
1,000	1,000

（期末貸借対照表）

資産	負債
3,144	2,078
	純資産 1,066

関係について，桜井久勝教授の工夫された図表を用いて説明しましょう[8]。

図表2-11は，東京家電㈱が，資本金（純資産）1,000万円を元手に事業活動を開始し，1年間に347万円の費用と10万円の損失が発生しましたが（計357万円），売上高等の収益423万円を獲得し，結果として当期純利益66万円を得ることができ，期末の純資産（資本金＋当期純利益）が1,066万円に増殖したことを示しています。

この図表からも，そして**図表2-8**からも学んだように，当期純利益は2つの方法によって算定されます。1つは，損益計算書によって収益と費用・損失の差額として当期純利益を計算する方法であり，他の1つは，貸借対照表の期首と期末の純資産を比較することによって当期純利益を計算する方法です。前者の方法を損益法と呼び，後者を財産法と呼びます。

損益法は，利益の大きさ（利益額）を算定するだけでなく，収益と費用・損失の内容（構成要素）を表示することによって，利益の発生原因をも明らかにすることができるので業績の解明に有効です。しかし，損益法では，資産と負債がどれだけ増減した結果，利益が得られたのかはわかりません。

一方，**財産法**は，貸借対照表の純資産の額を期首と期末で比較し，その差額の増殖分をもって当期純利益とする計算方法です。財産法では，前期の貸借対照表と当期の貸借対照表を比較することによって資産と負債がどれだけ増減した結果，利益が得られたのかがわかります。しかし，その利益が何によってもたらされたのか，その原因については知ることができません。

したがって，1期間の利益額を，その発生原因を明らかにするとともにその裏付けとなる資産と負債の増減額を算定するには，損益計算書による損益法のアプローチと貸借対照表による財産法のアプローチの両方が必要になるのです。つまり，損益計算書と貸借対照表の2つの財務諸表は相互補完的な関係にあるということです。

〔ポイント〕

「簿記なんか大嫌いだ」と言う諸君！　その原因は，仕訳の原則（34頁）を覚えていないからです。あなたはアタマが悪いのではありません。たった5個の，しかも「増加」の場合だけの仕訳を覚えようとしない怠け者なのです。その“レッテル”を貼（は）られる前に，資産・負債・資本・収益・費用が増加した場合の仕訳の原則を必ず覚えてください。

〔注〕

(1)　本田耕一訳『パチョリ簿記論』現代書館，1975年。

(2)　久野秀男「英国古典簿記書（1543年－1887年）の発展史的研究(1)」『学習院大学経済論集』，第13巻第3号，55-100頁。

(3)　友岡 賛『歴史にふれる会計学』有斐閣，1996年，116頁。

(4)　福沢諭吉は，『帳合之法』を翻訳した理由について，次のように述べています。是非，一読しましょう。

「古来日本國中ニ於テ學者ハ必ズ貧乏ナリ金持ハ必ズ無學ナリ　故ニ學者ノ議論ハ高クシテ口ニハヨク天下ヲモ治ルト云ヘドモ一身ノ借金ヲバ拂フコトヲ知ラズ　金持ノ金ハ澤山ニシテ或ハコレヲ瓶ニ納テ地ニ埋ルコトアレドモ天下ノ經濟ヲ學テ商賣ノ法ヲ遠大ニスルコトヲ知ラズ　蓋シ其由縁ヲ尋ルニ學者ハ自カラ高ブリテ以為ラク商賣ハ士君子ノ業ニ非ラズト金持ハ自カラ賤シメテ以為ラク商賣ニ學問ハ不用ナリトテ知ル可キヲ知ラズ學ブ可キヲ學バズシテ遂ニ此弊ニ陥リタルナリ　何レモ皆商賣ヲ軽蔑シテコレヲ學問ト思ハザリシ罪ト云フ可シ　今此學者ト此金持トヲシテ此帳合ノ法ヲ學ハシメナバ始テ西洋實學ノ實タル所以ヲ知リ學者モ自カラ自身ノ愚ナルニ驚キ金持モ自カラ自身ノ賤シカラザルヲ悟リ相共ニ實學ニ勉強シテ學者モ金持ト為リ金持モ學者ト為リテ天下ノ經濟更ニ一面目ヲ改メ全國ノ力ヲ増スニ至ラン乎　譯者ノ深ク願フ所ナリ」

H.B. ブライヤント& H.D. ストラットン著，福沢諭吉訳『帳合之法』復刻版，雄松堂書店，1979年，序文1－2頁。

(5)　啊爾嗹・暹度著，芳川顕正督纂，海老原済・梅浦精一訳，小林雄七郎等刪補・校正『銀行簿記精法』大蔵省，明治6年12月。

(6)　片野一郎『日本・銀行簿記精説』中央経済社，昭和31年，14-54頁。黒澤 清『会計』一橋出版，1976年，5頁。

(7)　安平昭二「簿記の機構」『テキストブック会計学(1)― 会計学総論』高田正淳・武田隆二・新井清光・津曲直躬・檜田信男編，有斐閣，1982年，47-50頁。

(8)　桜井久勝『財務会計講義（第24版）』中央経済社，2023年，45頁。

第3章
損益計算書とは？

損益計算書から説明します。貸借対照表より取っ付きやすいからです。

「損益計算書」とは，英語の“Profit & Loss Statement”の訳語です。頭文字を取って“ピーエル”とも呼ばれています。損益計算書は，まさに読んで字のごとく「損」と「益」がどのような要因でどれだけ発生し，儲けたのか損をしたのか，つまり，会社の一定期間の経営成績を明らかにするものです。

1　損益計算書の基本フォームを覚えよう

皆さん！　**図表3-1**の損益計算書の基本フォームを必ず覚えてください。

●図表3-1　損益計算書の基本フォーム●

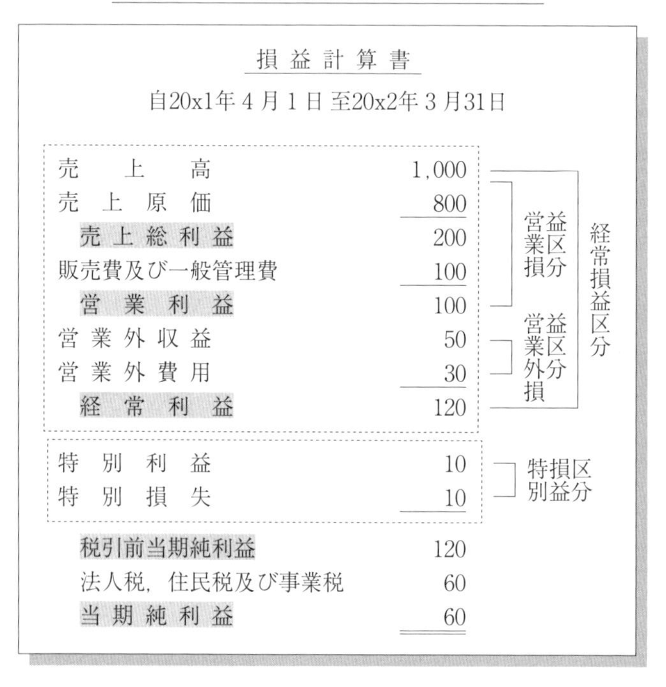

損益計算書

自20x1年4月1日 至20x2年3月31日

科目	金額	区分
売上高	1,000	営業損益区分／経常損益区分
売上原価	800	営業損益区分
売上総利益	200	営業損益区分
販売費及び一般管理費	100	営業損益区分
営業利益	100	営業損益区分
営業外収益	50	営業外損益区分
営業外費用	30	営業外損益区分
経常利益	120	経常損益区分
特別利益	10	特別損益区分
特別損失	10	特別損益区分
税引前当期純利益	120	
法人税，住民税及び事業税	60	
当期純利益	60	

これが頭に入っていれば，ゼミナールでの議論に積極的に参加できるのです。希望する会社の面接試験において，会社の業績を指摘し試験官に好感を与えることができるのです。そして，メディアの伝える国内外の経済の動きも読み取ることができるのです。

2　経常損益と特別損益，そして段階別損益

図表3-1の損益計算書には，株主や債権者，そして皆さんの意思決定に役立つような工夫がなされています。わかりますか？

それは，①営業活動の内容をいくつかの区分に分けて表示していること，②営業活動の内容に応じた損益を示していることです。

まず，①について説明します。損益計算書は，大きく2つに区分されます。

1つは，会社の経常的な営業活動に関連して発生した損益（経常損益）を示す領域です。**図表3-1**の基本フォームでいえば，売上高から経常利益までの領域です。

他の1つは，当該年度に特別に発生した損益（特別損益）を示す領域です。会社は，時にはかなり以前から所有している土地や株式を売却したり，会社再建のために"リストラ"を行います。火災や風水害等の予期せぬ出来事にも直面します。これらの臨時的・偶発的に発生した事象に伴う特別損益も当該期間の損益として扱うのです。

経常損益と特別損益の両者を加算した最終結果が当期純損益です。もう少し詳しく説明します。

（1）　経常損益 ── 営業損益と営業外損益

⑴　営業損益

会社の経常損益を示す領域は，営業損益を示す部分と営業外損益を示す部分の2つから構成されます。

営業損益を示す部分は，本来の営業活動を行うことによって発生する収益（revenue）と費用（expenses）を記載します。したがって，売上高，売上原価，販売費及び一般管理費を記載します。

売上高は，会社の目的である商品・製品の販売や通信・情報等のサービスの提供による売上高から売上値引と戻り高（返品額）を差し引いた額です。この

売上高が会社の成長力の源泉です。

売上原価は，販売された商品や製品，提供されたサービスに係る原価のことです。通常の販売においては，商品や製品を売り上げるたびに売上原価を計算しません。1年間や四半期ごとの売上高に対応する売上原価を算定します。すでに勉強しました（48頁）。

販売費及び一般管理費は，会社の販売及び一般管理業務に関連して発生する費用です。これには，販売手数料，荷造費，運搬費，広告宣伝費，貸倒引当金繰入額（52頁），販売及び一般管理業務に従事する役員の報酬や社員の給料手当，賞与，法定福利費（健康保険と厚生年金保険，雇用保険と労災保険のように法律で定められた保険料）のうち会社負担分，福利厚生費（定期健診・人間ドック費用，スポーツ・文化サークル活動費等），販売及び一般管理部門で生じる交際費，旅費，交通費，通信費，減価償却費等が含まれます。

なお，製造現場で発生する工場長や従業員の賃金，給料，賞与手当，福利厚生費，減価償却費，旅費，交通費等は，製造原価に含まれます（これについては第7章で勉強します）。

ここまでが営業損益を示す部分です。

(2) 営業外損益

次に，営業外損益を示す部分についてですが，営業外という言葉に違和感を感じませんか？「営業外」といいながら，「経常的」な営業活動（69頁）に含めていることに疑問をもちませんか？ 営業とは会社の本来の活動のことですから，営業外とは本来の活動ではないことになります。では，どのような活動をいうのでしょうか？ K君もわかりませんでした（15頁）。

それは，銀行等からの資金の借り入れ，関係会社に対する融資，有価証券の保有や売買，社債（109頁）の発行や償還等のように，本来の営業活動に必要な資金の調達と運用に関する活動のことです。これを**財務活動**といいます。つまり，営業外損益とは，財務活動に伴う収益と費用のことです。

営業外収益には，受取利息，有価証券利息，受取配当金，有価証券売却益，仕入割引（72頁）等があります。受取利息は銀行預金や他社に対する貸付金等から受け取る利息のことです。有価証券利息は国債や地方債，他社の社債等の有価証券から発生する利息です。受取配当金は保有する株式に関して受け取る配当金のことです（42頁）。有価証券売却益は有価証券の売却価額が帳簿価額（簿価）を上回る場合に発生します。

営業外費用には，支払利息，社債利息，有価証券売却損等があります。支払利息の典型は銀行借入金に対する利息です（40頁）。社債利息は会社の発行する社債を保有する人々に支払う利息です（109頁）。有価証券売却損は有価証券の売却価額が簿価を下回る場合に発生します。

このような財務活動も事業を継続するために常時行われているので，それに関連する損益は経常損益区分に含めるのです。下線部分を理解してください。

そして，これらの営業外損益項目のうち，その金額が営業外収益または営業外費用の総額の100分の10を超えるものについては，当該収益や費用を示す名称を付した科目をもって掲記しなければなりません（財規90, 93）。それ以下のものについては，多くの場合ひとまとめにして「雑収益」や「雑損失」として表示します（12頁の**図表１－６**の日立の損益計算書を参照してください）。これは，重要性の原則の適用によるものです。**重要性の原則**とは，金額的または性質的に重要な項目についてはその内容を的確に示すように，科目を細分して表示したり，注記（13頁）等の説明を求める会計原則のことです。

ところで，売上値引と売上割引の違いはわかりますか。

売上値引は，売り上げた商品や製品の品質不良や破損等の理由によって売価から差し引かれる額のことです。したがって，売上高から控除されます（69頁）。**売上割引**は，売掛金が通常よりも早く回収されることにより発生する金利相当分の割引のことです。例えば，売掛金を「手形」（支払期日３ヵ月後。99頁）ではなく現金で支払ってくれた得意先に対して，３ヵ月分程度の利息に相当する割引をする場合等です。売上割引は「返金負債」として処理します。

返金負債とは，顧客から売上げの対価を受け取っているものの，その対価の一部または全部を顧客に返金すると見込んでいる場合に発生する負債です。

仕入値引（仕入れた商品の品質不良や破損等の理由によって仕入値から差し引かれる額）は仕入高から控除されます。**仕入割引**（買掛金を通常よりも早く支払うことにより受けられる割引額）は営業外収益です（71頁）。

なお，一定期間に多額または多量の取引をした得意先に対する売上代金の返戻（へんれい）額である**売上割戻**（わりもどし）（“リベート”のこと）は，売上高から控除されます。同様に，**仕入割戻**は，仕入高から控除されます。

（2） 特別損益

特別損益は臨時的・偶発的に発生する以下のような損益で，**特別利益**と**特別損失**に区分して表示します。

① 固定資産売却益や固定資産除却損 —— 土地の売却益や機械装置の除却損等は最後の1回だけに生じる特別な事象なので特別損益です。

② 関係会社株式売却益や投資有価証券売却益 —— 固定資産の「投資その他の資産」に含まれる関係会社株式の売却益や長期間保有していた有価証券（「投資有価証券」という）の売却益は特別利益です（103頁）。

③ 関係会社株式評価損や投資有価証券評価損 —— 関係会社株式や投資有価証券の時価が簿価より著しく下落した場合の評価損（「減損」という）は特別損失です（152，170頁）。

④ リストラに伴う早期退職金や関係会社の整理等に関連して発生した損失は特別損失です。

⑤ 火災や風水害等による損失は特別損失です。

これらの各損益項目のうち，その金額が特別利益または特別損失の総額の100分の10を超えるものについては，重要性の原則により当該利益や損失を示す名称を付した科目をもって掲記しなければなりません（財規95の2，95の3）。

（3） 段階別損益 ── 損益はどの段階で発生したか？

69頁の工夫された損益計算書の②「営業活動の内容に応じた損益」について説明します。

68頁の**図表3-1**の損益計算書には，営業活動の内容に応じて，5つの**段階別損益**（アミカケ項目）が表示されています。

上から売上総利益（赤字の場合は売上総損失），営業利益（または営業損失），経常利益（または経常損失），税引前当期純利益（または税引前当期純損失），そして当期純利益（または当期純損失）です。

最初に示される**売上総利益**とは，売上高から売上原価を差し引いて求められるものです。実務では「粗利（あらり）」と呼ばれることが多いようです。それは，販売費や一般管理費等を差し引く前の大ざっぱな利益だからです。

第2番目の**営業利益**は，売上総利益から販売費及び一般管理費を差し引いたものです。営業利益は会社の本来の営業活動による業績を示すので，経営者も投資者もこれを重視します。

第3番目の**経常利益**は，営業利益に営業外収益と営業外費用を加減して算出されます。経常利益は営業活動と財務活動を含めた利益で，会社の経常的な活動の結果を示すので，会社の収益性（利益を獲得する力）を測る重要な指標です。

第4番目の利益である**税引前当期純利益**は，経常的な活動から得られた経常利益に特別に発生した損益を加減した会社の総合的な業績を示します。他の4つの損益に比べるとそれほど注目されてはおりませんが，後述するキャッシュ・フロー計算書ではこれを利用します（131頁）。

第5番目の**当期純利益**は，税引前当期純利益から法人税・住民税・事業税を控除した後の最終的な利益です。「利益」（profit）という場合，通常，この当期純利益を指します。

このように，会社の最終的な儲けは当期純利益によって示されます。会社はこの当期純利益を最大化するために活動しているのです。

3　ケース・スタディ(1)

損益計算書の基本フォームによって，Ａ社とＢ社を比較してみましょう。

●図表３－２　Ａ社とＢ社の損益計算書●

損 益 計 算 書

自20x1年４月１日　至20x2年３月31日

		Ａ　社		Ｂ　社	
Ⅰ	売上高	1,000	（億円）	1,000	（億円）
Ⅱ	売上原価	800		700	
	売上総利益	**200**		**300**	
Ⅲ	販売費及び一般管理費	250		250	
	営業利益	**△50**		**50**	
Ⅳ	営業外収益	50		40	
Ⅴ	営業外費用	30		20	
	経常利益	**△30**		**70**	
Ⅵ	特別利益	130		30	
Ⅶ	特別損失	20		60	
	税引前当期純利益	**80**		**40**	
	法人税，住民税及び事業税	40		20	
	当期純利益	**40**		**20**	

（１）　いくら儲けたか？

Ａ社とＢ社の損益計算書を再確認します。

売上高は，Ａ社，Ｂ社ともに1,000億円です。売上原価は，Ａ社800億円，Ｂ社700億円です。販売費及び一般管理費は，Ａ社，Ｂ社ともに250億円です。

営業外収益は，Ａ社50億円，Ｂ社40億円です。営業外費用は，Ａ社30億円，Ｂ社20億円です。特別利益は，Ａ社130億円，Ｂ社30億円です。特別損失は，Ａ社20億円，Ｂ社60億円です。法人税・住民税・事業税は，Ａ社40億円，Ｂ社20億円です。その結果，当期純利益は，Ａ社40億円，Ｂ社20億円です。

「会社は当期純利益を最大化するために活動している」と言いました。ですから，“いくら儲けたか”は重要です。売上高はＡ社Ｂ社ともに1,000億円で同額ですが，Ａ社がＢ社の２倍に当たる40億円を計上したのです。いくら儲けたかという観点からは，Ａ社に軍配が上がります。

（２） どうやって儲けたか？

いくら儲けたかは確かに重要です。Ａ社の当期純利益40億円がＢ社の当期純利益20億円よりも好ましい結果であることは明らかです。

しかし，より重要なことは，“どうやって儲けたか”です。

売上総利益は，Ａ社200億円，Ｂ社300億円，両社の差は100億円です。したがって，売上高総利益率（売上総利益÷売上高）は，Ａ社20％，Ｂ社30％です。Ｂ社がＡ社を10ポイントもリードしています。売上高総利益率が高いということは，売上原価率（売上原価÷売上高）が低いということです（Ａ社80％，Ｂ社70％）。売上原価率が低いということは，会社の企画力，製品開発力，原材料の購買力，製造技術力，生産効率等が優れていることを示しています。なぜなら，それらのすべての力が「売上原価」に集約されるからです。だからこそ，売上原価の低減はまさに全社的課題なのです。製造業ならば売上原価率70％以下を確保したいものです。

売上総利益から販売費及び一般管理費を差し引いた残高が営業利益です。製造業において優良企業と評価される基準は，売上高営業利益率（営業利益÷売上高）10％です。Ａ社は営業損失です。この段階で50億円もの赤字です。Ｂ社の営業利益率は５％（50億円÷1,000億円）です。Ｂ社にしても，売上原価のさらなる低減とともに販売費や一般管理費の削減等，まだまだ改善の余地があります。

Ａ社の経常損失は30億円です。営業損失より20億円減少していますが，それは，71頁で説明した営業外収益（50億円）が営業外費用（30億円）を20億円上回ったからです。Ｂ社の経常利益は70億円です。営業利益よりさらに20億円増えています。営業外収益が営業外費用を20億円超過したからです。経常利益は，本来の営業活動と財務活動の成果であり，収益性，つまり利益獲得能力を測る指標であると言いました（73頁)。この点からも，Ｂ社がＡ社を圧倒的にリードしているのです。

税引前当期純利益は，Ａ社80億円，Ｂ社40億円です。Ａ社はこの段階で大きく黒字転換しました。それは，**図表３－２**で見るように，特別利益を130億円も計上したからです。ただし，特別利益の内容はわかりません。一方，Ｂ社は特別損失を60億円発生させていますが，その原因は不明です。

続く法人税・住民税・事業税については，税引前当期純利益に応じて，Ａ社がＢ社の２倍を支払いました。結果，当期純利益はＡ社40億円，Ｂ社20億円ですが，Ａ社の当期純利益は特別利益130億円によってもたらされたことは明らかです。

上述のように，“どうやって儲けたか”という観点からはＢ社が勝者です。

ここで，**特別損益**に注目しましょう。72頁で説明したように，それは，臨時的・偶発的に発生した“異常事態”に起因しています。ですから，皆さん！特別損益の内容や状況を十分に読み取ることが大切です。

例えば，固定資産売却益や投資有価証券売却益が表示されているならば，なぜ今，固定資産を売らなければならないのか，なぜ長期間保有していた株式を売らなければならないのか，というような疑問を抱くことが大切です。もしかすると，会社は資金繰りに困っているのかもしれません。あるいは将来のリストラに備えて資金を準備しているのかもしれません。

一般には，経常損失の会社や目標の経常利益を達成できなかった会社が，一定の当期純利益を確保するために**含み益**（時価と簿価との差益）のある土地や株式を売却して特別利益を生み出すケースが多いのです。

4　ケース・スタディ(2)──日立とパナソニック

（1）　親会社の日立とパナソニックの業績

皆さん！　企業経営は直面する「危機」との戦いです。厳しい現実の一端を日立とパナソニックの22～23年間の損益計算書を通して検討します。

図表3-3は，日立グループの親会社である日立製作所（単体）の業績です。

図表3-3　日立製作所の業績

（単位：億円）

決算期	売上高	営業利益	経常利益	特別利益	特別損失	当期純利益
2001.3	40,158	985	560	348	326	401
2002.3	35,222	△847	△816	107	3,188	△2,526
2003.3	31,124	537	520	921	631	282
2004.3	24,888	75	201	688	101	401
2005.3	25,974	△56	222	631	661	103
2006.3	27,133	10	426	574	631	370
2007.3	27,851	△662	△372	568	1,765	△1,780
2008.3	28,072	△741	△459	841	1,185	△1,278
2009.3	26,100	△322	2,047	57	3,852	△2,945
2010.3	19,388	35	592	136	1,061	△351
2011.3	17,953	331	1,275	109	956	642
2012.3	18,704	178	489	2,801	699	2,545
2013.3	19,115	347	760	72	396	576
2014.3	20,701	60	178	1,150	915	578
2015.3	18,421	△39	△3	691	316	852
2016.3	18,596	3	△209	326	205	649
2017.3	19,065	△98	715	2,629	2,035	977
2018.3	19,302	590	1,312	298	246	1,361
2019.3	19,272	930	3,040	2,208	3,231	1,740
2020.3	17,932	1,080	3,554	348	4,001	1,194
2021.3	16,782	390	3,054	6,380	265	7,055
2022.3	16,234	1,139	3,650	1,465	193	5,161
2023.3	16,313	880	3,547	7,014	236	9,879

（出所：各期の有価証券報告書から作成）

過去23年間における売上高の最高は，2001年３月期の４兆158億円です。以後，完全に右肩下がりに転じ，直近の2023年３月期は１兆6,313億円です。親会社日立の売上高はじり貧です。どうなっているのでしょうか。

メーカーとしての本来の業績を示す営業損益は，23年間のうち７期において営業損失ですが，営業利益が75億円，10億円，35億円，60億円，３億円という年度も見られ，2017年３月期までは全体として低迷していました。最近５年間の営業利益は，最高1,139億円，最低390億円，年平均883億円（５年間の営業利益合計4,419億円÷５年）を確保していますが，納得できる数値とは言えないでしょう。なぜなら，その間の営業利益率は5.1％（4,419億円÷売上高８兆6,533億円）だからです。日立にしても営業利益率10％は遠いのです（75頁）。

経常利益については，最近５年間は年平均3,400億円をキープしています。営業外収益が営業外費用を上回る財務活動の成果です。

当期純利益については，前半10年間のうち５期は赤字でしたが，その後は連続して当期純利益を計上しています。特に最近３年間は，それぞれ7,055億円，5,161億円，9,879億円と巨額の当期純利益です。

ただし，注意することは，2021年３月期の当期純利益7,055億円の要因は「関係会社株式売却益6,033億円」（同期の損益計算書），2023年３月期の過去最高の9,879億円の主因も「関係会社株式売却益6,874億円」（12頁），ということです（K君の疑問14頁）。ところが，この関係会社株式売却益の内容については，株主宛年次報告書では示されておりません。有価証券報告書によると，日立化成㈱，日立建機㈱，日立金属㈱，日立物流㈱等の関係会社の売却に係る特別利益です（有価証券報告書2021年３月期111頁，2023年３月期120-122頁）。

次頁の**図表３-４**は，パナソニック（単体）の業績です。

図表３－４　パナソニックの業績

（単位：億円）

決算期	売上高	営業利益	経常利益	特別利益	特別損失	当期純利益
2001.3	48,318	766	1,154	80	482	636
2002.3	39,007	△929	△424	33	2,150	△1,324
2003.3	42,378	1,265	801	522	432	288
2004.3	40,814	469	1,052	176	387	594
2005.3	41,456	883	1,162	289	380	734
2006.3	44,725	1,232	2,164	1,069	3,260	204
2007.3	47,468	1,419	1,416	503	161	988
2008.3	48,622	1,327	2,111	77	845	1,003
2009.3	42,492	△577	1,171	1,272	2,228	△563
2010.3	39,265	531	467	278	1,537	△1,249
2011.3	41,430	1,042	1,463	77	1,392	△498
2012.3	38,724	282	557	116	5,956	△5,270
2013.3	39,169	376	1,105	785	8,111	△6,593
2014.3	40,846	703	1,451	1,415	2,919	△259
2015.3	38,524	830	1,902	741	2,000	82
2016.3	37,822	718	2,137	72	1,862	37
2017.3	36,552	459	2,476	3,749	2,011	4,434
2018.3	40,560	1,962	3,210	41	774	1,760
2019.3	42,552	1,103	1,652	305	35	1,390
2020.3	40,588	852	1,373	834	246	1,555
2021.3	38,125	360	1,371	59	441	787
2022.3	27,559	662	1,268	83	360	865
2023.3	－	－	－	－	－	－

（出所：各期の有価証券報告書から作成。2023年３月期は発表せず（15頁））

過去22年間の売上高の最高は16年前の2008年３月期の４兆8,622億円です。以後2021年３月期までの13年間においては，４兆2,000億円を最高に３兆6,000億円との間を“アップダウン”していましたが，2022年３月期は，３兆円を割り２兆7,559億円と過去最低です。この単体のデータからは，パナソニックの展望が見えません。

営業損益は22年間のうち２期のみ赤字です。営業利益の最高は2018年３月期の1,962億円，営業利益率は4.8%（1,962億円÷4兆560億円）でしたが，2021年3月期は，営業利益360億円，営業利益率0.9%（360億円÷3兆8,125億円）と“惨敗”です。2022年3月期は，営業利益662億円，営業利益率2.4%（662億円÷2兆7,559億円）に終わっています。

経常利益は，各年度とも営業利益をかなり大幅に上回っています。パナソニックも財務活動の成果が表れています。

パナソニックの過去22年間の最大の特徴は，2009年3月期以降2014年3月期までの6期において当期純損失だったということです。巨額な特別損失が連続して発生し，その合計はなんと2兆2,000億円を超えていたのです。特別損失は，主としてテレビ事業関連の関係会社に係る赤字です。“リストラ”に伴う多額の早期退職一時金も発生しました（後述）。

2017年以降は当期純利益を計上していますが，最近5年間は低下傾向です（2017年3月期の4,434億円が突出していますが，このうち3,136億円は「関係会社株式売却益」です。同期の損益計算書）。

なお，「パナソニック物語」については，拙著『現場力がUPする課長の会計強化書』（中央経済社，2019年）をお読みください。

（2） 日立グループとパナソニックグループの業績（連結）

日立グループとパナソニックグループの連結売上高と連結当期純利益の推移を見ましょう。次頁の**図表3-5**をご覧ください。

日立グループの2002年3月期以降22年間の連結売上高は，最初の7年間は右肩上がりで，2008年3月期にはこれまで最高の11兆2,267億円を達成しました。しかし，2010年3月期以降10年間の平均は9兆4,000億円で，2020年と2021年の3月期は8兆7,000億円台に後退しました。しかし，2022年と2023年の3月期の連結売上高は10兆円台を回復しました。過去6度目です。

連結当期純利益は，2021年3月期に5,016億円を達成，初めて5,000億円台に乗せました。2022年と2023年の3月期は，それぞれ6,708億円，7,038億円と過去最高です（関係会社株式売却益がその主因です。78頁）。

●図表３－５　日立グループとパナソニックグループの業績●

（単位：億円）

決算期	連結売上高		連結当期純利益	
	日　立	パナソニック	日　立	パナソニック
2002.3	79,937	70,738	△4,838	△4,277
2003.4	81,917	74,017	278	△194
2004.3	86,324	74,797	158	421
2005.3	90,270	87,136	514	584
2006.3	94,648	88,943	373	1,544
2007.3	102,479	91,081	△327	2,171
2008.3	112,267	90,689	△581	2,818
2009.3	100,003	77,665	△7,873	△3,789
2010.3	89,685	74,179	△1,069	△1,034
2011.3	93,158	86,926	2,388	740
2012.3	96,658	78,462	3,471	△7,721
2013.3	90,410	73,030	1,753	△7,542
2014.3	96,664	77,365	4,138	1,204
2015.3	97,749	77,150	2,174	1,794
2016.3	100,343	76,263	△1,275	1,652
2017.3	91,622	73,437	2,993	1,493
2018.3	93,686	79,821	3,823	2,360
2019.3	94,806	80,027	2,225	2,841
2020.3	87,672	74,906	876	2,257
2021.3	87,291	66,987	5,016	1,650
2022.3	102,646	73,887	6,708	2,654
2023.3	108,811	83,789	7,038	2,805

（出所：両社の有価証券報告書から作成）

パナソニックグループの連結売上高は，2002年３月期以降７年間は順調で，2007年と2008年の３月期には９兆円を超す勢いでした。しかし，リーマンショックの発生した2009年３月期は前期を１兆3,000億円も下回る７兆7,665億円，以後11年間は２期を除き７兆円台に停滞，2021年３月期は，ついに６兆7,000億円に後退しました。直近の2023年３月期は８兆3,789億円まで回復していますが，連結売上高10兆円は遠いのです。

連結当期純利益も，親会社の業績を反映しています。特に2012年３月期の△7,721億円は，わが国製造業でそれまで２番目の大きな損失で（第１位は日立の2009年３月期の△7,873億円），翌2013年３月期も7,542億円と巨額な赤字でした。以後４年間は1,000億円台でしたが，最近６年間は，年平均2,427億円（６期合計１兆4,567億円÷６期）です。

上述のパナソニック単体の業績において，テレビ事業関連の関係会社に係る赤字について指摘しました（80頁）。その結果，直近の2023年３月期においても，グループ会社であるパナソニック液晶ディスプレイ㈱は5,832億円，三洋電機㈱は4,593億円の「債務超過」（負債が資産を上回り，純資産がマイナスの状態のこと）が続いています。両社の債務超過額合計は１兆425億円という巨額です（有価証券報告書2023年３月期11頁）。

なお，パナソニックホールディングスは，2024年３月期にパナソニック液晶ディスプレイを解散し特別清算することによって，貸付金5,800億円を放棄する（損失は引当金で処理済）と発表しました（日本経済新聞2023年８月１日）。

図表３-３と**図表３-４**で見たように，単体の売上高においては，パナソニックが日立を上回っています。ところが，連結の売上高では，2023年３月期は，日立グループが10兆8,811億円，パナソニックグループが８兆3,789億円で，日立グループが２兆5,000億円も上回っています。連結純利益についても，最近５年間の合計では，日立２兆1,863億円，年平均4,372億円，パナソニックグループ１兆2,207億円，年平均2,441億円と，ここでも日立グループがリードしています。

日立グループは親会社日立と関係会社963社（子会社696社，関連会社267社），パナソニックグループは親会社パナソニックホールディングスと関係会社590社（子会社523社，関連会社67社）から構成されており，その違いが連結売上高や連結当期純利益の差異であることは事実ですが，両社ともグループ全体の「力量」の向上を目指しているのです。まさに連結の時代です。

5　損益を計算するためのルール

損益を計算するための“ルール”について説明します。少しカタイ話ですが，会計理論も勉強しましょう。

会社が「損益」を一番正しく計算するには，どうしたらいいと思いますか？

それは，会社を「解散」（事業活動を止めること）して，保有するすべての資産を現金化しすべての負債を返済した（これを「清算」という）後に，手元に残った金額とこれまでに投下した金額を比べ，手元に残った現金が多ければ「利益」，少なければ「損失」ということです。

しかし，会社は経済活動を永久に続けることを前提にしているので（「継続企業の公準」という。142頁），清算を仮定して損益を計算することはできません。

そこで，会社は，期間を区切って，その間の収益と費用を計算するのです。もし収益が費用を上回れば利益，逆に費用が収益を上回れば損失です。これを**期間損益計算**といいます。その期間は，通常は1年です。

（1）　一致の原則 ―― 期間損益計算の根拠

Y社の10年間の損益が**図表3-6**のような状況であったとしましょう。

●図表3-6　全体損益と期間損益●

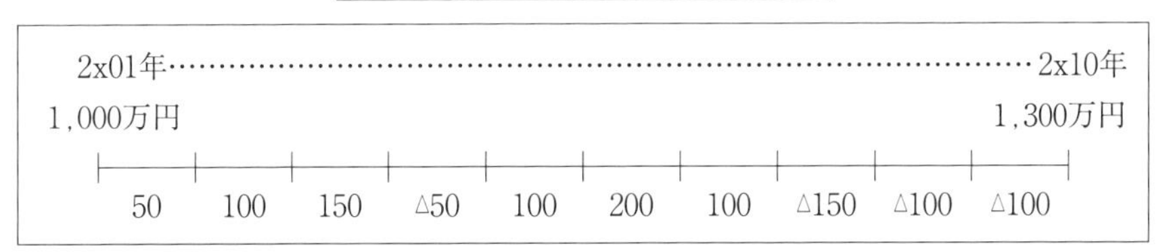

Y社は2x01年に1,000万円を元手に設立され，10年後の2x10年に清算，手元に現金1,300万円が残りました。10年間全体では300万円の利益です。この方法により損益を一番正しく計算することができます。

しかし，期の途中では，例えば2x02年度末においては，Y社は活動中なので清算を考えておらず，儲かったのか損をしたのかを知るためには，その期の損益を計算する以外に方法はないのです。

でも，もうひとつ納得がいきません。期間損益計算の正当性を裏付ける原理はないのでしょうか。あるのです。

それは，「**各期間の損益（収益と費用の差）の合計は，全体の損益（総収入額と総支出額の差）に一致する**」ということです。10年間全体の利益は300万円（1,300万円－1,000万円）です。10年間の各期の利益と損失が**図表３－６**のような状況であったとすると，各期の損益を合計すると利益300万円となり，全体の利益300万円に一致するのです。これを**一致の原則**といいます。

このように，事業の継続を前提とする企業会計においては，一番正しい全体の損益を計算することはできないけれども，「各期間の損益を適正に計算すると，その合計は全体の損益に一致する」ので，そのことを根拠に期間損益計算を行うのです。

そして，適正な期間損益を算定するためには，発生主義の原則，実現主義の原則，収益認識基準，費用収益対応の原則が必要です。

（２） 発生主義の原則

発生主義の原則は，収益と費用は何時（いつ）発生したのか，つまり，収益と費用はどの期間に属するのか（「期間帰属」という）を決定するルールです。

ところで，１会計期間におけるすべての現金収入とすべての現金支出を，それぞれその期の収益と費用とし，その収益と費用を対応させることによって期間損益を算定する方法を**現金主義**といいます。つまり，〔収益（現金収入）－費用（現金支出）＝期間損益〕です（ただし，銀行からの借入金は現金収入，資産の購入は現金支出ですが，これらは収益や費用ではありません。損益の発生には関係ないからです）。

現金主義は客観的で確実な損益計算方法ですが，この方法では，各期間の損益を適正に算定することができません。なぜなら，例えば，最も一般的な販売方法である掛け売りの場合は現金収入がないので収益を計上することができず，また，固定資産の価値が確実に低下しているのに減価償却は現金支出を伴わないので（132頁参照），減価償却費を計上することができないからです。

そこで，収益と費用がいつ発生したかを決めるに当たっては，「事実の発生」に基づいて行うという**発生主義**が一般に認められるようになったのです。つまり，収益は企業活動によって新たに生み出された価値であり，費用はその収益を生み出すために消費された価値なので，価値を生み出す事実が当該期間に発生した場合には収益，価値の消費をもたらす事実が当該期間に発生した場合には費用とするのです。商品や製品の「販売」という価値を生み出す事実が当期に発生した場合には，現金収入がなくとも当期の収益（売上高），固定資産の価値の低下という事実が当期に発生した場合には，現金支出がなくとも当期の費用（減価償却費）とするのです。

第2章で勉強したように，売買目的有価証券の価値が増減したという事実が当期に明らかな場合には，その増減分を有価証券運用損益として計上します（52頁）。利息後払いの条件での借入金についても，借入期間の経過という事実が当期に発生しているので，未払分の利息を当期の費用（支払利息）として計上します（55頁）。会社所有のマンションを有料で従業員に貸与したがまだ家賃を受け取っていない場合も，住居を提供したという事実が当期にすでに発生しているので，未収分の家賃を当期の収益（受取家賃）として計上しなければならないのです（56頁）。

発生主義の原則は，現代会計の中心をなすルールです。しかし，すべての収益と費用の期間帰属が発生主義の原則のみで決められるのではありません。特に通常の商品や製品の販売，そしてサービスの提供に関する収益の計上については，次に述べる実現主義の原則の制約を受けることになります。

（3）　実現主義の原則

収益は，本来的には経営活動の全体を通じた価値の形成によって生まれるものであり，特定の時点において突然に現れるものではありません。すなわち，製造業の場合，収益は，〔原材料等の購買活動（例えば仕入価格の低減）──→

製造活動（製造原価の削減）→販売活動（効果的な販売戦略）→販売代金の回収（効率的な回収方法)〕といった一連の事業活動の中で徐々につくり出されるものです。

したがって，発生主義の原則を厳密に適用すれば，このような仕入・生産・販売のプロセスの進行に伴って新たな価値が生成されるつど収益を計上することになります。しかし，新たな価値がどの時点でどの程度の大きさで生成されたかを的確に把握することは不可能です。また，製品が完成しても，そのすべてが予定した価格で売れるとは限りません。

このため，通常の販売に関しては，収益の確実性や客観性を確保するために，商品・製品やサービスが実際に市場で取引されるまで収益の計上を延期するのです。収益の計上を実現したものに限るのです。このように，収益の期間帰属を決定するためのルールが**実現主義の原則**です。

具体的には，商品・製品やサービスを「販売」することによって実現したと解するのです。つまり，販売という取引の成立によって，商品・製品やサービスが外部の取引当事者に引き渡され，その対価として現金や売掛金等の資産を取得し，確実かつ客観的な収益を計上することが可能だからです。販売時点で収益を計上する方法を**販売基準**または**引渡（ひきわたし）基準**といいます。したがって，販売基準または引渡基準は実現主義の原則の具体的な形態です。

（4） 収益認識基準

2021年4月1日以後，上場会社及び会社法上の大会社（6頁）を対象に，「収益認識に関する会計基準」が適用されています。新基準は，実現概念に代わり「契約上の履行義務の充足」という考え方を採用しています。「契約上の履行義務」とは，顧客との契約において財貨またはサービスを顧客に移転する約束のことです。つまり，新基準は，企業が財貨またはサービスに対する支配を顧客に移転させることで履行義務を充足し，それと引き換えに企業が受け取る対価あるいはその権利をもって収益額として認識するというものです。

新基準は，企業が履行義務を充足するまでに「5つのステップ」に従うことを求めています。つまり，「契約の識別」「履行義務の識別」「取引価格の算定」「取引価格の配分」「収益の認識」です。各ステップの内容については割愛しますが，新基準は実現主義の原則を精緻化したものといえます。しかし，これまでの「販売基準」や「検収基準」（納品した製品等を相手方が検収した時点で収益を計上），「工事進行基準」（建設業や造船業等のように，製造以前に顧客と請負契約が締結され取引価格が確定している場合，製造の進行に応じて収益を計上する基準）も認めています。この意味では，新基準は実現主義の原則と大きく矛盾するものではありません。

収益認識基準については「財務諸表論」の講義で勉強しましょう。

〔設例〕

Ａ工事とＢ工事を合わせて対価１億円で請け負い，Ａ工事に対する対価の支払いはＢ工事の完成・引き渡しが条件とされる工事契約を締結した。

以下のように処理します。

Ａ工事とＢ工事は別個の履行義務として識別され，それぞれを独立して顧客に販売するとした場合の価格に基づいて，Ａ工事に対価6,000万円を，Ｂ工事に4,000万円を配分することになりました。そして，各工事の引き渡しをもって履行義務の充足（収益認識）がなされます。ただし，Ａ工事及びＢ工事の引き渡しが行われるまで，会社は対価を請求することはできません。

仕訳は，以下のようになります（単位：万円）。

①　Ａ工事引き渡し時

（借方）	契約資産	6,000	（貸方）	売上	6,000

②　Ｂ工事引き渡し時

（借方）	売掛金	10,000	（貸方）	契約資産	6,000
				売上	4,000

③　入金時

（借方）現　金　預　金　10,000（貸方）売　　掛　　金　10,000

契約資産とは，顧客に移転した財貨やサービスと交換に受け取る対価に対する権利のことですが，支払期日が来るまで代金の請求はできません（100頁）。

（5）　費用収益対応の原則

費用は発生主義の原則によって，収益は収益認識基準によって決定されます。通常は，費用が先に発生し収益の認識は遅れるので，費用と収益の計上に時間的なずれが発生します。適正な期間損益を算定するためには，この時間的なずれを調整して，1会計期間に認識した収益とこれを生み出すために消費された費用を対応させることが必要です。これが**費用収益対応の原則**です。

このルールに従い，発生主義によって算定された費用のうち，当期に認識された収益に対応する部分だけが当期の費用として計上されます。例えば，仕入れた商品のうち当期に契約上の履行義務を充足した商品（売上高に計上）に対応する部分だけが当期の費用（売上原価）となります。売れ残った商品は，次期以降の売上高に対応する売上原価となるのです。

また，未（いま）だ発生していない費用であっても，それが当期の収益に関連して将来発生すると予想される場合には，当期の費用として認識されなければなりません。例えば貸倒引当金です。貸倒れの事実はまだ発生していないものの，将来発生するかもしれない原因，つまり履行義務の充足という事実が当期に認識され売上高として収益が計上されているので，費用収益対応の原則を適用して貸倒見積高を当期の費用（貸倒引当金繰入額）とするのです。

〔ポイント〕

第1に損益計算書のフォームをアタマに入れることです。そして，経常損益と特別損益の意味，特に特別損益の内容を知ると俄然興味が湧きます。

学生諸君！　EDINET（あるいはedinet。20，267頁）で検索し，志望する会社の損益計算書を分析しましょう。

第4章 貸借対照表とは？

「貸借対照表」とは，“Balance Sheet”の訳語です。“ビーエス”とも呼ばれています。貸借対照表は，一定時点における会社の資産と負債と純資産，つまり財政状態を示します。

そして，貸借対照表は会社の歴史も示しているのです。

大学生としての，社会人としての「常識」を学びましょう。

1　貸借対照表の見方

11頁の日立製作所の貸借対照表を要約します（**図表4－1**）。

図表4－1　日立の貸借対照表（要約）

貸借対照表

日立製作所　　2023年3月31日　　（単位：億円）

流動資産	**10,201**	**流動負債**	**14,744**
現金及び預金	329	電子記録債務	106
売上債権及び契約資産	5,913	買掛金	2,626
製品	154	短期借入金	1,437
………………		………………	
固定資産	**49,203**	**固定負債**	**11,293**
有形固定資産	1,926	社債	1,300
建物	959	長期借入金	7,503
無形固定資産	969	………………	
ソフトウェア	915	**純資産**	**33,366**
投資その他の資産	46,307	資本金	4,628
関係会社株式	38,490	………………	
………………			
資産合計	**59,404**	**負債及び純資産合計**	**59,404**

この要約貸借対照表には日立の資産と負債と純資産が示されています。

資産とは，将来に利益を生み出すことが期待される財貨（現金，商品，土地等）や権利（売掛金，特許権等）のことです。日立の資産は5兆9,404億円です。負債とは，会社が負っている借金等のことです。日立の負債は2兆6,037億円（流動負債1兆4,744億円＋固定負債1兆1,293億円）です。純資産とは，株主が払い込んだ金額等のことです。日立の純資産は3兆3,366億円です。

貸借対照表というタイトルの下の日付にも注意しましょう。2023年3月31日の夜中の12時現在ということです。

（1） 資金の「調達」＝ 資金の「運用」

皆さん！　**図表4－1**の貸借対照表の左側の資産合計と右側の負債及び純資産合計の金額に注目してください。それが，5兆9,404億円で等しいことに気付くでしょう。貸借対照表が“バランスシート”と呼ばれる理由は，その左側と右側の合計金額が「均衡する＝バランスする」からだ，ともいわれているのです。では，なぜ等しいのでしょうか？

それは，右側の負債及び純資産合計は日立がどこからどのくらいの資金を**調達**したのかを示し，左側の資産はその調達した資金をどのように**運用**しているのかを示しているからです。もう少し詳細に説明します。

右側の負債には買掛金や借入金，社債等があります。借入金が銀行等からの資金の調達であることは容易に理解できます。買掛金は商品や原材料等を掛けで仕入れた場合に発生するのですが，それは，資金の調達でもあるのです。なぜなら，商品や原材料等を仕入れ，すでに資産として保有しているのにまだ現金での支払いが済んでいないのですから，仕入先から借金をして資産を購入したと解することができるからです。社債も，社債券と呼ばれる有価証券を発行して投資者から調達した借金です（109頁）。このように，負債は銀行や仕入先や投資者等から調達した資金で返済しなければならないので**他人資本**といわれます。

純資産は，株主から調達した資金（資本金等）や会社が経営活動の結果生み出した（調達した）利益のうち社内に留保しているもの等のことです（下線部分の意味については112頁以降で説明します）。純資産は**自己資本**ともいわれ，会社が継続する限り株主に返済する必要はありません。

他人資本と自己資本は調達先の違いによるもので，会社が活用する資金としてはまったく差異はありません。両者が**総資本**を構成するのです。つまり，日立の調達した資金合計（総資本）は，2023年3月31日現在5兆9,404億円だということです。

そして，会社は利益を上げるために投資します。調達された現金はいろいろな形に姿を変え，再び現金で回収されるのです。例えば，〔現金 ──► 工場の建設（有形固定資産）──►原材料の取得（原材料）──►製品の完成（製品）──►製品の販売（売掛金）──►代金の回収（受取手形，99頁）──►現金〕です。“カネ”が“モノ”に変わり，また“カネ”として戻ってくるのです。回収された現金は再び投資されます。もちろん，借入金を返済するためにも利用されます。

このようなカネとモノとの循環プロセスは，**図表４－２**のように示すことができます。

図表４－２　カネの調達と運用を表す貸借対照表

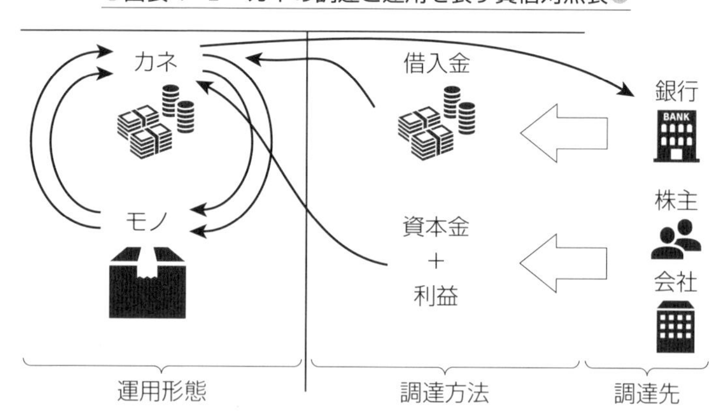

この循環プロセスをカメラで瞬間的に撮った状況が貸借対照表です。つまり，日立の場合，2023年３月31日現在，調達した資金は５兆9,404億円です。このうち，１兆201億円が流動資産に，４兆9,203億円が固定資産に投資されているのです（流動資産と固定資産については，この後に勉強します）。

したがって，右側の負債及び純資産合計（資金の調達）は，左側の資産合計（資金の運用）と等しいのです。K君の疑問の１つは解決しました（14頁）。

このように，貸借対照表は資金の調達先（負債と純資産）とその金額，そして資金の運用形態（資産）とその金額（有高（ありたか））を示しています。このような状況のことを**財政状態**（financial condition）といいます。したがって，11頁の日立の貸借対照表は，2023年３月31日現在の同社の財政状態を示しています。

（2） もう一度，貸借対照表の合計欄に注目！

ところで，貸借対照表を最初に見た時，貸借対照表の各項目にすぐに目が行く皆さんが圧倒的に多いと思います。現金や売掛金，商品や製品，建物や土地，借入金や資本金等，表示される項目が多くなればなるほど，どうしてもそうなりがちです。しかし，もう一度，貸借対照表の合計欄に注目しましょう。それは，合計欄が会社の規模を表しているからです。

業績が好調であれば，もっと大規模化して儲けようとするでしょう。銀行からの借り入れにしろ，株式や社債の発行にしろ，資金の調達も比較的容易です。その資金が投資されるので，当然，資産も拡大します。**図表4－2**の左側でカネがぐるぐる回って資産が拡大する状況をイメージしてください。

逆に，業績が悪化すると，資金の調達も困難です。借入金を返済するために資産を売却せざるを得ません。規模は縮小します。

そこで，貸借対照表の合計欄の金額を3年ないし5年単位で比較してみましょう。会社の規模の推移を見るのです。異常な増減はありませんか？

2　会社の安全性――「流動資産」対「流動負債」

（1） 流動・固定の分類基準とは？

流動資産・固定資産，流動負債・固定負債というときの「流動」や「固定」は，何を基準に分類するのでしょうか？　それは，正常営業循環基準と1年基準（ワン・イヤー・ルール）の2つです。

正常営業循環基準（normal operating cycle basis）とは，資産のうち，会社の主たる営業活動の循環過程，すなわち，〔商品や原材料等の購買活動→製品等の製造活動→商品や製品等の販売活動→売掛金等の現金回収活動→再び購買活動〕に入る資産はすべて流動資産とするという基準です。これにより，現金，預金，売掛金，商品，製品，前渡金（100頁）等は流動資産です。

次に，主たる営業活動の循環過程に入らない資産については，**ワン・イヤー・ルール**（one year rule）が適用されます。それは，貸借対照表日の翌日から起算して１年内に現金化される予定の資産（例えば，売買目的のために保有する他社の株式や従業員に対する短期貸付金等）は流動資産とし，１年を超えて現金化される予定の資産（例えば，子会社に対する長期貸付金等）は固定資産とする。また，１年内に費用または収益となる資産は流動資産とし（例えば，前払費用や未収収益等），１年を超えて費用となるものは固定資産とするという基準です。下線部分については，例えば，建物，機械装置，車両，ソフトウェア等については，１年を超える耐用年数にわたって，毎年，減価償却費として費用化されるので，これらの資産は固定資産とするという意味です。

同様に負債についても，主たる営業活動の循環過程で生じた負債（例えば，買掛金等）と１年内に返済期限がくる負債（例えば，短期借入金等）は流動負債，１年を超える返済期限の負債（例えば，長期借入金等）は固定負債とするのです。

このように，「流動」と「固定」を分類する基準は，原則として正常営業循環基準，これを補足するための基準がワン・イヤー・ルールです。ややもするとワン・イヤー・ルールのみが強調されますが，そうではないのです。

なお，正常営業循環基準は会社の主たる営業活動を重視するので，同じ種類の資産でも会社によって扱いが異なります。例えば，一般の会社が所有する建物や土地は固定資産ですが，不動産会社が販売を目的として保有する建物や土地は商品なので流動資産に含まれます。注意しましょう。

（２） 流動比率 ―― 会社の安全性を知る

そもそも，この「流動」と「固定」は，なんのために分類するのでしょうか？　K君も知りませんでした（14頁）。

それは，会社の安全性を明らかにするためです。典型的には，流動資産と流動負債との比（これを「**流動比率**＝流動資産÷流動負債」といいます）によって，会社の短期的な支払能力や換金性を知ることができるからです。

例えば，流動負債の金額１に対して流動資産の金額が１の場合（流動比率100％）はどうでしょうか？　問題はなさそうです。返済の原資となる流動資産が返済すべき流動負債と同じ金額だからです。

しかし，流動資産の中には数日内に現金化されるものもあれば，10ヵ月後に現金化されるものもあります。売掛金を現金化するためには，回収のための期間が必要です。なかには回収のできない不良債権もあるでしょう。商品や製品等を現金化するためには，販売というプロセスが必要です。急ぐ場合には，安売りしなければなりません。陳腐化し販売できない商品や製品もあるはずです。ですから，流動資産の金額がそのまま現金化されるということではないのです。

一方，流動負債は支払時期と金額が確定しています。“待ったなし”に，少なくとも１年内に債権者に支払わなければなりません。例えば，商品の仕入代金を将来の一定の期日に支払うことを約束する手形（「約束手形」という。99頁で説明します）を振り出した会社は，手形に記載した支払期日に代金を支払わなければなりません。通常は当座預金から引き落とされるので支払期日に預金残高が不足していると，手形は**不渡り**（ふわたり）となります。不渡りが６ヵ月間に二度あると，会社は銀行取引停止処分を受けます。銀行が小切手や手形取引，貸出取引を２年間停止するのです。今日のように，小切手・手形・株式・社債等が広く流通し，信用が大きな役割を果たしている経済社会においては，銀行取引停止処分は倒産という結果をもたらします。

そこで，あれやこれや考慮して，流動資産が流動負債の２倍，つまり，流動比率が200％であれば安全だといわれています。この比率のことを，欧米では“ツー・ツー・ワン・ルール”（Two to One Rule）といいます。しかし，200％は高いと思います。150％を目標としてもよさそうです。

では，流動比率が100％以下の会社は１年内に倒産する危険性が高いのでしょうか？　次頁の**図表４－３**をご覧ください。

●図表４－３　大手商社等の流動比率●

（単位：百万円）

会社名	流動資産	流動負債	流動比率
三菱商事	2,573,375 (9,109,309)	1,602,034 (6,694,679)	160% (136%)
三井物産	2,272,141 (5,674,833)	2,125,376 (3,766,637)	106 (150)
伊藤忠商事	1,675,741 (5,121,368)	1,414,786 (3,944,825)	118 (129)
高島屋	165,452 (301,530)	317,262 (365,731)	52 (82)
イオン	310,653 (7,681,759)	250,905 (7,477,878)	123 (102)
日立製作所	1,020,191 (5,928,535)	1,474,485 (5,166,178)	69 (114)

（注）2023年２・３月期，（　）は連結データです。

３メガ総合商社のうち三菱商事単体の160%が突出して優良です。三井物産単体の106%と伊藤忠商事単体の118%が少し気に掛かりますが，３社とも連結では良好です。高島屋は単体・連結とも100%以下，特に単体の52%は異常です。イオンは単体では123%，連結では102%です。両社ともデパートやスーパーの特徴（現金商売）を示しています。日立単体の69%も意外です。各社とも，グループ全体で資金をコントロールしているのです。

このように，流動比率が100%以下であっても１年内に倒産するということではありません。それは，流動負債の中にも数日以内に決済しなければならないものもあれば，10ヵ月後に返済すればよいものもあるからです。流動比率算定の基礎である貸借対照表は資金が循環している状況を瞬間的に止めた時の状態ですから，返済すべき日に資金が準備できていれば大丈夫なのです。

つまり，〔原材料の仕入れ──►買掛金の発生──►手形での決済──►現金預金の出〕という「出金サイクル」と〔製品の販売──►売掛金の発生──►手形での回収──►現金預金の入り〕という「入金サイクル」との循環がうまく噛(か)み合えば倒産することはないのです。会社の経理部の重要な仕事の1つは，この「現金預金の出」と「現金預金の入り」の調整，つまり**資金繰り**をいかにうまくするかということです。

(3) 貸借対照表の科目の並び順と科目の表示

貸借対照表に表示される項目（勘定科目，36頁）には並び順（配列）があります。2種類あり，1つは流動性配列法，もう1つは固定性配列法です。

流動性配列法は，資産に属する項目であれば，流動性の高い（換金性の強い）項目から流動性の低い（換金性の弱い）項目へと，負債に属する項目であれば，流動性の高い（支払期限の早い）項目から流動性の低い（支払期限の遅い）項目へと順番に配列する方法です。そこで，流動資産が固定資産より前に，流動負債が固定負債より前に出ます。ほとんどの会社がこの方法を採用しています。

そして，流動資産の中では，現金預金，受取手形，売掛金，有価証券，商品……という順序に表示します。なぜ，受取手形が売掛金の前に出て“ナンバー2”に位置するのでしょうか？　それは，現金の入手できる日が確定しているからです（99頁で説明します）。流動負債においては，支払手形（99頁）が買掛金より先に表示されます。支払期日が確定しているからです。

固定性配列法は，上と逆の方法であり，流動性の低い順序で配列します。固定資産を多く所有する会社，例えば電力会社やガス会社等が採用しています。固定性配列法においては，資産は，固定資産，流動資産の順に，負債は，固定負債を先に流動負債を後に，その後に純資産が続きます。

そして，ある項目の金額が資産の総額または負債及び純資産の合計額の100分の5を超える場合には，適切な科目をもって掲記しなければなりません（財規19, 24, 29, 33, 50, 53）。貸借対照表の透明性を高めるためです。

ただし，現金及び預金，受取手形，売掛金，有価証券，商品及び製品，仕掛品，原材料及び貯蔵品，前渡金，前払費用，建物，構築物，機械装置，車両運搬具，土地，リース資産，のれん，特許権，ソフトウェア，出資金，支払手形，買掛金，短期借入金，社債，長期借入金，引当金等は，金額の大小にかかわらず貸借対照表に掲記しなければなりません（財規17, 23, 28, 31, 49, 52）。財務諸表利用者にとって重要な項目だからです（重要性の原則の適用です。71頁）。

図表1－5の日立の貸借対照表（11頁）で見るように，同社の「車両運搬具123百万円」や無形固定資産に含まれる「特許権41百万円」，「リース資産54百万円」等は少額ですが，掲記されています。

以下，日立とパナソニックの貸借対照表に見られる資産，負債，純資産に属する項目について，やさしく解説します。第1章のK君の疑問にも答えます。

3　資　産　の　部

会計上，**資産**（assets）とは，将来に利益を生み出す能力を持ち，かつ，貨幣額によって測定できるもののことです。

資産は，大きく流動資産，固定資産，繰延資産の3つに分類されます。

（1）　流動資産

流動資産とは，正常営業循環過程に入る資産及び1年内に現金化される予定の資産のことです（93頁）。その性質上，当座資産，棚卸資産，その他流動資産に分けられます。

⑴　当座資産

当座資産とは，現金と預金，それに短期間に現金化でき支払資金に充てることができる資産，つまり，受取手形，売掛金，売買目的で保有する有価証券等です。なお，この当座資産という用語は財務諸表による経営分析の際には使用されますが，貸借対照表には表示されません。

現金とは，通貨（貨幣と紙幣）と通貨代用証券（他人振出しの小切手や郵便為替証書等）のことです。通貨代用証券はいつでも現金化することができます。

預金には当座預金，普通預金，定期預金等がありますが，企業実務で日常的に利用される預金は当座預金です。当座預金は小切手や手形の支払いのための預金です（すでに勉強しました。40，95頁）。

なお，貸借対照表には，「現金及び預金」または「現金預金」と表示します。

次に手形です。商品の仕入代金を支払ったり，売上代金を回収するための手段として手形が用いられます。手形には約束手形と為替手形があります。

約束手形は，手形の振出人が名宛人（手形金額欄の上に記載されている人）に対して，一定の期日に一定の金額（手形金額）を支払うことを約束する証券です（「上記金額をあなたまたはあなたの指図人へこの約束手形と引替えにお支払いいたします」と約束する）。約束手形の関係者は，振出人（支払人）と名宛人（受取人）の２人です。

為替手形は，手形の振出人が名宛人に対して，一定の期日に手形金額を受取人に支払うことを依頼する証券です（「○○殿またはその指図人へこの為替手形と引替えに上記金額をお支払いください」と依頼する）。為替手形の関係者は，振出人と名宛人（支払人）と受取人の３人です。例えば，振出人Ａが名宛人Ｂに対して売掛金を有し受取人Ｃに対して買掛金を負っている場合，Ａは為替手形を振り出すことによって，〔（借方）買掛金　（貸方）売掛金〕と仕訳し，売掛金と買掛金を相殺することができます。

約束手形を振り出した時，振出人は期日に手形金額を支払う義務（手形債務）を負い，約束手形を受け取った時，名宛人は期日に手形金額を受け取る権利（手形債権）を得ます。簿記・会計では，通常の営業取引による手形債権の発生とその消滅を**受取手形**勘定で処理し，通常の営業取引による手形債務の発生とその消滅を**支払手形**勘定で処理します。受取手形と支払手形は，ともに簿記・会計上の用語で，手形の種類ではありません。注意しましょう。

売掛金とは，顧客に商品や製品，サービスを後払いによる取引で販売・提供し，その代金の支払いを受ける権利（法律上は「債権」という）のことです。得意先との通常の営業取引に基づいて発生した未収入金のことです。

売上債権とは，受取手形と売掛金をまとめた用語です。通常の取引において発生した受取手形と売掛金は，企業にとっては売上取引に係る債権です。

契約資産とは，売掛金と同様，顧客に商品や製品，サービスを後払いによる取引で販売・提供した結果の未収入金のことですが，契約上，支払期日が来るまで代金の請求ができないもののことです（87頁の設例参照）。

日立の売上債権及び契約資産は5,913億円と巨額です（11頁）。

有価証券とは，国債証券，地方債証券，社債券，株券等のことです。これらのうち流動資産に含まれる有価証券は，時価の変動により利益を得ることを目的として保有する有価証券（「売買目的有価証券」という。51頁），及び1年内に満期の到来する公債や社債等の債券を満期まで保有する目的で持っている場合だけです。これら以外の有価証券は，固定資産の「投資有価証券」に含まれます（103頁で説明します）。

(2) 棚卸資産

棚卸資産とは，販売を目的として保有する商品と製品，半製品と仕掛品，製品を製造するための原材料，事務用消耗品等の貯蔵品のことです。

商品とは販売する目的で他社から仕入れた完成品をいい，**製品**とは自社で生産した完成品をいいます。半製品と仕掛品はともに中間生産物ですが，**半製品**は販売できるのに対して，**仕掛品**は販売できません（K君の疑問14頁）。下線部分は意外に知られていません。

(3) その他の流動資産

これには，前渡金（まえわたしきん），短期貸付金，前払費用，未収入金，未収収益等が含まれます。

前渡金とは，商品の仕入れのために代金の一部を仕入先に前払いする手付金のことです。

短期貸付金とは，子会社や取引先，役員や従業員等に金銭を貸し付けた場合に1年内に期限が到来する金銭債権のことです。日立の短期貸付金は751億円です（11頁）。資金に余裕のあるグループ会社から調達し，資金を必要としているグループ会社に貸し付けているのです（K君の疑問14頁）。

前払費用とは，利息や保険料，地代や家賃，レンタル料やリース料，賃借料等のようにすでに支払った費用のうち，次期以降の費用に属するものです（第2章で勉強しました。54頁）。

未収入金とは，土地や建物等を売却しその代金が未収である場合のように，通常の営業取引以外の取引により発生した債権のことです。

未収収益とは，不動産の賃貸や金銭の貸付けのように，一定の契約に従い継続して提供したサービスに対して未だその対価の支払いを受けていないものをいいます。例えば，未収家賃や未収利息等です（56頁）。未収収益は，債権としては成立していますが支払期日が来るまで請求権はありません。

売掛金，契約資産，未収入金，未収収益は，まぎらわしいですね。

（2）　固定資産

固定資産は，有形固定資産，無形固定資産，投資その他の資産の3つに分類されます。

⑴　有形固定資産

有形固定資産とは，物として実体を備えているもののことです。例えば，建物，構築物，機械装置，車両運搬具，工具・器具・備品，土地，リース資産，建設仮勘定等です。

建物とは，工場や事務所，店舗や倉庫として使用するために，土地の上に建造された工作物のことです。これらに付属する通信や冷暖房，照明等の設備は「建物付属設備」と呼ばれますが，両者をまとめて建物勘定で表示します。

構築物とは，土地に定着する建造物や工作物のことです。例えば，煙突，広告塔，橋，門，塀，舗装道路，用水池，庭園，花壇等です。

機械装置とは，工場で使用する製造設備や加工設備，塗装装置，コンベヤーや起重機等の搬送設備等のことです。製造業の中心的な有形固定資産です。

車両運搬具とは，自動車，鉄道車両，船舶等の運搬具のことです。多くの会社は“リース”を利用しているため，貸借対照表に計上される車両運搬具は少額です。日立も１億2,300万円と少額です（11頁）。

工具・器具・備品とは，製造工程で用いられる各種の工具や金型（かながた）（製品を量産するために作られる金属性の型の総称），光学機器，事務用机・椅子，パソコン，応接セット等のことです。なお，税務上の工具・器具・備品は１個あるいは１組の取得価額が10万円以上のものであり，10万円未満のものは費用（消耗品費）として扱われます。

土地とは，本社・工場・事務所・社宅の敷地，運動場等，経営に資するために所有する土地のことです。なお，賃貸や転売等の目的で所有する土地は「投資不動産」で，投資その他の資産に属します。

リース資産とは，リース会社から賃借した特定の資産のことで，例えば，リースした大型コンピュータや船舶，飛行機等がこれに含まれます（171頁で説明します）。

建設仮勘定とは，営業のための有形固定資産の建設に係る支出を一時的に処理する勘定です。例えば，工場を自家建設する場合，その建設期間における建設資材の購入代金や設計料，人件費等の支出をこの勘定に記帳し，建設が完了し建設原価が確定すると，これを建物勘定に振り替えるのです。

(2) 無形固定資産

無形固定資産とは，１年を超える期間にわたり会社の収益力の要因となる形のない資産のことです。例えば，法律で認められている特許権，実用新案権，商標権，借地権，ソフトウェア，施設利用権等です。また，法律では認められていませんが，のれんも無形固定資産です。

ソフトウェアとは，コンピュータを機能させるように指令を組み合わせて表現したプログラムやシステム仕様書等のことです。IT 時代なので，ソフトウェア制作費も多額にのぼっています。日立は915億円です（11頁）。

施設利用権（公共施設等運営権）とは，事業者が施設を設置するための費用を負担しつつその施設を利用できる権利のことです。例えば，電力会社やガス事業会社の有する電気ガス供給施設利用権です。日立の施設利用権は2億円と少額です（11頁）。

のれん（goodwill）とは，会社が同種の他の会社の平均収益力よりも高い収益力を持つ場合，その超過収益力の要因となるもののことです。例えば，ブランドや技術力，立地条件等です。ただし，のれんは企業買収や合併により有償で取得した場合に限り資産に計上することができます。例えば，資産1億円，負債7,000万円，純資産3,000万円のB社をA社が8,000万円で買収した場合，A社は，5,000万円（8,000万円－3,000万円）をのれんとして資産に計上します。なお，営業を行っている間に自然に形成されたのれん（「自己創設のれん」という）は資産とは認められません。

(3)　投資その他の資産

投資その他の資産の代表的なものは投資有価証券です。K君も関心をもっています（14頁）。そして，長期貸付金もこれに含まれます。

投資有価証券――これは，企業が保有する有価証券のうち流動資産の「有価証券」に含まれない有価証券のことです（100頁）。満期までの期間が1年を超える国債や社債等の債券，関係会社株式，関係会社社債，関係会社出資金，持ち合い株式，長期的な利殖目的のために保有する株式等がこれに含まれます。これらのうち，関係会社出資金は，多くの場合，外国会社や株式会社以外の関係会社に対する出資金のことです。また，**持ち合い株式**とは，子会社や関連会社ほど持株比率は高くないが，事業上の関係を強めるために相手企業と相互に保有し合っている株式のことです。

日立の保有する関係会社株式は3兆8,490億円，その他の関係会社有価証券は185億円，関係会社出資金は331億円，その他の投資有価証券は2,447億円，合計4兆1,453億円と巨額です。日立がグループ各社を支配しているのです。

長期貸付金 ── 決算日の翌日から起算して1年を超えて回収される予定の子会社や取引先等に対する貸付金です。日立の長期貸付金は3,620億円です。

(4) 関係会社と関連会社

上述の関係会社株式やその他の関係会社有価証券，関係会社出資金に加えて，日立の損益計算書（12頁）には，「関係会社株式売却益」，「関係会社出資金売却益」，「関係会社株式評価損」，「関係会社出資金評価損」の科目が表示されています。そこで，**関係会社**の意味について明確にしておきます。親会社や子会社，関係会社という言葉は日常的に使われていますが，法規（財規8）できちんと定義されているのです。

① **親会社** ── 他の会社の財務及び営業または事業の方針を決定する機関（例えば，株主総会）を支配している会社

② **子会社** ── 親会社によって支配されている会社。取締役の過半数を親会社から派遣されている会社や調達資金の50%超を親会社から融資されている会社も子会社です。

③ **関連会社** ── 会社が，出資，人事，資金，技術，取引等の関係を通じて，子会社以外の他の会社の財務及び営業または事業の方針の決定に対して重要な影響を与えることができる場合における当該他の会社

④ **関係会社** ── 親会社，子会社，関連会社を互いに関係会社という。例えば，財務諸表提出会社ａの親会社をＡ，ａの子会社をａ'，ａの関連会社をａ"とすると，ａ社の関係会社は，Ａ，ａ'，ａ"です。

このように，子会社や関連会社になるかどうかは，株式の保有比率が50%を超えている場合はもちろん，50%以下でも，取締役の派遣や融資，技術供与，取引関係等を通じて，財務及び営業または事業の方針を実質的に支配しているかどうか，あるいは重要な影響を与えているかどうかによって判断されるのです。③の関連会社と④の関係会社を混同しないように注意しましょう。

（3） 繰延資産 ― 費用なのに資産とは？

流動資産，固定資産に次ぐ第3の資産として繰延資産があります。

私は，大学1年生の時の会計学の講義で繰延資産に非常に興味をもちました。ややオーバーにいえば，大学で学問をすることの面白さに気付きました。

繰延資産は，以下の5項目です。

① 創立費 ― 会社の設立のために必要とされる費用

② 開業費 ― 会社設立後営業開始時までに支出した開業準備のための費用

③ 株式交付費 ― 株式募集のための広告費，新株発行に係る金融機関や証券会社の取扱手数料，株券の印刷費等

④ 社債発行費 ― 社債募集のための広告費，金融機関や証券会社の取扱手数料，社債券の印刷費等

⑤ 開発費 ― 新技術または新経営組織の採用，資源の開発，市場の開拓等の目的で特別に支出した費用（経常費の性格をもつものは除く）

繰延資産は，ある期間にすでに現金の支出が行われた費用あるいは支払義務の確定した費用のことです。費用なのになぜ資産なのでしょうか？

それは，その支出の効果（収益）が将来にわたって発現するものと期待されるので，支払った年度だけの費用としないで支出の効果の及ぶ期間にも費用を負担させることによって，適正な期間損益を算定するためです。そこで，次期以降に繰り延べられる費用を資産とするのです。

例えば，上の③の株式交付費600万円が現金で支出されたとします。企業規模拡大のための新株発行は将来の収益獲得のための資金調達であり，株式交付費はそれに要した費用なので，当該期間だけの費用とするのではなく，効果の及ぶ期間（例えば3年）が平等に費用として負担する必要があります。そうすることによって，各期間の収益と費用がうまく対応でき適正な期間損益が算定できるからです。

そこで，600万円のうち200万円だけを支出した期間の費用とし，残りの400万円を一時的に資産とみなして貸借対照表に表示するのです。翌期は，また200万円だけを費用とし，残りの200万円を貸借対照表に表示します。3年目は，

費用200万円を計上し，株式交付費は貸借対照表から消えることになります。

問題は，支出の効果がどのくらいの期間にわたってどの程度及ぶのかについてはわからない，ということです。しかも，繰延資産は適正な損益を計算するためのいわば仮の資産なので債務（30頁）を返済するための原資とならず，会社債権者のためにはまったく役立ちません。

そこで，企業会計基準は，上で説明したように適正な期間損益を算定するために繰延資産の存在を容認しつつも，これらの支出については原則として支出時に費用処理することを求めています（企業会計基準委員会「繰延資産の会計処理に関する当面の取扱い」）。

このように，繰延資産は会計学としては興味あるテーマですが，多くの会社は該当事象が発生した年度に費用処理しているので，繰延資産を貸借対照表に表示している例はほとんどないのです。

4 負 債 の 部

負債（liabilities）は会計上の用語で，将来において企業の資産を減少させる負担額を意味します。負債も，資産と同じように流動負債と固定負債に分類されます。会社の負債の流動性を明らかにするためです（97頁）。

（1） 流動負債

流動負債には，支払手形，買掛金，短期借入金，未払金，未払費用，契約負債，前受金，前受収益，預り金，引当金等のように正常営業循環過程で生じる負債及び１年内に支払いや返済される負債が含まれます（94頁）。

日立の**電子記録債務**とは，支払手形と買掛金を電子的に記録し，それらの管理を，インターネットを介して“でんさんネット”という機関に委ねることによって発生する勘定科目です。受取手形と売掛金の場合は**電子記録債権**という科目で表示します。例えば，A社がB社に商品1,000万円を売り上げたとします。A社には「電子記録債権 1,000万円」が発生し，B社には「電子記録債務 1,000万円」が発生します。支払期日が到来すると，B社の口座からA社の口座に現金1,000万円が送金されます。A社の「電子記録債権 1,000万円」とB社の「電子記録債務 1,000万円」は相殺されます。

支払手形は，通常の営業取引における仕入先への代金支払や買掛金を決済するために振り出された手形と支払期日に決済された手形を処理するための勘定です（99頁で説明しました）。なお，手形には収入印紙を貼らなければなりません。かなりの金額となる収入印紙代を節約するために，期日一括振込（90日後とか120日後とかの決められた期日に現金を指定された銀行に振り込む）をする企業が増えています。それを裏付けるように，日立の貸借対照表には支払手形は見られません（11頁）。

買掛金とは，商品や原材料等の掛け仕入れのように仕入先との通常の営業取引により発生した未払金のことです。同一の取引先に対する売掛金と買掛金は相殺せず，ともに総額をもって貸借対照表に記載します。

短期借入金とは，１年内に返済期限が到来する借入金のことです。

未払金は，土地や建物等を購入しその代金が未払いである場合のように，通常の営業取引以外の取引によって発生した債務のことです。

未払費用は，金銭の借り入れや不動産の賃借のように，一定の契約に従い継続して提供されたサービスに対する未払額のことです。例えば，未払給与，未払利息，未払賃借料，未払リース等です（55頁）。未払費用は，債務は発生していますが支払期日が来るまで支払義務はありません（K君の疑問15頁）。

契約負債とは，商品やサービスの提供完了前に顧客から対価を受け取る場合，対価を受け取った時（または対価を受け取る期限が到来した時），その対価を流動負債として計上する際の勘定科目のことです。収益認識基準の適用により発生します（86頁）。典型的には前受金です。

前受金とは，商品の売却を約束した時，買い手から商品代金の一部として受け取る手付金のことです。例えば，あるデパートが100,000円の商品券を販売した場合，これまでは，販売時に〔（借方）現金100,000（貸方）前受金

100,000〕，商品券使用時に〔(借方）前受金100,000（貸方）売上100,000〕と仕訳してきました。収益認識基準では，商品券販売時に〔(借方）現金100,000（貸方）契約負債100,000〕，商品券使用時に〔(借方）契約負債100,000（貸方）売上100,000〕と仕訳します。

また，一定の契約に従い継続して商品やサービスを提供する会社が，未だ提供していない商品やサービスに対して事前に代金を受け取った場合に処理する**前受収益**（54頁）も契約負債に属します。

今後は，原則として会社の主たる営業から生じる前受金や前受収益は，契約負債として表示されることになります。引き続き前受金と前受収益という勘定科目は存在しますが，それらが使用されるのは主たる営業以外から発生する場合のみとなります。注意しましょう。

預り金とは，その名のとおり，他者から預かっているお金です。例えば，営業取引に関連して預かった保証金や社員の給与から天引きした所得税や社会保険料等です。日立の預り金は6,746億円で，流動負債の中で一番大きな金額です。しかし，その内容は明らかにされておりません。おそらく，資金を必要としているグループ会社に貸し付けるために，資金に余裕のあるグループ会社から調達し，それを預り金としていると思われます（K君の疑問15頁）。

さて，引当金は，以下の仕訳を通じて貸方に現れる項目です。

（借方）○○引当金繰入額　×××　（貸方）○○引当金　×××

貸方の「○○引当金」は，会社の将来の経済的負担を表す負債です。日立は，「製品保証引当金」と「工事損失引当金」を表示しています（11頁）。製品保証引当金は，販売した製品に故障や欠陥が生じた場合には無料で補修を行わなければならないという義務（将来の経済的負担）を決算時に負債として認識したものです。また，工事損失引当金は，工事原価総額が工事収益総額を超過することが見込まれる工事損失に備えるため，翌期以降の損失見込額を負債として計上するのです。引当金も，通常1年内に使用されることが見込まれるものが流動負債に含まれます。

（2） 固定負債

固定負債には，社債，長期借入金，長期預り金，資産除去債務，引当金等が含まれます。

社債とは，社債券と呼ばれる有価証券を発行して投資者から資金を調達することから生ずる負債です。投資者からの資金調達という点では株式の発行と同じですが，社債は償還期限があり期日に返済しなければなりません。通常，5年とか10年とかの長期間での返済となるので固定負債です。ただし，1年内に償還予定の社債（「償還期社債」）は流動負債です。日立の社債の残高は，合計1,600億円（償還期社債300億円，固定負債としての社債1,300億円）です。

社債券の所有者である社債権者に支払う「社債利息」は，銀行からの借入金に対する利息（支払利息）と同じように営業外費用です（71頁）。当期純損益を算定する前に費用処理をするのです。68頁の**図表3－1**で確認しましょう。

一方，株主に支払う「配当金」は，当期純損益を算定した後に純利益の場合に支払います。儲かったので，その一部を株主に還元するのです。純損失の場合には通常は配当しませんが，これまで社内に蓄えておいた利益剰余金を取り崩して配当する場合もあります（利益剰余金については，この後に勉強します）。社債利息と配当金の違いを理解してください。

長期借入金とは，返済期間が1年を超える借入金のことです。中小企業の固定負債は大部分が長期借入金です。

長期預り金は，取引先から受け入れた担保としての営業保証金，代理店契約に係る長期保証金，従業員の社内預金等です。

資産除去債務とは，有形固定資産の除去に際して，法令または契約で要求される法律上の義務のことです。例えば，原子力発電設備の解体や賃借物件（スーパーの店舗等）の原状回復に要する見積費用です（K君の疑問15頁）。

そして，固定負債に含まれる引当金として，日立は，従業員の退職金や年金に備えるための「退職給付引当金」（177頁）と関係会社の事業に係る損失のうち日立が負担すべき「関係会社事業損失引当金」を表示しています（11頁）。

5 純資産の部

会社法と「一般に公正妥当と認められる企業会計の基準」は，資産から負債を控除した額を**純資産**（net assets）と定義し，貸借対照表を資産の部，負債の部及び純資産の部に区分しています。

以下の説明には耳慣れない用語が出てきます。でも，心配しないでください。

（1） 純資産の構成

まず，**図表4－4**をご覧ください。

●図表4－4 純資産の構成●

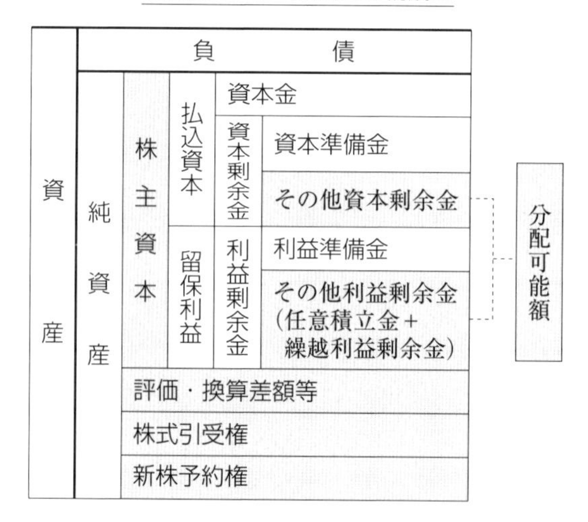

このように，純資産は，「株主資本」，「評価・換算差額等」，「株式引受権」，それに「新株予約権」から構成されています。

（2） 株主資本 ── 資本金と剰余金

株主資本は，株主が出資した資本（「払込資本」という）と会社がこれまでに獲得した利益のうち社内に留保している部分（「留保利益」という）の2つからなります。払込資本は，企業にとっての「元本」です。留保利益は，元本から得られた「果実」です（留保利益のことを「稼得資本」ともいいます）。株主資本は，その名のとおり株主に帰属します。

払込資本は，資本金と資本剰余金から構成されます。

資本金（capital stock）は，株主が出資しその見返りに会社が発行した株式価額の総額のことです。**法定資本**ともいわれます。資本金は会社が存続する限り株主に返済する必要はありません。株主は，会社との関係を断つためには，会社に出資金の返済を求めるのでなく，証券市場で別の株主を探すことによってそれを回収するのです。

剰余金（surplus）は，**図表4-4**で見るように，株主資本のうち資本金以外の部分のことです。剰余金には，資本取引から生じた「資本剰余金」と損益取引から生じた「利益剰余金」があります。**資本取引**とは，増資や減資，自己株式の売買のように株主資本に直接影響を及ぼす取引のことです。**損益取引**とは，企業が利益の獲得を目指して行う取引のことです。その結果として間接的に株主資本にも影響を与えます。

（3）資本剰余金 ── 資本準備金とその他資本剰余金

会社の設立や増資に際して，株主から出資金の払い込みが行われます。払込資本のうち資本金に組み入れられなかった部分が**資本剰余金**です。資本剰余金は，資本準備金とその他資本剰余金の2つです。もう少し詳しく説明します。

資本金は株主となる者が払い込んだ金額のことですが，会社法は，払込金額の2分の1を限度として資本金に含めないことができるとしています。この資本金以外の部分を**資本準備金**といいます（会445②③）。

例えば，ある会社の株式が時価1万円であったとします。今，この会社が新工場建設のための資金2億円を調達するために，1株1万円の株式を2万株発行するとしましょう。この場合，払い込まれた2億円の全額を資本金とすることが原則です。しかし，2億円のうち，例えば1億円を資本金に組み入れずに資本準備金とすることもできるのです。

その他資本剰余金は，次のような場合に発生します。

会社が資本金を減少させることを「減資」といいます。資本金は会社の「顔」なので，減資はめったに行われませんが，損失がかなり累積した場合，損失と資本金を相殺して会社を立て直すことがあります。

例えば，資本金10億円の会社で，繰越欠損金（過去の年度から繰り越された法人税法上の欠損金のこと）が5億円ある場合，9割減資して資本金を1億円にすると，仕訳は以下のようになります（単位：千円）。

（借方）	資本金	900,000	（貸方）	繰越欠損金	500,000
				減資差益	400,000

減資差益4億円はすでに払い込まれている資本内での移転の結果発生したので，その他資本剰余金に含まれます。

また，自己株式の処分に係り発生する「自己株式処分差益（差損）」も，その他資本剰余金です（116頁）。

そして，その他資本剰余金からも配当することができます。**図表4-4**で見るように，その他資本剰余金も「分配可能額」を構成します。**分配可能額**とは，会社財産を株主に払い戻すことができる上限額のことです（会446，461）。

（4） 利益剰余金 ―― 利益準備金とその他利益剰余金

会社が1期間に獲得した利益（当期純利益）は，配当金のように社外に分配される部分と社内に留保される部分とに分けられます。社内に留保される部分が**留保利益**です。留保利益は貸借対照表には**利益剰余金**と表示されます。

図表4-4をもう一度見てください。利益剰余金は利益準備金とその他利益剰余金からなり，その他利益剰余金は任意積立金と繰越利益剰余金で構成されます。

まず，利益準備金について説明します。会社法は，会社が利益を計上した時，その全額を株主に対する配当金として処分することを禁じています。それは，債権者を保護するためです。株式会社は株主有限責任の原則を採用しているので（4頁），債権者の権利は会社の資産によってのみ保証されているにすぎません。現金配当は会社の資産を社外に流出することになるので，会社法は一定の金額を社内に積み立てることを要求しているのです。これが**利益準備金**です。つまり，株式会社が配当する場合には，配当金額の10分の1を，資本準備金（その他資本剰余金からの配当の場合）または利益準備金（その他利益剰余金からの配当の場合）として積み立てることを求めているのです。

例えば，ある期の株主総会において，配当金1億円の処分が決定されたならば，その10分の1，つまり1,000万円を利益準備金として積み立てなければなりません。こうして毎年積み立てた利益準備金の累積額が資本準備金と合わせて資本金の4分の1に達したならば，それ以上積み立てる必要はありません。11頁の日立の貸借対照表によると，同社の資本準備金は1,807億円で，資本金（4,628億円）の4分の1（1,157億円）をすでに上回っています。そこで，日立は利益準備金への積み立てを行っていません。利益準備金はゼロです。

次に，その他利益剰余金を構成する繰越利益剰余金についてです。**繰越利益剰余金**とは，株主総会で処分できる金額のことです。それは，直近の利益剰余金の残高（後述）と当期純利益を合計したものです。株主総会は，繰越利益剰余金を，株主への配当金のように社外に分配する項目と，会社内に留保する項目とに分けて処分します。配当は，当期純損失の場合でも，繰越利益剰余金がそれを上回るならば可能です（109頁）。また，社内に留保されるものは，前述の利益準備金のように法律で強制されるものと，会社の意思でそうするものとがあります。後者を**任意積立金**といいます。

任意積立金はいろいろな積立金の総称ですが，日立の貸借対照表（11頁）の「その他利益剰余金」に示されている「固定資産圧縮積立金」がその一例です。固定資産圧縮積立金とは，国庫補助金等で取得した固定資産について，補助金相当額を固定資産の取得原価から控除するのでなく積立金として処理したものです〔（借方）現金預金（貸方）固定資産圧縮積立金〕。

繰越利益剰余金について追記します。117頁の**図表4－5**の日立の株主資本等変動計算書を見ましょう。そして，株主資本の利益剰余金のうちの「その他利益剰余金」に含まれる「繰越利益剰余金」に注目してください。

そこには，繰越利益剰余金の期首残高（2022年4月1日）として1,642,808百万円が示されています。当期中に固定資産圧縮積立金98百万円を取り崩した結果，同額の繰越利益剰余金が増加しました。そして，2022年6月22日に2022年3月31日に終了する事業年度に係る株主総会が開催され，剰余金の配当129,148百万円が決議され，同額の繰越利益剰余金が減少しました。したがって，この時点における繰越利益剰余金残高は1,513,758百万円（1,642,808＋98－129,148）です。この金額が113頁の上から16行目の「直近の利益剰余金の残高」です。

この1,513,758百万円に2023年3月期の純利益987,946百万円（12頁の**図表1－6**の損益計算書）を加算すると，繰越利益剰余金期末残高は2,501,705百万円（四捨五入）となります。これが貸借対照表（**図表1－5**）の純資産の部の繰越利益剰余金です。日立の2023年3月期に係る第154回定時株主総会（2023年6月26日開催）は，この繰越利益剰余金2,501,705百万円の処分を決議したのです。

なお，これまで「会社内部に留保する」とか「積み立てる」という言葉を使用していますが，これは，銀行預金として積み立てておくということではなく，それに相当する金額を社外に流出しないという意味です。

（5） 評価・換算差額等，株式引受権，新株予約権

純資産の部に表示されながらも，株主資本に含まれない項目に，「評価・換算差額等」，「株式引受権」，「新株予約権」があります（**図表4－4**）。

⑴ 評価・換算差額等

評価・換算差額等に含まれる代表的なものは，「その他有価証券評価差額金」です。これは，103頁で勉強した持ち合い株式や長期的な利殖目的のため

に保有する株式等の決算日の時価と簿価との差額のことです。

その他有価証券は，事業上の必要性から保有するものであり，直（ただ）ちに売買や換金を行うことを目的とするものではありません。そこで，その他有価証券評価差額金は損益計算書上の損益とはせず，当該有価証券を売却するまでは，純資産の部の「評価・換算差額等」の区分に表示します。2023年3月末現在，日立は103,379百万円を計上しています（11頁）。

⑵　株式引受権

2021年3月より上場会社の取締役の報酬として株式を無償交付する取引が認められたことにより，純資産の部に新たに「株式引受権」が追加されました。権利の保有者はまだ株主となっていないので，株式引受権は株主資本とは別の区分に表示されます。

⑶　新株予約権

新株予約権とは，その所有者があらかじめ定められた価額（行使価額という）で会社の株式を取得できる権利のことです。行使価額が時価を下回っている場合には権利行使すれば利益が得られ，逆に行使価額が時価を上回っている場合には権利放棄すれば，新株予約権の取得費用が無駄になるだけで済みます。

会社側からすると，新株予約権は株主資本に含めることはできません。なぜならば，新株予約権は将来に権利が行使され現金の払い込みが行われた場合には株主資本となりますが，権利が行使されなければ株主資本とはならないからです。また，権利が行使された場合には株式を交付すれば足り，会社としては，払込金については返済義務もなく企業資産の減少をもたらすものではないので，負債に属するものでもありません。そこで，新株予約権は純資産に含めるものの，株主資本とは区別して表示します。

6 株主資本等変動計算書

財務諸表と計算書類（13頁）の１つである**株主資本等変動計算書**は，貸借対照表の純資産の部の１年間の変動，つまり，純資産を構成する「株主資本」，「評価・換算差額等」，「株式引受権」，「新株予約権」の４つの項目とそこに含まれる勘定科目の変動を示すものです。「純資産明細表」ともいえます。

次頁の**図表４－５**は，日立製作所（単体）の2023年３月期の株主資本等変動計算書です。この計算書の最初には，上の４つの項目のうち株式引受権を除く３つの項目に含まれる勘定科目の当期首残高（2022年４月１日）が示されています。

次に，当期変動額として，株主資本に係るものとしては，新株の発行により資本金1,086百万円と同額の資本準備金ならびに資本剰余金が増加したこと，固定資産圧縮積立金98百万円の取り崩しによりその他利益剰余金に含まれる繰越利益剰余金が増加したこと，剰余金の配当129,148百万円により繰越利益剰余金と利益剰余金が減少したこと，当期純利益987,946百万円の計上により繰越利益剰余金と利益剰余金が増加したこと，自己株式（自社の株式のこと）200,212百万円の取得により株主資本が減少したこと，自己株式258百万円の処分（売却）により処分差損８百万円が発生，その他資本剰余金が減少し（112頁），売却価額から処分差損を控除した残高249百万円の株主資本が増加したこと，買い取った自己株式を償却したことにより（（借方）その他資本剰余金（貸方）自己株式），その他資本剰余金199,417百万円が減少し自己株式が増加したこと（これは株主資本間の移転で，株主資本には影響ありません），が示されています。

加えて，株主資本以外の評価・換算差額等（32,132百万円）と新株予約権（△235百万円）に係る当期変動額も明示されています。

当期首残高にこれらの変動額を合計したものが期末残高となり，純資産合計3,336,637百万円となります。そして，それは，貸借対照表の純資産合計

●図表４－５　日立の株主資本等変動計算書●

株主資本等変動計算書（自2022年４月１日　至2023年３月31日）

（単位：百万円）

	株主資本								
	資本金	資本剰余金			利益剰余金			自己株式	株主資本合計
		資本準備金	その他資本剰余金	資本剰余金合計	その他利益剰余金		利益剰余金合計		
					固定資産圧縮積立金	繰越利益剰余金			
当期首残高	461,731	179,697	272,775	452,473	1,026	1,642,808	1,643,835	△3,002	2,555,037
当期変動額									
新株の発行	1,086	1,086		1,086					2,172
固定資産圧縮積立金の取崩					△98	98	-		-
剰余金の配当						△129,148	△129,148		△129,148
当期純利益						987,946	987,946		987,946
自己株式の取得								△200,212	△200,212
自己株式の処分			△8	△8				258	249
自己株式の消却			△199,417	△199,417				199,417	-
株主資本以外の項目の当期変動額（純額）									
当期変動額合計	1,086	1,086	△199,426	△198,339	△98	858,896	858,797	△537	661,007
当期末残高	462,817	180,783	73,349	254,133	927	2,501,705	2,502,632	△3,539	3,216,044

	評価・換算差額等			新株予約権	純資産合計
	その他有価証券評価差額金	繰延ヘッジ損益	評価・換算差額等合計		
当期首残高	76,502	10,725	87,227	1,468	2,643,733
当期変動額					
新株の発行					2,172
固定資産圧縮積立金の取崩					-
剰余金の配当					△129,148
当期純利益					987,946
自己株式の取得					△200,212
自己株式の処分					249
自己株式の消却					-
株主資本以外の項目の当期変動額（純額）	26,876	5,255	32,132	△235	31,896
当期変動額合計	26,876	5,255	32,132	△235	692,903
当期末残高	103,379	15,980	119,359	1,233	3,336,637

3,336,637百万円と一致します（11頁）。**株主資本等変動計算書が貸借対照表の純資産の明細表であることは明らかです。**

注意することがあります。当期純利益です。第2章の**図表2－8**（59頁）で学んだように，貸借対照表と損益計算書には同額の当期純利益が計上されています。しかし，日立の損益計算書（12頁）の最後尾（さいこうび）には当期純利益は明示されていますが，貸借対照表には当期純利益は表示されておりません。それは，上で説明したように当期純利益はその他利益剰余金の繰越利益剰余金に含まれてしまっているからです（61頁）。

7　資産評価のルール

貸借対照表が企業の財政状態を適正に表示するためには，そこに記載される科目の価額が適切でなければなりません。その価額を決定することを会計では「評価」といいます。資産評価のための基本ルールについて勉強しましょう。

（1）　資産と負債の評価

資産のうち，評価の対象にならないものは現金と預金です。現金と預金はそれ自体がその時の価値を示しているので，保有する外国通貨を円に換算する場合を除いて評価の問題は起こりません。受取手形と売掛金については，債権金額は法律上確定しているので評価の対象となりませんが，これらの貸借対照表に表示される価額は債権金額から回収できないと見積られる貸倒見積高（貸倒引当金）を控除した残額なので（53頁），結果として評価の対象となります。そして，有価証券，棚卸資産，固定資産は，それぞれの価値が変動するので，当然，評価の対象です。第6章で勉強します。

一方，負債は原則として評価の対象にはなりません。それは，支払手形，買掛金，借入金のような負債は契約上の取引金額であり，当然のことながら1つの数字として確定しているからです。例えば，銀行から資金を借り入れる場合，「借入金10億円程度」というような契約はありえず「借入金10億円」という金額が確定されます。支払手形や買掛金も同様です。また，貨幣価値が変動しても負債金額は変動しません。例えば，急速にインフレが進んだとしても返済金額を増加させる必要はなく，逆にデフレになったとしても負債金額を減らすことはできません。

しかし，会計上の負債には引当金も含まれます。引当金は将来発生する可能性の高い事象に伴う費用や損失に備えるものであり，その金額は見積りによるので評価の対象になります（172頁でじっくりと勉強します）。

（2） 資産の評価基準

資産の評価基準には，取得原価基準，時価基準，割引現在価値基準の３つがあります。**取得原価基準**は資産の過去の取得原価を基礎にする評価基準です。**時価基準**は資産を現在の市場価格で評価する基準です。**割引現在価値**とは，将来に受け取る金額を，もし現在受け取るとしたらそれはいくらかを表すものです。したがって，**割引現在価値基準**は，各資産項目の将来の利用可能期間中における毎年の現金収入額を一定の割引率で現在価値に換算しその総和をもって資産価値とする基準です。「割引率」とは，例えば905万円を年利１％の10年定期預金にした場合10年後の元利金は1,000万円になりますが，この預金利息の計算を逆に考え，将来価値の現在価値を算定するための率のことです。

これら３つの評価基準のうち，利害関係者の意思決定に役立つ最新の情報を提供するという観点からは，時価基準が最も適しています。資産の価値を表現する数値としては，「時価＝市場価格」が望ましいことは明らかです。しかし，企業の所有する多くの資産は中古資産であり，それらを評価しうる確立された「市場」（多くの売り手と買い手が自由に売り買いする場のこと）が存在しないので，評価が主観的になりやすいという問題があります。

また，割引現在価値基準が主張するように，資産を将来の収益獲得能力とみるならば，当該資産から得られるであろう収益（具体的には現金収入額）を現在価値に割り引いた金額をもって当該資産の評価額とすることが合理的であるように思われます。しかし，この基準も各資産項目の将来の一定期間における現金収入額の見積りやそれを現在価値に計算するための割引率といった極めて主観性の強い要素を用いて資産を評価するので客観性に問題があります。例えば，10年後の1,000万円の現在価値は，割引率を１％とすると約905万円，割引率を２％とすると約820万円です。割引率によって現在価値は大きく変動するのです。

そこで，資産の評価は，原則として取得原価基準によって行われます。その理由は，以下のとおりです。

① 取得原価基準は独立した相手方との取引の結果である取得価額という確実な証拠に基づいています。このことは，その金額を支出額に基づいて客観的に測定できるということ，後日その金額の正当性を証憑（しょうひょう）（請求書や領収書等のように取引の裏付けとなるものをいう）により検証できるということでもあります。

② 取得原価基準は実務的な簡便性や統一性という長所を備えています。この点も非常に重要です。それは，評価基準は基本的にはすべての企業が適用できるものでなければならないからです。

③ 取得原価基準により，取引の流れを首尾一貫して処理することができます。また，収益の予想計上を排除することになるので，「予想の利益は計上してはならず，予想の損失は計上しなければならない」とする会計上の**保守主義**の立場からも支持されます。

例えば，ある商品を200万円で仕入れ，半分の100万円を150万円で販売したとしましょう。この場合，取得原価基準は，仕入れた商品の時価がどのように変動しようとも評価損益を認識することなく取得原価100万円を維持し，商品の支配を顧客に移転した時点で収益150万円を認識しかつそれに対応する売上原価100万円を計上するので，収益認識基準とも整合しています（86頁）。そして，期末の商品の時価が130万円になったとしても100万円で評価するので未実現の評価益は計上されず，保守主義の立場からも支持されます。

（3）「取得原価基準から時価基準へ」ではない

取得原価基準は資産の評価に関する原則的なルールです。しかし，取得原価基準は過去の歴史的原価を基礎とするので，株式や土地に典型的に見られるように，貸借対照表に計上されている金額が時価から著しく乖離（かいり）しているという弱点をもっています。

そこで，わが国でも国際会計基準（263頁）との調和を図るために，有価証券や棚卸資産については原則として時価評価が行われているのです。また，建物や機械装置等の固定資産についても「減損会計」といわれる割引現在価値基準に基づく会計処理が採られているのです。第6章で勉強します。

このように，取得原価基準を“ベース”としながらも時価評価や割引現在価値評価も採用され，財務諸表に映し出される会社の実態の透明性が高まっています。しかし，そのことは，取得原価基準に代わって時価基準が制度化されているということではありません。注意しましょう。

8　ケース・スタディ――総資産と利益剰余金と自己資本比率

貸借対照表の総資産と利益剰余金と自己資本比率に注目しましょう。次頁の**図表4-6**をご覧ください。日立製作所とパナソニックのデータ（単体）です。

（1）総資産

「総資産」とは，貸借対照表の合計欄の金額のことです。93頁において，総資産は「会社の規模」を表していると言いました。

親会社日立の総資産は，23年前の2001年3月期は4兆1,192億円でした。しかし，翌年度から4兆円を割り2011年3月期には3兆1,463億円と，10年間で1兆円も減少したのです。77頁の**図表3-3**で見たように，2001年3月期の売上高4兆158億円は2011年3月期には1兆7,953億円となり，10年間で2兆2,000億円以上も減少したことが要因です。売上高の減少は，売掛金や

図表4－6　日立とパナソニックの総資産・利益剰余金・自己資本比率の推移

決算期	日立製作所			パナソニック		
	総資産（億円）	利益剰余金（億円）	自己資本比率（%）	総資産（億円）	利益剰余金（億円）	自己資本比率（%）
2001.3	41,192	10,639	40.3	45,995	21,626	59.1
2002.3	39,231	7,827	34.8	45,659	20,040	55.9
2003.3	38,250	8,028	35.9	50,628	20,537	54.7
2004.3	37,083	8,237	37.0	52,179	20,838	54.4
2005.3	37,525	7,844	36.4	49,205	21,217	56.5
2006.3	38,342	7,848	36.6	49,912	21,028	54.9
2007.3	38,739	5,784	28.8	48,166	21,464	51.5
2008.3	36,599	4,306	26.4	46,044	21,774	52.3
2009.3	36,737	1,161	18.2	44,422	20,225	48.0
2010.3	33,276	810	26.7	45,652	18,448	44.6
2011.3	31,463	1,227	29.9	50,654	17,742	38.4
2012.3	33,315	3,501	36.3	55,729	10,584	29.5
2013.3	34,234	3,611	37.9	48,374	3,874	20.2
2014.3	35,700	3,600	38.5	46,720	3,499	20.4
2015.3	37,493	3,898	37.3	46,790	2,928	19.3
2016.3	38,686	3,968	35.6	49,352	2,502	17.8
2017.3	40,702	4,365	36.8	40,992	6,356	30.7
2018.3	40,408	5,051	37.9	44,276	7,513	31.1
2019.3	39,341	6,024	39.7	44,384	8,178	32.4
2020.3	40,044	6,301	39.4	44,326	9,033	34.2
2021.3	49,826	12,389	45.0	44,821	9,235	34.4
2022.3	58,156	16,438	45.4	53,275	9,519	29.7
2023.3	59,404	25,026	56.1	－	－	－

（出所：各期の有価証券報告書から作成。パナソニックは，2023年３月期は発表せず（15頁））

棚卸資産等の減少をもたらし，工場建設や機械装置等への投資を抑制させるからです。しかし，2017年３月期は実に16年振りに４兆円台となり，2022年３月期は５兆8,156億円，直近の2023年３月期は５兆9,404億円と過去最大となりました。両期とも事業再編に伴う「投資その他の資産」の増加，特に「関係会社株式」の増加（2021年3月末2兆7,073億円，2023年3月末3兆8,490百万円，2年間で1兆1,417億円も増加）が主因です。

パナソニックの2021年3月期までの22年間における総資産は4兆円台と5兆5,000億円台の間にあります。5兆円を超えたのは5事業年度のみです。その原因は，**図表3-4**（79頁）で見たように，2009年3月期から2014年3月期までの実に6期連続の赤字により，それを埋め合わせるために，投資有価証券や関係会社株式それに有形固定資産等を売却したからです。しかし，2022年3月期には5兆3,000億円台に回復しました。

（2）　利益剰余金

ある期の業績が好調で当期純利益が大きければ，それから配当金を社外に分配しても，社内に留保される利益は大きくなります。毎年毎年の利益の社内留保額が積み重なると，利益剰余金は大きくなります（112頁）。つまり，**利益剰余金は，会社設立以来の毎年の利益留保の累積額を意味するのです。会社の設立以来ずっと継続している唯一の数字なのです。**

日立の利益剰余金は，23年前の2001年3月期は1兆円を超えていました。しかし，2010年3月期にはわずか810億円にまで落ち込みました。その理由は，**図表3-3**（77頁）で見たように，2002年3月期の巨額損失（△2,526億円）と2007年3月期から2010年3月期まで連続4期間の損失（合計△6,354億円）を，利益剰余金を取り崩して埋め合わせたからです。その後2023年3月期までの13年間は黒字で，特に最近3年間は合計2兆2,095億円という巨額の当期純利益を計上したため，2023年3月期の利益剰余金は2兆5,026億円と大幅に増加しました。

パナソニックの利益剰余金は，2001年3月期から2009年3月期までの9年間は平均2兆1,000億円（合計18兆8,749億円÷9期）でした。しかし，2010年3月期には1兆8,400億円と2兆円を割り，以降急激に減少，2016年3月期にはわずか2,502億円となりました。すでに指摘したように，2009年3月期からの6期連続の赤字（合計1兆4,432億円の損失）が原因です。これらの赤字を，利益剰余金を取り崩して補塡したからです。まさに過去の遺産を食い潰していたのです。しかし，2022年３月期は9,519億円を計上，10年前の水準（2012年３月期１兆584億円）に近づきました。

（3） 自己資本比率

自己資本と他人資本については，すでに91頁で学びました。自己資本（純資産）の総資本（総資産）に占める割合（自己資本÷総資本）を自己資本比率といいます。頻繁に使用される用語です。

自己資本比率は高い方がよいとされています。なぜなら，自己資本比率が高いということは，逆に他人資本比率が低いということ，つまり銀行等からの借入金が少ないということなので，経営の安定性が高まるからです。

ところで，自己資本比率が高い会社は，資本金が大きいからではなく利益剰余金が多いのです。上で指摘したように，利益剰余金は会社が自らの力で稼ぎ出した利益の設立以来の蓄積額です。ですから，高い自己資本比率は毎年毎年の利益の積み重ねの結果なのです。確実な収益力（儲ける力）がもたらしているのです。その意味で，自己資本比率は単に経営の安定性を示すだけではなく，収益力や成長力（伸びる力）も含む会社の総合力を測る指標でもあるのです。

日立の自己資本比率は，2001年３月期は40.3％でしたが，以降連続して低下，2009年３月期には18.2％まで落ち込みました。上で指摘したように，業績の悪化が要因です。2012年３月期以降９年間は35.6％～39.7％にありましたが，2021年３月期と2022年３月期は45％，そして直近の2023年３月期はこれまでの最高の56.1％です。(2)で説明したように，利益剰余金の増加が要因です。

22年前のパナソニックの自己資本比率は59.1％と高率で，2008年３月期までは50％台をキープしていました。しかし，2009年３月期以降は業績の悪化により急速に落ち込み，2016年３月期には17.8％となりました。2017年３月期以降は30％台を維持してきましたが，2022年３月期は30％を割り29.7％です。2001年３月期から20年間で約30ポイントもダウンしてしまったのです。

9　貸借対照表は会社の歴史も示しているのです

読者の皆さん！　自社の貸借対照表を，学生諸君ならば志望する会社の貸借対照表を眺めてください。次のような疑問が湧(わ)いてきませんか？

①　資産合計の推移はどうなっているのだろうか？

②　流動比率が100％すれすれだ。資金繰りは大丈夫か？

③　現金預金が少なすぎるのではないか？　いや多すぎるのではないか？　少ないと心配だが，多くていいのだろうか？

④　売掛金が買掛金に比べて多い。“ノーマル”な状態と思われるが，回収は順調か？

⑤　商品や製品等の在庫が多い。その分資産が膨らみ当期純利益の増大に「貢献」しているようだ。だが，不良在庫もかなりあるのではないか？

⑥　仕掛品も結構あるな。中身は？

⑦　メーカーなのに，なんで流動資産の有価証券が多いんだ？

⑧　仮払金が多い。なんだろう？

⑨　メーカーだから機械装置が多いのはわかる。でも，設備投資計画はどうなっているのか？

⑩　「建設仮勘定」の金額がかなりあるな。なんだろう？

⑪　無形固定資産の中身はなんだ？　買収した会社は不調だ。「のれん」の減損は？

⑫　いやに長期の投資や貸付金が多いな。しかも関係会社に対して。回収ができていないのではないか？

⑬　会社の規模からして借入金が多すぎないか？

⑭　預り金も多いな。なんだろう？

⑮　貸倒引当金は計上されているが，他の引当金は見当たらない。なぜ？

⑯　利益剰余金も少ないな。自己資本率も低下している。根本原因は？

貸借対照表は一定時点の財政状態を示すものと言いました。動いている会社をレントゲンで瞬間的に撮った状態を示すものとも説明しました。もちろん，誤りではありません。

しかし，上のような皆さんの疑問は，貸借対照表は会社の長期間の経営活動の結果も示している，ということです。そうです。**貸借対照表は会社の歴史も示しているのです**。

〔**ポイント**〕

上の貸借対照表に対する疑問が共有できれば，貸借対照表を読み取る「力」が付いたということです。K君もかなり自信をもったようです。志望する会社へ一歩近づきました。

さらに前進しましょう。

第5章
キャッシュ・フロー計算書とは？

“キャッシュ・フロー”（cash flow）とは，「現金の流れ」，つまり，「現金の入りと出」のことです。「キャッシュ・フロー計算書」（Statement of Cash Flow）とは，会社の現金及び預金がどのような理由で，どれだけ増減したのかを示すものです。

このキャッシュ・フロー計算書が，貸借対照表と損益計算書に続く第3の財務諸表として位置付けられています。なぜでしょうか？　そして，3つの財務諸表はどのような関係にあるのでしょうか？

1　キャッシュ・フロー計算書の登場

ある会社の１年間の売上高が１億円，売上原価と従業員給料等の販売費や一般管理費の合計が8,000万円であったとします。その他の収益と費用はありません。当社の当期純利益は2,000万円です。

ところが，売上高のうち現金で回収できたのは6,000万円だけで，残りの4,000万円は未だ回収できていないとします。売掛金が4,000万円あるということです。そして，売上原価と販売費及び一般管理費のうち5,000万円は支払済みですが，残りの3,000万円のうち2,000万円は当期中に支払わなければならないとします。

しかし，会社は2,000万円の費用を完済することができません。1,000万円不足しているのです〔現金手元有高1,000万円（収入6,000万円－支出5,000万円）－必要額2,000万円〕。当期純利益は2,000万円なのにお金がないのです。不足額は金融機関等から調達して埋めなければなりません。一時的には可能でしょう。そして，次期に売掛金4,000万円が順調に回収されるならば，倒産を免れることができます。しかし，こんな状況が繰り返されると危険です。

そして，ビジネスは戦いです。売上げを大きく伸ばそうとすると，売掛金の回収は長期化します。「支払いを延ばしてくれるなら買います」という交渉になるからです。また，良質な商品や原材料を安く仕入れて売上原価のコストダウンを進めようとすると，買掛金の支払いは早まります。ライバル会社より有利な仕入れを実行するには仕入先に早めに支払いを済ます必要があるからです。売上高は伸び，売上原価は低減され，当期純利益は拡大しますが，資金繰りは逆に苦しくなるのです（97頁）。

したがって，損益計算書は利益（黒字）を報告していますが，手形の決済や借入金を返済するための現金預金がなく倒産する会社もあり（これを**黒字倒産**といいます），また，当期純利益は前期を大幅に上回ったが現金預金は減少したという会社も多いのです。ですから，株主や債権者等のステークホルダーは，会社の実態を把握するうえで現金と預金の状況も知ろうとするのです（7　9頁）。

ところが，公表される財務諸表の中で現金と預金についての情報は，貸借対照表の流動資産に示されている「現金及び預金」だけです。上場会社等が公表する有価証券報告書（19頁）の財務諸表は前期と当期の２期間の数値を示しているので，例えば，日立の前期の2022年３月31日現在の現金預金は622億円，当期の2023年３月31日現在のそれは329億円，１年間に現金預金が293億円減少したことがわかります（なんでもないことのようですが，意識して計算しないとわかりません）。しかし，その減少が何によってもたらされたのかについては知ることができないのです。

一方，株主総会に提出される貸借対照表については，ほとんどの会社は当該年度のみの貸借対照表を開示しています。法規が求めていないからです。なお，日立は，「ご参考」として前期の貸借対照表と損益計算書も開示しています（11頁と12頁の**図表１-５**，**図表１-６**）。日立は長年この前期比較形式を採用しています。これは高く評価されるところです。

そこで，現金及び預金の増減とその理由を示すキャッシュ・フロー計算書の開示が2000年３月期から求められたのです。

ただし，キャッシュ・フロー計算書は上場会社等の金融商品取引法対象会社に対してのみ義務付けられているものであり，会社法は**大会社**（資本金５億円以上または負債総額200億円以上の株式会社）に対してもキャッシュ・フロー計算書の作成を要求していません。したがって，株主総会提出用の計算書類には含まれていないのです。すでに勉強しました（13頁）。

2　キャッシュ・フロー計算書のフォーム

わが国の上場企業等で通常採用されているキャッシュ・フロー計算書は，次頁の**図表５-１**のようなフォームです。

図表5-1　キャッシュ・フロー計算書

キャッシュ・フロー計算書

自20x1年4月1日 至20x2年3月31日

Ⅰ　営業活動によるキャッシュ・フロー		
税引前当期純利益		×××
減価償却費		×××
貸倒引当金の増加額		×××
売上債権の増加額	(－)	×××
棚卸資産の増加額	(－)	×××
仕入債務の増加額		×××
その他		×××
営業活動よるキャッシュ・フロー		×××
Ⅱ　投資活動によるキャッシュ・フロー		
有価証券の取得による支出	(－)	×××
有価証券の売却による収入		×××
有形固定資産の取得による支出	(－)	×××
有形固定資産の売却による収入		×××
投資有価証券の取得による支出	(－)	×××
投資有価証券の売却による収入		×××
貸付けによる支出	(－)	×××
貸付金の回収による収入		×××
その他		×××
投資活動によるキャッシュ・フロー		×××
Ⅲ　財務活動によるキャッシュ・フロー		
短期借入れによる収入		×××
短期借入金の返済による支出	(－)	×××
長期借入れによる収入		×××
長期借入金の返済による支出	(－)	×××
その他		×××
財務活動によるキャッシュ・フロー		×××
Ⅳ　現金預金の増加(減少)額〔Ⅰ＋Ⅱ＋Ⅲ〕		×××
Ⅴ　現金預金期首残高		×××
Ⅵ　現金預金期末残高		×××

3　キャッシュの流れを3つの領域でつかむ

図表5－1に目を通してください。2分待ちます。

いかがですか？　ローマ数字のⅠの項目とそのプラス（無印）とマイナス（－）について納得のいかない皆さんも多くおられることでしょう（ⅡとⅢは各項目の「収入」と「支出」なので容易に理解できます）。

では，**図表5－1**の順序に従って説明します。

まず，Ⅰ，Ⅱ，Ⅲに注目しましょう。それらが示すように，キャッシュ・フロー計算書は，会社の活動を「営業活動」と「投資活動」と「財務活動」の3つに区分し，それぞれの領域における現金及び預金（以下「現金」という）の「入り」と「出」を明らかにするものです。

（1）　営業活動によるキャッシュ・フロー

第1の区分である「営業活動によるキャッシュ・フロー」は，会社の本来の営業活動による現金の入りと出を示しています。この区分の現金の増加が，第2区分の設備投資や第3区分の借入金返済等の有力な原資となるのです。

当期純利益1億円は現金1億円が入金されたということではありません。掛け取引が中心だからです。逆に，当期純損失も同額の現金が社外に流出したということではありません。そこで，キャッシュ・フロー計算書を作成するためには，損益計算書の収益や費用，貸借対照表の売掛金や買掛金等について，実際に現金の入りと出があったとみなすための作業が必要なのです。

最初に，損益計算書の税引前当期純利益（税引前当期純損失の場合もあります）を記載します。法人税・住民税・事業税を控除する前の当期純利益がすべて入金（現金収入）された，とみなすのです。ですから，プラスです。逆に，税引前当期純損失の場合は当該損失額がすべて現金支出された，とみなすのです。ですから，マイナスです。

これに，減価償却費を加えます。減価償却費は税引前当期純利益を計算する前にすでに費用として処理されていますが，実際には現金支出はなかったからです。固定資産を取得した最初の年度に現金は出ていきましたが，その後は現金の出はなく，適正な期間損益を計算するために固定資産の価値の減少を費用として処理しているだけだからです（53頁）。社外に流出しなかった分現金が残っているはずです。ですから，プラスです。

次に，貸倒引当金は受取手形や売掛金の将来の貸倒れに備えるものですが，その増加額とは，当期の貸倒引当金繰入額の前期と比べた増加額のことです（53頁の⑭の仕訳を見てください）。貸倒引当金繰入額も販売費としてすでに処理されていますが，減価償却費と同じように現金支出はなかったので，その増加額分現金が残っているはずです。ですから，これもプラスです。

さらに，当期と前期の貸借対照表から売上債権と棚卸資産それに仕入債務の増減額を調整します。この部分がわかりにくいところです。

売上債権とは，受取手形と売掛金のことです（100頁）。売上債権が前期に比し増加したということは，現金での回収が進まなかったので，その分現金が減少したとみなすのです。商品や製品，原材料や仕掛品のような棚卸資産が前期に比し増加したということは，取得に要した現金がそれらの資産に転換され固定化されてしまったので，その分現金が減少したとみなすのです。

つまり，両項目とも，増加額分現金が滞留してしまったので，その分現金が減少したとみなすのです。逆に，売上債権と棚卸資産が前期に比し減少したということは，その分現金が回収できたので，現金が増加したとみなすのです。

仕入債務とは，支払手形と買掛金のことです（107頁）。仕入債務が前期に比し増加したということは，支払いの延期で現金に余裕が生じたことを意味します。自由に使える現金がその分増加したとみなすのです。逆に，仕入債務が前期に比し減少したということは，決済のための現金支出が増加したので，その分現金が減少したとみなすのです。

そして，これらの関係を整理すると，次頁の**図表５－２**のようになります。

図表5－2　利益とカネのルール

	利　益	カ　ネ
・減価償却費 ・貸倒引当金の増加	↘	↗
・売上債権の増加 ・棚卸資産の増加 ・仕入債務の減少	↗	↘
・売上債権の減少 ・棚卸資産の減少 ・仕入債務の増加	↘	↗

（2） 投資活動によるキャッシュ・フロー

第2番目の「投資活動によるキャッシュ・フロー」は，設備投資，証券投資，融資の3つの事項に関する現金の流れを入りと出に分けて記載します。つまり，建物・機械装置等の有形固定資産の取得や売却，売買目的や経営支配目的のための株式の取得や売却，関係会社等への貸付けや回収によって，現金がどれだけ増減したのかを示すのです。

会社が成長段階にあり設備投資が旺盛であったり，新規事業へ積極的に取り組んでいる場合等は現金がどんどん出ていくので，投資活動によるキャッシュ・フローはマイナスになりがちです。

（3） 財務活動によるキャッシュ・フロー

第3番目の「財務活動によるキャッシュ・フロー」は，会社の営業活動と投資活動を維持するために，現金を，どのようにして，どれだけ調達し返済したのかを明らかにします。借り入れによる収入と返済による支出，社債の発行による収入と償還による支出，増資による収入，自己株式の取得による支出，配当金の支払額等が示されます。

（4） フリーキャッシュ・フローとは？

では，上の（1）営業活動によるキャッシュ・フローと（2）投資活動によるキャッシュ・フローとは，どのような関係にあるのでしょうか？

（1）と（2）の残高を足してみましょう。その合計額を**フリーキャッシュ・フロー**（「純現金収支」）といいます。経営者が「自由に使えるお金」という意味です。

例えば，営業活動によるキャッシュ・フローがプラス10億円，投資活動によるキャッシュ・フローがマイナス6億円の場合のフリーキャッシュ・フローは4億円です。このようにフリーキャッシュ・フローがプラスの場合には望ましい状況にあります。自社の営業活動で得た現金で投資活動に必要な現金を賄（まかな）えているからです。逆に，マイナスの場合には，投資活動のための現金を営業活動で得た現金で賄えていないということなので，不足分は主に借入金によって補わざるを得ません。借入金が膨らみ，支払利息も重荷です。

そして，フリーキャッシュ・フローがプラスの場合には，いろいろな方法が考えられます。通常は，借入金の返済に充てるでしょう。財務状況がより改善されます。また，自己株式の取得も考えられます。会社が自社の株式を買い取ってしまうので市場に出回る株式は少なくなり，“ROE”（Return on Equity，株主資本純利益率＝当期純利益÷株主資本）が高まります（分母にくる「株主資本」が少なくなるからです）。すると，株主からの資金を効率的に使っていると評判になり株価は上昇するのです。また，自己株式は株式交換によるM&A（Merger & Acquisition，合併・買収）の対価に活用することもできます。

このように，フリーキャッシュ・フローは，企業が営業活動とそれに必要な投資活動を行いながら生み出すことのできるキャッシュの大きさを示しており，企業価値を評価する観点からも注目されています。

なお，2022年度の日立グループとパナソニックグループの連結キャッシュ・フロー（CF）の状況は，次頁の**図表5－3** のとおりです。

●図表5－3　連結キャッシュ・フロー●

（単位：億円）

	日立グループ	パナソニックグループ
営業活動によるCF	8,270	5,207
投資活動によるCF	1,510	△3,440
フリーCF	9,780	1,767
財務活動によるCF	△11,429	△6,070

両グループともフリーキャッシュ・フローはプラス，財務活動によるキャッシュ・フローはマイナスです。日立は長期及び短期借入金の返済，自己株式の取得等に充て、パナソニックは主に長期及び短期借入金を返済しました。

4　キャッシュ・フロー計算書の有用性

このように，キャッシュ・フロー計算書を上から順番に見ていくと，

① 会社がどのような営業活動でどれだけの現金を稼いだのか

② その現金でどのような，そしてどれだけの投資をしたのか

③ 現金が余った場合は何にどれだけ活用したのか，足りなかった場合はどこからどれだけ調達したのか，　　　を一目（ひとめ）で読み取ることができます。

優良企業の場合は，営業活動によるキャッシュ・フローが“プラス”（営業成績好調），投資活動によるキャッシュ・フローが“マイナス”（積極的な投資），財務活動によるキャッシュ・フローが“マイナス”（借入金の返済等）という傾向が見られます。

そして，上の3つの区分によるキャッシュ・フローの残高を合計すると，**図表5－1**の「Ⅳ 現金預金の増加（減少）額」となり，これに「Ⅴ 現金預金期首残高」を加えると「Ⅵ 現金預金期末残高」となります。期末の現金預金残高は貸借対照表の現金及び預金と一致します。そこで，**キャッシュ・フロー計算書は「現金及び預金の増減明細表」**ともいえるのです。

5　損益計算書と貸借対照表とキャッシュ・フロー計算書の関係

確かに，キャッシュ・フロー計算書は有用です。

しかし，皆さん！　よく考えてください。

キャッシュ・フロー計算書には，会社の売上高や営業損益，経常損益，特別損益の状況は示されておりません。また，キャッシュ・フロー計算書では，会社が近い将来支払わなければならない流動負債の金額やその支払手段である流動資産の内容はわかりません。

したがって，会社の収益性（73頁）や安全性（94頁）を知るためには，損益計算書と貸借対照表，それにキャッシュ・フロー計算書を，それぞれ関連させて見ることが必要なのです。そこで，これらの３つの財務諸表は**基本財務諸表**と呼ばれているのです。

では，３つの財務諸表はどのような関係にあるのでしょうか。

次頁の**図表５-４**をご覧ください。

図表５-４は，第３章（84頁）で勉強した発生主義に基づく損益計算書を，現金主義に基づくキャッシュ・フロー計算書に変換することによって当該期間中の現金預金の流れを測定し，その増減残高と期首の現金預金残高の合計額が発生主義に基づく貸借対照表の現金預金であることを示しているのです。つまり，キャッシュ・フロー計算書は，現金主義を基軸に，損益計算書と貸借対照表を結ぶ“連結環”の役割を果たしているのです。

皆さん！　**これは極めて重要かつ有用な図表です**。もう一度ご覧ください。

そして，図表５-４の矢印を遡ってみましょう。出発点はどこでしょうか。

売上高です。基本財務三表の“アタマ”に位置するのです。つまり，利益の拡大も現金預金の増加も，売上げが源泉なのです。

●図表5－4　基本財務三表の相互関係●

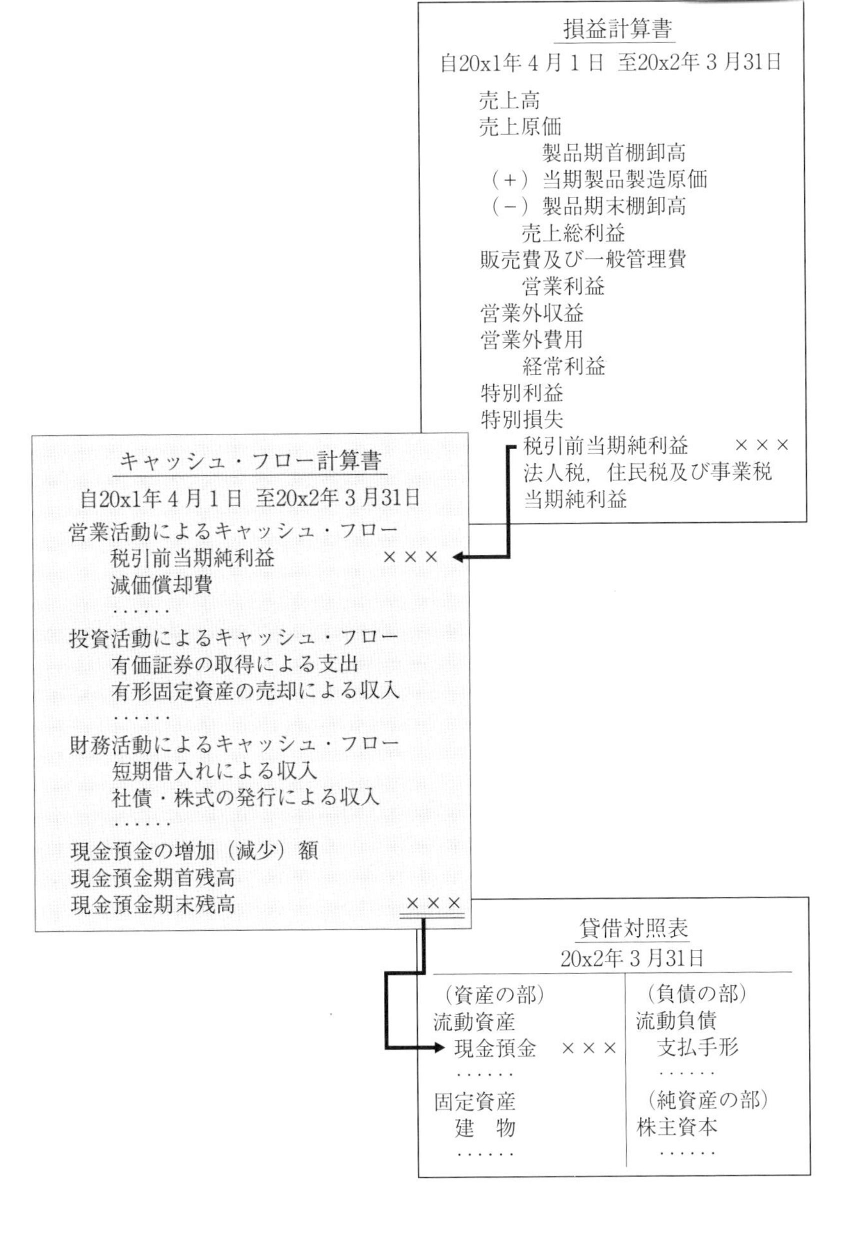

6 「点」が「線」になるのです

会社は将来に向かって活動しています。会社の成長力や将来性はどうなのか，皆さんの関心もここにあるはずです。これまでに学んだ損益計算書も貸借対照表もそしてキャッシュ・フロー計算書も，すべて過去のデータです。過ぎ去った状況を示しているにすぎないのです。

しかし，です。

数期間の財務諸表を横に並べると，「点が線になる」のです。もう一度言います。「点が線になる」のです。

売上高の線の先がどこを向いていますか？　右上ですか，右下ですか，右横ですか？

売上原価率（売上原価÷売上高）は下がっていますか？

営業利益や経常利益の動向はどうですか？

特別損益が連続して発生していませんか？

借入金は減っていますか？

利益剰余金は着実に増えていますか？

営業活動によるキャッシュ・フローはプラスが続いていますか？

〔ポイント〕

キャッシュ・フロー計算書について大切なことは，３区分（営業活動と投資活動と財務活動）における現金預金の流れとそれぞれの関係をつかむことです。

そして，損益計算書と貸借対照表とキャッシュ・フロー計算書の関係も理解しましょう。

さて，皆さん！　これまでに，損益計算書，貸借対照表，株主資本等変動計算書，キャッシュ・フロー計算書の４つの財務諸表について勉強してきました。274～275頁の**〔資料１〕財務ディスクロージャーと会計の仕組み**の実線を追いながら，４つの財務諸表の相互関係を再確認してください。

第6章
一般に公正妥当と認められる企業会計の基準とは？

会計公準とか，会計原則とか，会計基準とか，固いなぁ。聞いただけで憂鬱になってしまう。

その気持ちはわかります。でも，簿記１級に合格したとしても会計学が理解できたと早合点してはいけません。理論も原則も勉強しましょう。会計学も奥は深いのです。

そして，「一般に公正妥当と認められる企業会計の基準」が日本独自のものではなく，世界共通のものとなりつつあるのです。勉強するのに絶好のチャンスです。

1　企業会計の理論的な仕組み

53頁において，会社が所有する建物や機械装置，車両等の固定資産の価値の低下は減価償却費として認識しなければならないことを学びました。そこで，東京家電㈱は，20x1年４月１日に200万円で購入した自動車（耐用年数５年）の減価償却費を「定額法」で計算し40万円を計上しました。もし同社が「定率法」を採用していたならば，同じ自動車の取得年度の減価償却費は80万円（200万円×0.4）と計算されます（164頁の②）。

このような減価償却の方法は「会計手続」といわれますが，どのような会計手続が認められるかは，その手続が会計原則に準拠しているかどうかによって決まるのです。そして，会計原則は減価償却の方法として定額法も定率法もともに認めています。その理由は，「固定資産の取得原価は，その資産の消費に応じて各事業年度に費用として配分しなければならない」という会計原則（これを**費用配分の原則**といいます）に，２つの減価償却方法が合致しているからです（両方法とも耐用年数５年の減価償却費総額は，取得原価の200万円です）。

しかしながら，もし会社がその事業活動を停止すること，つまり解散を決めているならば，取得原価を将来の期間に配分すべしとする費用配分の原則は成立しないことになります。逆に言えば，この費用配分の原則という会計原則は，「企業活動は将来にわたって継続する」という前提条件（これを「会計公準」といいます）の上に成り立っているのです。

このように，減価償却についての定額法や定率法等の会計手続は費用配分の原則という会計原則に支えられ，その会計原則は企業活動の継続という会計公準をベースにしているのです。つまり，今日の企業会計を支える理論的な仕組みは，会計公準という土台の上に会計原則があり，会計原則に支えられて会計手続があるということです。

企業会計の理論的な仕組みは，**図表6－1**のように示すことができます。なお，（　）の付いた会計原則と会計基準については，すでに勉強しました。

●図表6－1　企業会計の理論的な仕組み●

会　計　手　続 （具体的な会計方法）	有価証券の評価方法 棚卸資産の評価方法 固定資産の減価償却方法　　等
会計原則・会計基準 （企業会計に関する根本原則）	期間損益計算の基本原則 　一致の原則（83頁） 　発生主義の原則（84頁） 　実現主義の原則（85頁） 　収益認識に関する会計基準（86頁） 　費用収益対応の原則（88頁） 資産評価の基本原則 　（原則）取得原価基準（120頁） 　時価基準（119頁） 　割引現在価値基準（119頁） その他の会計原則 　継続性の原則 　費用配分の原則 　重要性の原則（71頁）　　等 会計基準 　金融商品に関する会計基準 　棚卸資産の評価に関する会計基準 　固定資産の減損に係る会計基準 　リース取引に関する会計基準 　退職給付に関する会計基準 　税効果会計に係る会計基準　　等
会　計　公　準 （会計理論や会計実務の前提条件）	企業実体の公準 継続企業の公準 貨幣的測定の公準

2 会計公準

会計公準（accounting postulates）とは，会計理論や会計実務の基礎となる前提条件のことです。これには，企業実体の公準，継続企業の公準，貨幣的測定の公準の３つがあります。

これらの会計公準は，企業会計の慣行を分析し，理論的にも検討を加え，最も一般的な前提条件として導き出されたもので，「基本的会計コンベンション」（basic accounting convention）と呼ばれることもあります。

（1） 企業実体の公準

企業実体（business entity）の公準とは，企業はその出資者から独立し企業そのものとして存在する，という前提条件のことです。つまり，企業を独立した会計単位とみるのです。この公準によって，企業の資産と負債と純資産が識別され，〔企業資産＝企業負債＋企業純資産〕という等式も成立し，簿記を実行する主体が確立するのです。

企業実体は，通常，A商事株式会社やB製造株式会社というように異なる会社ごとに定められます。しかし，２つ以上の会社を１つの企業実体とみることもあります。それは，連結財務諸表を作成する場合です。例えば，日立の連結財務諸表（2023年３月31日現在）は，株式会社日立製作所と子会社696社を合体し１つの企業実体とみなして作成されたものです。

（2） 継続企業の公準

継続企業（going-concern）の公準とは，会計の主体となる企業はその経済活動を永久に継続する，という前提条件のことです。つまり，企業は合併や破産手続の開始等により解散する場合もありますが，その活動を無期限に続けるとするのです。したがって，企業は，期間を区切って，その間の事業活動を測定し報告するのです（83頁）。その期間は通常は１年です。なお，継続企業のことを“**ゴーイング・コンサーン**”といいます。

このように，継続企業の公準は企業会計における期間損益の根拠になる公準なので，この公準から派生した「企業会計はその活動を1年ごとの期間に区切って計算する」という**会計期間の公準**が用いられることもあります。

しかし，現実には，多額の損失計上や**債務超過**（負債が資産を上回り，純資産がマイナスの状態）等により，倒産の危機が迫っている企業も存在します。したがって，これらの企業に通常の財務諸表を開示させるだけではステークホルダーの判断を誤らせる危険性が高いのです。そこで，継続企業の前提に関する重要な不確実性が認められる場合には，経営者は，そのような状況とその対応策等について財務諸表に注記しなければなりません（財規8の27）。

（3）　貨幣的測定の公準

貨幣的測定（monetary-measurement）の公準とは，企業の事業活動は貨幣額によって測定される，という前提条件のことです。貨幣的測定が行われるのは，貨幣額が企業の事業活動を測定する共通の尺度だからです。

逆に言えば，企業活動のうち貨幣額によって測定できないもの，例えば，社長や従業員の能力等は企業会計の対象にはなりません。この意味から，貨幣的測定の公準は企業会計の対象や内容を限定するものともいえます。

そして，貨幣的測定の公準は，貨幣価値の安定を仮定しています。もし貨幣価値が変動するとの前提に立つと，共通尺度としての貨幣額で測定しても測定された資産や負債は意味をもたなくなるからです。

3　会計原則と会計基準

企業がその事業活動を金額で記録・計算・処理し，その結果を財務諸表によってステークホルダーに報告する場合，それらの会計行為は，定められた“ルール”に基づいて行われなければなりません。この場合のルールが，

一般に公正妥当と認められる企業会計の基準です（欧米では「一般に認められた会計原則」(Generally Accepted Accounting Principles）と呼ばれます)。

ここでの「一般に公正妥当と認められる」という意味は，社会的に承認されているということです。つまり，「一般に公正妥当と認められる企業会計の基準」は，企業会計に関する根本原則として社会的に承認されているということです。したがって，企業はこれに従わなければなりません。これに従わなければその財務諸表は会社の実態を示していない，ということになります。

ところで，**会計原則**とは，一般には財務諸表全体に係る原則と解されています。典型的には「企業会計原則」(1949（昭和24）年制定，最終改正1982（昭和57）年）です。企業会計原則は，一般原則，損益計算書原則，貸借対照表原則，注解から構成されています。

一方，最近公表される会計基準は，収益認識，金融商品，棚卸資産の評価，固定資産の減損，リース取引，退職給付，税効果等，財務諸表を構成する個別の項目に関する基準です。なぜなら，新種の取引や事象が発生した場合にも，該当する基準の改訂や廃止等を通して迅速に対応することができるからです。

そこで，現在では，会計原則に代わって**会計基準**という用語が用いられています。わが国の会計基準設定主体は，民間団体である財団法人財務会計基準機構（2001年設立）の内部機関である**企業会計基準委員会**です。同委員会は大学教授，産業界代表，公認会計士等15人と研究員約30人からなり，テーマごとの専門委員会も設置されています。

4 会計方針の開示と継続性の原則

「会計方針の開示」と「継続性の原則」は，企業にとってはもちろんのこと，財務諸表利用者である皆さんにとっても非常に重要な課題です。

（1） 会計方針の開示

会社が財務諸表作成のために採用している「会計処理の原則」と「会計手続」そして「表示の方法」のことを**会計方針**といいます。

会社の採用する会計方針は「一般に公正妥当と認められる企業会計の基準」に準拠するものでなければなりません。ところが，一般に公正妥当と認められる企業会計の基準は，１つの取引に対して複数の会計処理の方法や手続を認めています。

すでに16頁でＫ君が問題提起をしたように，日立とパナソニックが計上した引当金は５種類において異なっています。また，減価償却費の計算も定額法や定率法が採用されています。経営者の選択した会計処理方法によって財務諸表の数値は変動するので，財務諸表の会社間比較は単純にはできません。

そこで，一般に公正妥当と認められる企業会計の基準は，会社の採用した会計方針を財務諸表において注記させているのです。以下は，その一例です。

① 資産の評価基準及び評価方法

- 有価証券 ── 子会社株式及び関連会社株式については，移動平均法による原価法を採用しています（151, 157頁）。
- 棚卸資産 ── 商品については，「個別法による原価法（収益性の低下による簿価切下げの方法により算定）」を採用しています（156, 162頁）。

② 固定資産の減価償却の方法 ── 有形固定資産については定率法，ただし，建物については定額法（耐用年数15年～50年），無形固定資産については定額法を採用しています（163, 166頁）。

③ 引当金の計上基準

- 貸倒引当金 ── 一般債権については貸倒実績率（52頁）により，貸倒懸念債権（かしだおれけねんさいけん）等の特定債権については個別に回収可能性を検討し，回収不能見込額を計上しています（148頁）。
- 製品保証引当金 ── 製品の修理や保守サービスの支出に備えるため，保証期間内の費用見込額を，過去の実績を基礎に計上しています。

（2） 継続性の原則

「継続性の原則」とは，会社が一度採用した会計方針は毎期継続して適用すべきことを要求する会計原則のことです。

会計方針の適用を会社の自由に任せると，次のような問題が生じます。例えば，減価償却方法について，A年度は定額法を適用し，B年度は定率法に変更し，C年度では再び定額法を選択した場合には，A，B，C年度の財政状態や経営成績の期間比較が困難になるだけでなく，それ以上に利益操作の余地を与えることになります。減価償却費が経営者の思うままに計上されるからです。

そこで，経営者の利益操作を防止し，かつ，財務諸表の比較可能性を達成するために継続性の原則が必要とされるのです。継続性の原則は，適正な期間損益を算定するために不可欠な原則です。

ただし，継続性の原則のもとでも**正当な理由**があれば，会計方針を変更することも認められています。公認会計士による財務諸表監査を指導・監督する立場にある日本公認会計士協会は，「以下の５つの事項を総合的に勘案する」ことを条件に，会計方針の変更を容認しています（実務指針第78号）。

① 会計方針の変更が企業の事業内容または企業内外の経営環境の変化に対応して行われるものであること。

② 会計方針の変更が会計事象等を財務諸表に，より適切に反映するために行われるものであること。

③ 変更後の会計方針が一般に公正妥当と認められる企業会計の基準に照らして妥当であること。

④ 会計方針の変更が利益操作等を目的としていないこと。

⑤ 会計方針を当該年度に変更することが妥当であること。

そして，企業が正当な理由により会計方針を変更した場合には，「当該会計方針の変更の内容」「当該会計方針の変更を行った正当な理由」「財務諸表の主な科目に対する前事業年度における影響額」（従来の会計方針を継続適用した場合に比べて営業損益と経常損益，当期純損益がどれほど増加または減少したか）等について，財務諸表に注記しなければなりません（財規８の３）。

たとえ会計方針の変更は正当な理由によるものであると経営者が主張し，監査人がそれに同意したとしても，財務諸表利用者にとっては重大な問題です。そこで，財務諸表利用者に注意喚起するために注記を求めるのです。そして，監査人も，会計方針の変更が行われた旨を「強調事項」として監査報告書に記載しなければなりません（249，255頁）。

K君はこのような会計制度の現状についてはわかりましたが，何か割り切れない気持ちです（18頁）。なお，第9章の〔1〕「企業会計基準の弾力性と会計方針の継続性について」も是非お読みください。

以下，財務諸表を構成する主要な項目に関する「一般に公正妥当と認められる企業会計の基準」について説明します。現代会計の核心に迫ります。

5　受取手形と売掛金と貸付金の会計

11頁の日立の貸借対照表から同社の保有する売上債権（受取手形と売掛金）及び契約資産，それに貸付金を抽出すると，**図表6－2** のようになります。

図表6－2　日立の売上債権と貸付金

	日　立
売上債権及び契約資産	591,333（百万円）
短期貸付金	75,124
長期貸付金	362,011
資産合計	1,028,468（百万円）

このように，売上債権及び契約資産（100頁）は通常の営業活動に基づくものなので大きな金額です。貸付金も合計4,371億円と巨額です。

そして，日立の過去５年間の貸付金の推移は，**図表６－３** のとおりです。

図表６－３　日立の貸付金の推移

決算期	短期貸付金	長期貸付金	合　　計
2019.3	3,450（億円）	1,021（億円）	4,471（億円）
2020.3	3,165	566	3,731
2021.3	1,133	3,920	5,053
2022.3	1,140	3,471	4,611
2023.3	751	3,620	4,371

このように，短期借入金から長期借入金への変更は見られますが，長・短貸付金合計は平均4,500億円と横ばいで，長期貸付金の回収は進んでいません。

これらの債権は回収できず，貸倒損失となる場合もあります。そこで，貸倒見積額を算定し，それを「貸倒引当金」として債権から控除する控除する方式で（△を付ける）貸借対照表に表示します。すでに53頁で学びました。貸倒引当金は見積額なので，確定している債権から直接差し引くことはできません。

「金融商品に関する会計基準」は，以下のように定めています。

貸倒見積高の算定に当たっては，債務者の財政状態や経営成績等に応じて，債権を，「一般債権」（経営状態に重大な問題が生じていない債務者に対する債権），「貸倒懸念債権（かしだおれけねん）」（経営破綻には至っていないが，例えば現に債務の弁済がおおむね１年以上延滞している債務者に対する債権等），「破産更生債権等」（経営破綻または実質的に経営破綻に陥っている債務者に対する債権）の３つに区分し，その区分ごとに以下の方法により算定します。

① 一般債権については，債権全体または同種・同類の債権ごと（受取手形，売掛金，貸付金等）に，債権の状況に応じて求めた過去の貸倒実績率（52頁）等の合理的な基準により，貸倒見積額を算定する。

② 貸倒懸念債権については，債権額から債務者の提供する担保の処分見込額や信用保証協会（中小企業が金融機関から融資を受ける際にその債務を保証する公益法人）等の保証による回収見込額を減額し，その残額につい

て債務者の財政状態や経営成績を考慮して貸倒見積高を算定する。

③　破産更生債権等については，債権額から担保の処分見込額と保証による回収見込額を減額し，その残額を貸倒見積高とする。

日立の2023年３月31日現在の貸倒引当金は約89億円（流動資産88億円，固定資産１億円）と少額です。

6　有価証券の会計

有価証券とは，国債証券，地方債証券，社債券，株券等のことです。有価証券についての会計処理及び表示は，「金融商品に関する会計基準」に従って行われます。有価証券の時価評価は，現代会計のポイントです（121頁）。

（1）　有価証券の分類

有価証券は，保有目的によって，流動資産たる有価証券と固定資産たる有価証券に分類されます。流動資産に属するものは，時価の変動により利益を得ることを目的として保有する有価証券（「売買目的有価証券」），及び１年内に満期の到来する公債や社債等の債券を満期まで保有する目的で所有している場合だけです。これら以外の有価証券は固定資産に属します。

流動資産に分類されたものは**有価証券**の名称で，固定資産に分類されたものは**投資有価証券**の名称で貸借対照表に表示します（勉強済みです。100, 103頁）。

（2）　有価証券の評価

有価証券の評価基準は，以下のとおりです。

⑴　売買目的有価証券

売買目的有価証券は，時価で評価します。それは，この種の有価証券は売ろうと思えばいつでも売れるからです。評価差額（評価益または評価損）は，当期の損益として処理します（これも勉強しました。52頁）。

例えば，A社の保有する売買目的有価証券は取得価額1,000万円でしたが，決算日に1,200万円になったとします。すると，会社は貸借対照表の流動資産に表示される有価証券を1,200万円とし，損益計算書の営業外収益の区分に「有価証券運用損益200万円」を表示することになります。

この有価証券運用損益（評価益）は，法人税の課税対象となります。売却していなくとも評価益があれば，その分，税金を支払わなければなりません。

⑵ 満期保有目的の債券

満期保有目的の債券とは，満期まで保有する国債や社債のような債券のことです。これらの債券は，元本が保証され，満期までの約定利息（やくじょうりそく）（当事者間の契約によって生じる利息のこと）の受け取りを目的としています。したがって，債券の価値は満期までの金利の変動による影響を受けないので，取得原価で評価します。ただし，債券を額面金額（債券の券面に記載される金額のこと）より低い価額または高い価額で取得した場合には，償却原価法に基づいて算定された価額をもって貸借対照表価額とします。

償却原価法とは，取得原価と額面金額との差額を償還期に至るまで毎期，定額法等により貸借対照表価額に加減する方法です。額面金額より安く取得した債券を増額していく場合を“アキュムレーション”（accumulation），逆に金額金額より高く取得した債券を減額する場合は“アモチゼーション”（amortization）と呼びますが，両者を併せて償却原価法といいます。

例えば，期首に，10年後償還，年利２％の社債（額面1,000万円）を100円（発行時）につき95円で10万口（1,000万円÷100円）取得したとすると取得価額は950万円ですが，期末における評価額（貸借対照表価額）は，定額法によると955万円となります。５万円は「有価証券利息」として，損益計算書の営業外収益に表示します。

$$9{,}500{,}000\text{円} + \frac{100\text{円} - 95\text{円}}{10\text{年}} \times 100{,}000\text{口} = 9{,}550{,}000\text{円}$$

⑶　子会社株式及び関連会社株式 ――「関係会社株式」

親会社は，経営支配を目的に子会社株式を所有するので（104頁），たとえ子会社株式が市場価格を有していても自由に処分するわけにはいきません。それは，固定資産への投資と同様に考えられます。そこで，子会社株式については取得原価をもって貸借対照表価額とします。

そして，関連会社株式も，親会社が当該企業への影響力を行使するために長期間保有する株式なので（104頁），子会社株式と同様，取得原価で評価し貸借対照表価額とします。

図表1－5（11頁）で見るように，日立の所有する「関係会社株式」（子会社株式及び関連会社株式のこと。104頁）は３兆8,490億円と巨額で，その総資産に対する割合は64.7％と極めて高率です。親会社日立が連結子会社696社と関連会社267社等に出資し，グループの会社を統括しているのです（日立製作所有価証券報告書2022年度，８頁）。３年前の2020年３月末の「関係会社株式」は１兆6,014億円で，その総資産に対する割合は39.9％でしたが，さらに，関係会社株式を２兆2,476億円も追加取得し，その総資産に対する割合を24.8ポイントも高め，グループの事業の「選択」と「集中」を強化しているのです（78頁の関係会社４社の売却）。

⑷　その他有価証券 ―― 注目です

その他有価証券とは，売買目的有価証券，満期保有目的の債券，子会社株式及び関連会社株式のいずれにも属さない有価証券のことです。持ち合い株式（103頁）や長期的な利殖目的のために保有する株式等がこれに含まれます。

その他有価証券は時価で評価し，取得原価との評価差額は，以下の①または②のいずれかの方法により処理します。

①　評価差額（評価益と評価損）の合計額を貸借対照表の純資産の部に計上する。評価益も評価損も当期の損益としない。これを「全部純資産直入法」といいます。

その他有価証券は，事業上の必要性から保有するものであり，直ちに売買や換金を行うことを目的とするものではないので（この点が(1)の売買目的有価証券とは異なります），その評価損益を当期の損益として処理することは適切ではありません。そこで，損益計算書上の損益とはせず，貸借対照表の純資産の部の「評価・換算差額等」の区分に「その他有価証券評価差額金」という科目で表示します（114頁で勉強しました）。したがって，評価益は配当金や課税の対象にはなりません。

② 時価が取得原価を上回る銘柄に係る評価差額（評価益）は純資産の部に計上し，時価が取得原価を下回る銘柄に係る評価差額（評価損）は当期の損失として処理し，損益計算書に表示します。これを「部分純資産直入法」といいます。これは，保守主義の考え方（120頁）を考慮したものです。

日立は全部純資産直入法を採用し（個別注記表による），2023年３月末現在，「その他有価証券評価差額金 1,033億円」を計上しています（11頁）。

（３） 有価証券の減損 ── 時価が著しく下落した場合

有価証券の評価基準は上で説明したとおりですが，売買目的有価証券を除く固定資産に属する有価証券，つまり投資有価証券については，別のルールも適用されます（「金融商品に関する会計基準20項」）。

それは，「固定資産に属する有価証券の時価が著しく低下したときは，回復する見込みがあると認められる場合を除き，時価をもって貸借対照表価額とし，評価差額は当期の損失として処理しなければならない」というルールです。これを**有価証券の減損処理**といいます。

「時価が著しく下落した」とは，時価が取得原価の50％程度以上下落した場合です。時価の下落率がおおむね30％未満の場合は，著しく下落したには該当しません。そして，下落率が30％以上50％程度を下回る場合は，状況によっては回復可能性がないとして減損処理を要する場合もあることから企業の判断に委ね，個々の企業が著しく下落したと判定するための合理的な基準（例えば，下落率が30％以上は減損処理をするというような基準）を設定し，それに準拠して減損処理をすることになります（日本公認会計士協会「金融商品会計に関する実務指針」284項）。

〔設例〕 その他有価証券の評価

A社が決算日に所有する「その他有価証券」の状況は，以下のとおりである。

銘　柄	取得原価	時　価	備　考
M　社	5,000（万円）	5,500（万円）	
N　社	1,000	800	
O　社	20,000	8,000	回復可能性なし
P　社	10,000	6,000	回復可能性不明

以下のように処理します。

M社 ── 評価差額500万円（評価益）を「その他有価証券評価差額金」とする。

N社 ── 下落率は20％なので評価差額200万円（評価損）を，全部純資産直入法の場合は，他の「その他有価証券」の評価損益と合算して貸借対照表の「その他有価証券評価差額金」とする。部分純資産直入法の場合は，損益計算書の営業外費用の「その他有価証券評価損」とする。

O社 ── 下落率は60％で著しく下落しかつ回復の見込みなしと判断されるので減損処理をし，「その他有価証券評価損1億2,000万円」を損益計算書の特別損失とする。

P社 ── 下落率は40％であるが，A社の規程により著しく下落したと判定，減損処理をし，「その他有価証券評価損4,000万円」を損益計算書の特別損失とする。

7　棚卸資産の会計

すでに第4章で勉強したように（100頁），棚卸資産には，販売のために保有する商品と製品，製品を製造中の半製品と仕掛品，製品を製造するために消費される原材料や貯蔵品等が含まれます。また，証券会社が保有する販売目的の有価証券や不動産会社が所有する分譲目的の不動産等も棚卸資産です（94頁）。

ところで，日立の損益計算書（12頁）で見るように，また第3章で学んだように，損益計算書の冒頭に売上高が記載され，その売上高に対応して売上原価が表示されています。売上原価とは，商業の場合は販売された商品の取得原価のことであり，製造業の場合は販売された製品の製造原価のことです。売上原価の算定に当たっては，商品と製品の期末棚卸高（貸借対照表の次期繰越高）が求められます（48頁）。したがって，貸借対照表に記載される棚卸資産の会計は損益計算書の中心課題でもあるのです。

棚卸資産の会計は，①取得原価を決定すること，②その取得原価を売上原価と次期繰越高とに配分すること，③期末に残高を評価して貸借対照表の表示額を決定すること，という3つの課題があります。

（1）　棚卸資産の取得原価の決定

棚卸資産の取得原価は，購入代金に付随費用を加算した金額です。付随費用には，引取運賃，運送保険料，購入手数料，関税，検収費，保管費等が含まれます。

そして，仕入値引や仕入割戻（わりもどし）（リベート）を受けた場合には，その金額を購入代価から控除します。しかし，仕入割引は金利の性質を有するので，営業外収益として扱います。すでに第3章（72頁）で勉強しました。

（2）　取得原価を売上原価と次期繰越高とに配分

ところで，棚卸資産は，販売または製造のために倉庫から徐々に払い出されますが，１期間にその全部が払い出されるということはほとんどありません。したがって，取得した棚卸資産は，販売または製造のために払い出された部分と倉庫に残っている部分（在庫）とに区分されます。

商業を例とします。49頁の**図表２－５**をもう一度見ましょう。商業の場合には，ハコの左側の商品の取得原価（商品期首棚卸高と当期商品仕入高の合計額）は，右側の売上原価となる部分と資産として次期に繰り越される部分（商品期末棚卸高。貸借対照表の「商品」勘定）とに配分されます。

そこで，まず，商品の売上原価となる商品の払出高を計算しましょう。商品の払出高は，「払出数量×単価」で算出されます。

(1)　払出数量の計算

払出数量を計算する方法には，継続記録法と棚卸計算法の２つがあります。

継続記録法は，商品の種類ごとに在庫帳（商品有高帳）を準備し，受け入れ，払い出しのつど帳簿に継続して記録し，常に，受入数量と払出数量，両者の差異である在庫数量を帳簿の上で明らかにしておく方法です。この方法は，在庫帳の継続記録を基礎とするところから，継続記録法と呼ばれます。

棚卸計算法は，商品について期末に実地棚卸（48頁）を行い実際の棚卸数量（商品期末数量）を確かめ，〔商品期首棚卸数量＋当期商品仕入数量－商品期末棚卸数量＝商品当期払出数量〕によって，払出数量を算出する方法です。この方法は，実地棚卸を行って払出数量を計算することから，棚卸計算法と呼ばれます。

継続記録法では帳簿上の在庫数量は知ることができますが，実際の在庫数量はわかりません。棚卸計算法は計算は簡単ですが，帳簿がないので保管中の商品の盗難や紛失等による数量も払出数量に含められてしまうという欠点があります。

したがって，帳簿上の期末棚卸数量と実際の棚卸数量との差異を把握し，正確な払出数量を計算するためには，継続記録法によって記帳し，実地棚卸も必ず行わなければなりません。

そこで，設例の３月中の取引について，上の６つの棚卸資産の評価方法により売上原価と商品期末棚卸高を計算してみましょう。

〔設　例〕

３月１日	前月繰越	100 個	取得原価	単価	200 円
３月10日	仕　　入	50 個	取得原価	単価	215 円
３月15日	売　　上	70 個	売　　価	単価	250 円
３月20日	仕　　入	100 個	取得原価	単価	223 円
３月25日	売　　上	60 個	売　　価	単価	250 円

①　個別法

個々の商品ごとに実際の払出原価と期末棚卸高を計算する。例えば，３月15日の売上70個は前月繰越分から払い出され，また３月25日の売上60個は３月20日の仕入分から払い出されたことが記録されているとすると，以下のようになる。

売上原価 ＝（70個×200円＋60個×223円）＝ 27,380（円）

商品期末棚卸高 ＝（30個×200円＋50個×215円＋40個×223円）＝ 25,670（円）

② 先入先出法

	受	入		払	出		残	高	
	数量	単価	金額	数量	単価	金額	数量	単価	金額
3/1　繰越	100	200	20,000				100	200	20,000
3/10　仕入	50	215	10,750				100	200	20,000
							50	215	10,750
3/15　売上				70	200	14,000	30	200	6,000
							50	215	10,750
3/20　仕入	100	223	22,300				30	200	6,000
							50	215	10,750
							100	223	22,300
3/25　売上				30	200	6,000	20	215	4,300
				30	215	6,450	100	223	22,300
	合	計	53,050	売上原価		26,450	期末棚卸高		26,600

③ 総平均法

平均単価 ＝ (20,000円＋10,750円＋22,300円) ÷ (100個＋50個＋100個)

＝ 212.2 (円)

売上原価 ＝ 130個 × 単価 212.2円 ＝ 27,586 (円)

商品期末棚卸高 ＝ 120個 × 単価 212.2円 ＝ 25,464 (円)

④ 移動平均法

	受	入		払	出		残	高	
	数量	単価	金額	数量	単価	金額	数量	単価	金額
3/1　繰越	100	200	20,000				100	200	20,000
3/10　仕入	50	215	10,750				150	205*	30,750
3/15　売上				70	205	14,350	80	205	16,400
3/20　仕入	100	223	22,300				180	215**	38,700
3/25　売上				60	215	12,900	120	215	25,800
	合	計	53,050	売上原価		27,250	期末棚卸高		25,800

$$* \quad \frac{20,000円 + 10,750円 = 30,750円}{100個 + 50個 = 150個} = 205（円）$$

$$** \quad \frac{16,400円 + 22,300円 = 38,700円}{80個 + 100個 = 180個} = 215（円）$$

⑤　売価還元原価法

$$原価率 = \frac{期首商品原価 + 当期受入原価総額}{売上高 + 期末商品売価}$$

売上高 ＝（70個＋60個）× 単価 250円 ＝ 32,500（円）

期末商品売価 ＝ 120個 × 単価 250円 ＝ 30,000（円）

原価率 ＝（20,000円＋33,050円）÷（32,500円＋30,000円）＝ 0.8488

商品期末棚卸高（原価）＝ 30,000円 × 0.8488 ＝ 25,464（円）

売上原価 ＝ 商品期首棚卸高 ＋ 当期商品仕入高 － 商品期末棚卸高

＝ 20,000円 ＋ 33,050円 － 25,464円 ＝ 27,586（円）

⑥　最終仕入原価法

商品期末棚卸高 ＝ 120個 × 223（円）＝ 26,760（円）

売上原価 ＝ 商品期首棚卸高 ＋ 当期商品仕入高 － 商品期末棚卸高

＝ 20,000円 ＋（10,750円 ＋ 22,300円）－ 26,760円 ＝ 26,290（円）

以上を集計すると，以下のようになります。

評価方法	売上高	売上原価	商品期末棚卸高	売上総利益
個別法	32,500円	27,380円	25,670円	5,120円
先入先出法	32,500	26,450	26,600	6,050
総平均法	32,500	27,586	25,464	4,914
移動平均法	32,500	27,250	25,800	5,250
売価還元原価法	32,500	27,586	25,464	4,914
最終仕入原価法	32,500	26,290	26,760	6,210

売上高はいずれの方法でも32,500円（250円×70個＋250円×60個）ですが，売上原価と商品期末棚卸高は異なり，売上総利益も異なります。結果として，期間損益も異なります。したがって，事業年度ごとに棚卸資産の評価方法を変更すると，粉飾決算の原因ともなるのです。ですから，「継続性の原則」が重視されるのです（146頁）。

なお，日立は，製品・半製品・仕掛品については個別法または移動平均法，材料については移動平均法を採用しています（個別注記表による）。

（３）棚卸資産の期末評価

売上原価と期末棚卸高は上のような評価方法によって算定されますが，それぞれの金額がそのまま損益計算書と貸借対照表に表示されるわけではありません。通常は，棚卸減耗が発生し，また時価が変動しているからです。

(1) 棚卸減耗損

棚卸資産の帳簿上の期末数量と実地棚卸で判明した実際の在庫数量との間には差異があります。通常は帳簿上の数量が実際の在庫数量を上回っています。それは，在庫中や入出庫の際におけるミス，紛失，盗難，蒸発等の原因から生じるのです。その不足分を**棚卸減耗**といいます。

棚卸減耗が発生した場合は，減耗数量（帳簿数量－実際の数量）に会社が採用する評価方法（総平均法や移動平均法等）による払出単価を掛けて棚卸減耗損を計算し，棚卸資産の帳簿を減額しなければなりません。反対に実際の数量が帳簿数量を上回る時は，帳簿数量を実際の数量に修正します。

棚卸減耗損は，それが毎期反復的にかつ正常な数量で発生する場合には「売上原価」に含めます。売上原価の計算式（48頁）からして，棚卸減耗損を帳簿上の期末棚卸高から控除することによって自動的に売上原価に算入されます。それが異常な場合には，「特別損失」として損益計算書に表示します。

(2) 棚卸評価損

通常の販売目的で保有する棚卸資産の期末の時価が品質低下や市場価格の低下等によって帳簿価額（簿価）よりも下落している場合には，簿価を時価まで強制的に切り下げなければなりません。この**簿価切下げ**の方法により生じる減額を**棚卸評価損**といいます。

棚卸評価損は，棚卸減耗損と同じように帳簿上の期末棚卸高から控除することによって通常は売上原価に含まれるため損益計算書には表示されません。これに関して，日立は，会計方針の「資産の評価基準及び評価方法」において，「製品・半製品・仕掛品については，個別法または移動平均法に基づく原価法（貸借対照表価額は，収益性の低下に基づく簿価切下げの方法により算定）」と注記しています（個別注記表による)。

なお，重要な事業部門の廃止や災害等により臨時的に発生しかつ多額な場合の棚卸評価損は特別損失として扱います。

8　有形固定資産の会計

有形固定資産の会計は，減価償却と減損が中心課題です。そして，大型コンピュータや航空会社のジェット機等もリース取引です。

（1） 減価償却の意味と目的

固定資産の価値は利用や時の経過等のいろいろな原因によって次第に低下していきます。しかし，その価値の低下を正確に測定することは絶対にできません。そこで，便宜上，一定の方法を定めて，固定資産を使用するすべての会計期間にわたりその方法を規則的かつ継続的に適用し，計算された金額を価値の低下として捉え，固定資産の帳簿価額を減少させるのです。この手続を**減価償却**といいます。

減価償却の目的は，固定資産の取得価額を「費用配分の原則」（140頁）によって各期間に配分し，適正な期間損益を計算することにあります。つまり，固定資産は収益を獲得するために使用されるので，その価値の低下を減価償却費として費用に計上し，収益と対応させることによって，適正な期間損益を算定することができるのです。

減価償却費のうち，本社や営業・管理・販売部門に属する有形固定資産に係るものは販売費及び一般管理費に含まれます。工場建物や機械装置等のような製造部門に属する有形固定資産の減価償却費は，材料費や労務費等と同じ製造原価（製品原価）を構成します（第7章で検討します）。

（2）減価償却の計算要素

減価償却費を計算するためには，次の3つの要素が必要です。

① **取得原価** ―― 取得原価には，その資産の購入代価と，これを利用可能な状態にするまでに要した引取運賃や購入手数料，据付（すえつけ）費，試運転費等の付随費用も含まれます。

② **耐用年数** ―― これは，見積りによる固定資産の使用可能年数のことです。しかし，耐用年数をあらかじめ正確に見積ることは困難なので，実務では，「減価償却資産の耐用年数等に関する省令」（財務省令）が定める耐用年数（**法定耐用年数**という）を用いるのが一般的です。

③ **残存簿価** ―― 残存簿価とは，法定耐用年数経過後に残る固定資産の価値のことです。会計上は1円の価値があるとします。このことは，企業からすると，固定資産1円を残し，取得価額の全額を減価償却費として計上できるということです。

（3）減価償却費の計算方法

減価償却費の計算方法には，次のような方法があります。

① **定額法** ―― これは，〔取得原価÷耐用年数〕により毎期均等額を減価

償却費として計算する方法です。定額法は，固定資産の減価が時の経過を主因としている場合に最も合理性をもつ方法です。

なお，法人税法は，建物と構築物については定額法によるものと定めています（国税庁「減価償却のあらまし」No.2100，令和４年４月１日）。

② **定率法** ── これは，期首の「未償却残高」（未だ減価償却が行われていない部分のことで，取得価額からこれまでの減価償却費の累計額を控除した金額）に一定の償却率を掛けて計算する方法です。未償却残高が年々小さくなるので，減価償却費は年々逓減していきます。

$$\text{減価償却費} = \text{未償却残高} \times \text{一定の償却率}$$

$$\text{償却率} = (1 \div \text{耐用年数}) \times 2.0$$

③ **生産高比例法** ── これは，固定資産の生産高や利用高に応じて減価償却費を計算する方法です。「利用高法」ともいわれます。生産高比例法は，使用が減価の主因とみなされる場合に最も合理性をもつ方法です。例えば，鉱業用建物や機械装置，無形固定資産の鉱業権に適用できます。なお，航空機や自動車等についても理論上は適用可能ですが，税法は認めていません。

$$\text{減価償却費} = \text{取得原価} \times \frac{\text{各期の生産高（利用高）}}{\text{生産高予定総量（利用高予定総量）}}$$

以上の３方法のうち定額法と定率法が一般的です。いずれの方法であれ，一度採用した方法は継続することが原則です。日立は，有形固定資産については定額法を採用しています（個別注記表による）。

〔設例〕

今，ある機械（取得原価1,000万円，耐用年数10年）について，定額法と定率法によって減価償却費を計算すると，次頁の**図表６－４**と**図表６－５**のようになります。

図表6－4　定額法

（単位：千円）

年度	減　価 償却費	減価償却 累 計 額	未償却 残　高
0			10,000
1	1,000	1,000	9,000
2	1,000	2,000	8,000
3	1,000	3,000	7,000
4	1,000	4,000	6,000
5	1,000	5,000	5,000
6	1,000	6,000	4,000
7	1,000	7,000	3,000
8	1,000	8,000	2,000
9	1,000	9,000	1,000
10	999	9,999	1円

図表6－5　定率法

（単位：千円）

年度	減　価 償却費	減価償却 累 計 額	未償却 残　高
0			10,000
1	2,000	2,000	8,000
2	1,600	3,600	6,400
3	1,280	4,880	5,120
4	1,024	5,904	4,096
5	819	6,723	3,277
6	655	7,378	2,622
7	655＊	8,033	1,967
8	655	8,688	1,312
9	655	9,343	657
10	656	9,999	1円

（注）**図表6－5**の定率法について，第1年度～第6年度は，耐用年数10年の償却率0.200を適用する。第7年度は，耐用年数到来時に未償却残高が存在しないように，改訂償却率0.250を適用し，以後均等償却に切り替える。第10年度の減価償却費は1円を残し656とする。

両表を比較すると，取得価額の50％を償却するのに定額法は5年を要するのに対し，定率法はほぼ3年で済み，5年経過時点では定額法が取得価額の50％（5,000千円÷10,000千円）を償却したのに対し，定率法は67％（6,723千円÷10,000千円）も償却したことになります。

このように，定率法は，定額法と比べて耐用年数の初期に多額の減価償却費を計上し，固定資産に投下された資金を早期に回収する効果をもつので，陳腐化による減価が発生することの多い機械装置等に適する方法です。

上の下線部分について説明します。減価償却費は費用として計上されますが，給料や光熱費等と違って現金が社外に流出しません。減価償却を実施することにより，企業内にはそれに相応する額の資金が留保されることになります。

つまり，その分の投下資金が回収されたと解することができるのです（132頁を参照のこと）。減価償却が有するこのような資金増加を，**減価償却の自己金融効果**と呼びます。

（4） 減価償却累計額の表示

減価償却に関する簿記上の処理法として直接法と間接法があることについては第2章で勉強しましたが（53頁），間接法においては，以下のように**減価償却累計額**が発生します。

（借方） 減 価 償 却 費 ××× （貸方） 減価償却累計額 ×××

各期の減価償却費は償却完了時まで「減価償却累計額」と呼ばれる勘定に累積され，取得原価からこの減価償却累計額を控除する形で未償却残高が表示されます。つまり，貸借対照表には，原則として**図表6－6**のように，有形固定資産の科目別に減価償却累計額を控除する形式で記載します（財規25）。

なお，各資産の金額から減価償却累計額を直接控除し，各資産の残額を表示する直接法の場合には，減価償却累計額を注記する必要があります（財規26）。

●図表6－6 減価償却累計額の表示（間接法）●

建　　物	2,000	
減価償却累計額	△　800	1,200
機械装置	3,000	
減価償却累計額	△ 1,400	1,600

（5） 無形固定資産の償却

無形固定資産（102頁）についても，その取得原価をその価値が有効に継続すると考えられる期間にわたって配分します。毎期の減価償却費の計算は，耐用年数経過後の価額を0として，税法が規定した期間内に（例えば，特許権は8年，実用新案権は5年，意匠権は7年，商標権は10年，自社の研究開発用及び市場販売用のソフトウェアは3年），一般には定額法で行います。のれん

（103頁）は20年以内の償却です。

各無形固定資産の金額から減価償却累計額を直接控除し，各資産の残高を貸借対照表に表示します（財規30）。

（6） 修繕費と改良費の違いは？

固定資産を使用している途中で，修繕したり改良したりすることがあります。固定資産に関係する支出のうち，その固定資産の使用可能期間（耐用年数）を延長させたり，あるいはその価値を増加させたりする部分に係る支出のことを**資本的支出**といいます。資本的支出は固定資産の簿価に加算されます。

一方，固定資産の簿価に含まれず費用（修繕費）として処理される支出を**収益的支出**といいます。

例えば，耐用年数15年の機械装置を10年経過したところで1,000万円をかけて修理し，その結果，さらに8年使えるであろうと予測されるならば，耐用年数が3年延長されたことになります。すると，以下の算式により，375万円を資本的支出とし資産（機械装置）に加え，残りの625万円を修繕費とします。

$$1{,}000\text{万円} \times \frac{8\text{年}-\text{本来の残存耐用年数}5\text{年}}{\text{修理後の残存耐用年数}8\text{年}} = 375\text{万円}$$

しかし，資本的支出と収益的支出の区分は，実際問題としてはそんなに簡単ではありません。そこで，税法は，1回の修理や改良等の金額が20万円未満の少額の場合やその修理や改良等がおおむね3年以内の期間を周期として行われる場合等の費用は，修繕費として処理することを認めています（法人税基本通達7-8-3～7-8-5）。

（7） 固定資産の減損

固定資産の減損会計とは，本社の建物や工場の生産設備等の事業用資産と賃貸ビル等の投資資産，そして企業買収や合併時に計上した「のれん」等の無形固定資産の価値が下落した時に帳簿価額を減額し，損失処理を義務付ける会計のことです。

固定資産の減損処理の目的は，固定資産の収益性の低下を帳簿価額に反映することです。つまり，固定資産の過大な帳簿価額を減額し，将来に損失を繰り延べないために行われるのです。この考え方は，棚卸資産の評価損を次期に繰り延べないために簿価を強制的に切り下げることと同じです（162頁）。減損会計は企業に極めて大きな影響を及ぼしている会計基準ですが，皆さんはその会計的仕組みを理解すれば十分です。

減損会計は，固定資産の収益性が低下していないかどうかを判定するので，キャッシュ・フロー（純現金収入）が重要な“カギ”になります。減損会計の手続（５段階）は，次のとおりです（「固定資産の減損に係る会計基準」）。

第１は，会社が所有する固定資産を，キャッシュ・フローを生み出す単位ごとにグルーピングすることです。例えば，事業部や事業所等を単位とします。

第２は，それぞれの単位に属する固定資産に「減損の兆候」があるかどうかを判定します。例えば，電機メーカーの自動車機器事業部において，損益計算書の営業利益（**図表３-１**，68頁）が過去２期連続して赤字の場合や事業の稼働率が著しく低下している場合，事業規模の縮小が検討されている場合等は減損の兆候があるとします。

第３に，その自動車機器事業部の固定資産について「減損損失を認識」するかどうかを判定します。これは，同事業部の生み出すと予想される将来キャッシュ・フローの総額（割引前）と帳簿価額（取得原価から減価償却累計額を差し引いた現時点での帳簿上の価額のこと）を比較することにより，キャッシュ・フローの総額が帳簿価額を下回る場合には減損損失を認識します。

第４に，減損損失を認識した自動車機器事業部に属する固定資産の帳簿価額を回収可能価額まで減額します。これを「減損損失の測定」といいます。固定資産の回収可能価額の算定に当たっては，会社は固定資産への投資を売却または継続使用のいずれか有利な方法によって回収するので，①正味売却価額（売却時価から処分費用見込額を控除した額）と，②継続使用による使用価値（将来キャッシュ・フローの割引後の現在価値，119頁）のうち，いずれか高い方の金額とします。

第5に，減損損失を損益計算書の特別損失の区分に表示します。

なお，減損損失の戻入(もどしいれ)はできません。つまり，減損後に固定資産の価値が上がっても簿価を引き上げることはできません。

〔設例〕　減損損失の算定

ある事業部の機械装置（取得原価1,000万円，耐用年数5年，定額法償却，減価償却累計額400万円）について減損の兆候が見られた。将来キャッシュ・フローは残存耐用年数3年の各年につき100万円（機械装置の利用による現金売上高から現金支出高を控除した額），機械装置の使用後の処分価格は0円と見込まれた。この機械装置の現時点での正味売却価額は200万円である。将来キャッシュ・フローの現在価値を計算するための割引率は年10％とする。

以下のように処理します。

①　割引前のキャッシュ・フローは300万円であり，帳簿価額600万円（取得原価1,000万円－減価償却累計額400万円）を下回るので，減損損失を認識します。

②　将来キャッシュ・フローの割引後の現在価値は，以下の算式により248万6,850円です。

$$\frac{1,000,000}{1+0.1}+\frac{1,000,000}{(1+0.1)^2}+\frac{1,000,000}{(1+0.1)^3}=2,486,850$$

③　割引現在価値248万6,850円を機械装置の帳簿価額（回収可能価額）とするために，現在の帳簿価額600万円からその差額351万3,150円を控除し，同額を減損損失として損益計算書の特別損失の区分に表示します。

（借方）減　損　損　失 3,513,150　（貸方）機　械　装　置 3,513,150

〔教員の立場〕

講義中，学生からこういう質問が出るとうれしい，という一例です。

学生Ａ ── 固定資産の減価償却と減損会計はどう違うのですか？

「減価償却は，固定資産（土地等を除く）の価値の減少を年度ごとに規則的に費用処理していくことです。つまり，固定資産の取得価額を毎期，費用として配分していくことです。これに対し，減損会計は，固定資産の収益性を毎期見直し，将来に得られるキャッシュ・フローと帳簿価額を比較して損失を計上するかどうかを決めることです。将来キャッシュ・フローの現在価値が帳簿価額を下回っている場合に，臨時的に減損損失を計上します」

学生Ｂ ── 有価証券の減損処理と固定資産の減損処理はどう違うのですか？

「企業の資産の価値は，いろいろな要因によって変動します。資産の価値が大きく低下し，その帳簿価額を下回った状態を，資産に**減損**が生じたといいます。したがって，保有する有価証券についても，また，所有する固定資産についても，そのような状態にある場合は『減損』という用語が使用されるのです。いずれも帳簿価額を引き下げるという点では同じです。

有価証券の場合は，時価と帳簿価額を比較して減損を認識し測定します。損益計算書には，多くの場合，「関係会社株式評価損」とか「投資有価証券評価損」として特別損失の区分に表示します（12頁）。保有する有価証券が上場株式であれば市場価格という明確な価格が存在しますが，非上場の会社の有価証券の評価はかなり難しく主観的判断が伴います。

他方，建物や工場，のれん等の固定資産の減損会計は，固定資産の収益性が低下し，投資額を回収する見込みがなくなったときに，帳簿価額を回収可能価額まで減額する会計処理です。ここで収益性の低下とは，固定資産の利用による将来キャッシュ・フローの現在価値が帳簿価額（簿価）を下回っている状態のことです。土地については近隣の直近の取引価額や固定資産税等を参考にキャッシュ・フローを計算することができますが，機械装置等の利用による将来キャッシュ・フローの計算は難しいですね。なお，減損後に固定資産の収益性が上昇し帳簿価額を上回ったとしても，実現した利益ではないので損益計算書に含めることはできません。

このように，両者の主な違いは，評価基準が時価か，将来キャッシュ・フローの割引現在価値かの違いにあります」

（８）リース資産

リース取引とは，特定の物件の所有者である貸し手（レッサー）が，その物件の借り手（レッシー）に対し合意された期間（リース期間）にわたり当該物件を使用して利益を得る権利を与え，借り手は，合意された使用料（リース料）を貸し手に支払う取引のことです。

⑴　リース取引の会計上の分類

リース取引は，会計上の観点からは，ファイナンス・リース取引とオペレーティング・リース取引に分類されます（「リース取引に関する会計基準」）。

ファイナンス・リース（finance lease）取引とは，借り手はリース期間中に途中解約できない，借り手がリース物件に係るコスト（取得相当額や維持費等）をすべて負担する等の契約に基づくリース取引のことです。このような取引は，実質的にはリース物件の借り手が貸し手から融資を受けてその資金で物件を購入し，借入金の元利合計をリース料として分割払いしているということです。そこで，ファイナンス・リース取引と呼ばれるのです。

一方，オペレーティング・リース（operating lease）取引とは，ファイナンス・リース取引以外のリース取引をいいます。

⑵　会計処理と表示

ファイナンス・リース取引は，賃貸借取引ではなく売買取引として処理しなければなりません。つまり，借り手は，「リース資産」を自己の有形固定資産として貸借対照表に表示するとともに，リース期間にわたってリース料を払い続ける義務を負うので，これを「リース債務」として負債に表示します。リース資産については決算ごとに減価償却（リース期間定額法）を行い，また，リース料を支払うたびに，リース債務の元金の返済と利息が発生します。

物件の借り手の立場で，そのプロセスを仕訳してみましょう。

① リース開始日

(借方)	リース資産	×××	(貸方)	リース債務	×××

② 決算日

(借方)	減価償却費	×××	(貸方)	減価償却累計額	×××

③ リース料の支払時

(借方)	リース債務	×××	(貸方)	現金預金	×××
	支払利息	×××			

④ リース物件の返却時

(借方)	減価償却累計額	×××	(貸方)	リース資産	×××

そして，ファイナンス・リース取引に係るリース資産については，その内容と減価償却の方法を注記します（財規８の６）。

一方，オペレーティング・リース取引は，通常の賃貸借取引として会計処理されます。そこで，借り手はリース料を支払った時に，以下の仕訳をします。

(借方)	支払リース料	×××	(貸方)	現金預金	×××

ただし，オペレーティング・リース取引についても，ファイナンス・リース取引と同じように会計処理・表示すべきことが2026年４月以降適用される予定です。これは，オペレーティング・リース取引についても物件の使用権があるため，その使用権を資産として計上すべきという考え方に基づくものです。

9 引当金の会計

16頁の**図表１－７**で見たように，日立とパナソニックの貸借対照表には，貸倒引当金や製品保証引当金，退職給付引当金等７種類の引当金が表示されています。K君は，「会社は自由に引当金を計上できるのだろうか」と疑問をもちました（16頁）。

（1） 引当金とは？

一番ポピュラーな貸倒引当金を取り上げましょう。

第2章で指摘したように，売掛金が回収できないことを**貸倒れ**といい，その損失を**貸倒損失**といいます（52頁）。

例えば，当期の20x1年度に掛け売りを行えば，収益の発生として売上高が，資産の増加として売掛金が20x1年度に計上されます。ところが，売掛先が次期の20x2年度に倒産し売掛金が貸倒れとなったとすると，売掛金を貸倒損失として処理し（(借方）貸倒損失　（貸方）売掛金)，20x2年度の損益計算書に貸倒損失を計上します。問題はなさそうです。

ところが，そうはいかないのです。

今日の企業会計が1年間の損益の算定を課題にしていることについては第3章で検討しました（83頁）。それは，同一期間内に発生した収益と費用を対応させその期間の損益を算定するということです。20x1年度に収益（売上高）を計上し翌20x2年度に損失（貸倒損失）を計上するということは，期間的な対応がなされていません。なぜならば，20x2年度に貸倒れが発生したそもそもの原因は20x1年度の売上げにあるからです。そこで，これも第3章（88頁）で勉強したように「費用収益対応の原則」により，20x1年度の売上高に対応する売掛金の貸倒損失を20x1年度に認識しなければならないのです。売掛先が倒産するまで待って，貸倒損失を計上するのではないのです（この下線部分が初心者にはなかなかわかりにくいところです）。

しかし，20x1年度末時点においては売掛金の貸倒れが発生するかどうかわかりません。当然，貸倒損失額も不明です。そこで，**企業会計基準は，売掛先の財政状態や経営成績等を考慮して売掛金の貸倒見積高を推定し，その金額を貸倒損失ではなく「貸倒引当金繰入額」いう科目で，掛け売りが行われた年度の費用（販売費。金額が重要な場合には特別損失）に計上することを要求しているのです。同時に，同額の貸倒引当金を，将来の資産の減少をもたらす負債として認識するのです**（(借方）貸倒引当金繰入額　（貸方）貸倒引当金)。

貸倒見積高の算定に当たっては，会社の有する債権を，「一般債権」，「貸倒懸念債権」，「破産更生債権等」の３つに区分し，その区分ごとに貸倒見積高を算定します。すでに148頁で勉強しました。

そして，次期以降に貸倒れが発生した場合は，貸倒引当金と売掛金を相殺するのです（(借方）貸倒引当金　(貸方）売掛金)。したがって，当該年度には貸倒損失は発生しないことになります。

なお，貸倒引当金は負債ですが，売掛金から控除する方式（△を付ける）で資産の部に表示し，その残高が売掛金の回収可能額となります（53頁)。

再確認します。引当金といっても，将来の費用や損失の発生に備えて預金として積み立てておくことではありません。引当金の「金」を取って，「引き当てた，費用処理をした」ということです。

（２） 引当金のポイントは「費用」計上にある

引当金は，以下の仕訳を通じて貸方に現れる項目です。

（借方）○○引当金繰入額　×××　（貸方）○○引当金　×××

貸方の「○○引当金」は，会社の将来の経済的負担を表す負債です。

例えば，日立やパナソニックの貸借対照表に見られる「製品保証引当金」は，販売した製品に故障や欠陥が生じた場合には無料で修理や補修を行わなければならないという義務（将来の経済的負担）を決算時に負債として認識したものです。

しかし，重要なことは，引当金の本質は借方の「○○引当金繰入額」にあるということです。つまり，将来発生する費用（または損失）のうち当期にその原因がある部分を当期の販売費（金額が大きい場合は特別損失）として計上するということです。負債としての「○○引当金」は，費用計上に伴う付随的な結果にすぎないのです。

上の例では，「製品保証引当金繰入額」がポイントです。当期に製品を売り上げたので顧客への製品保証の義務が発生したのですが，収益（売上高）が当期に実現したので故障による無償修理等の将来の費用（または損失）も，「費用収益対応の原則」により当期に計上しなければならないのです。

つまり，引当金も，「○○引当金繰入額」を費用（または損失）に計上することを通して，適正な期間損益を算定するためにあるのです。

そこで，引当金は，以下の4つの要件をすべて満たす場合にのみ計上することができます。

① 事業年度末において，将来の特定の費用または損失の発生が見込まれること。

② その将来の費用または損失の発生が当期またはそれ以前の事象に起因するものであること。

③ 見込まれた特定の費用または損失に係る事象の発生の可能性が高いこと。

④ その金額を合理的に見積ることができること。

では，製品保証引当金はこれらの要件を満たしているのでしょうか。

① 販売した製品の故障による無償修理等の費用（アフターサービス費用）が将来発生することが見込まれる。

② 製品保証に係る費用発生の原因は当期またはそれ以前の製品の販売にある。

③ 製品保証という事象が発生する可能性は高い。

④ 製品保証に係る金額は過去の経験に照らして合理的に見積ることができる。

このように，製品保証引当金は上の4つの要件をすべて満たしています。したがって，正当な引当金であると判断され，製品保証引当金繰入額は費用として認められるのです。

では，大地震が発生した場合の損失に備えて地震損失引当金を計上することはできるのでしょうか。それは，要件①には合致しますが，②③④の要件には該当しないので，計上することはできません。

K君は会社が自由に引当金を計上することはできないことを知りました。

（3） 引当金の種類と区分表示

引当金は，その性質上，特定の資産から控除される引当金と負債に含まれる引当金に区別されます。

貸倒引当金は前者の例であり，受取手形や売掛金等から控除することによって各債権の回収可能価額を評価しているので**評価性引当金**と呼ばれます。これには，関係会社等に対する投資に係る損失に備えるための投資損失引当金も含まれます。

他方，負債として認識される引当金は**負債性引当金**と呼ばれます。これは，法律上の「条件付債務」のことで，特定の条件が満たされた時に支払義務が確定する債務です。例えば，次に取り上げる退職給付引当金は従業員の退職という条件が満たされたことによって一定の退職金の支払義務が確定するという条件付債務です。日立の関係会社事業損失引当金も，関係会社の事業に係る損失が発生した時に親会社が負担するという条件付債務です（11頁）。上で説明した製品保証引当金も条件付債務です。

そして，引当金も，通常1年内に使用されることが見込まれるのか，1年を超えて使用されるのかにより，流動負債と固定負債に区分し表示します。

従業員への賞与の支給に備えるための賞与引当金，商品の販売促進のために支出される予定の売出費用や販売手数料等に係る販売促進引当金，通常の製品保証引当金は流動負債です。

他方，退職給付引当金や関係会社事業損失引当金は，1年を超える範囲で使用されるため固定負債に表示します。

次節以降の「退職給付会計」と「税効果会計」は，欧米の先進国との調和の観点から導入された重要な会計基準です。

10　退職給付会計

“たいしょくきゅうふ”という言葉は耳慣れないですね。

退職給付とは，退職以後に従業員に支給される給付をいい，退職時に支払われる退職金（正しくは「退職一時金」という）と退職後に給付される年金（「企業年金」）のことです。

退職金や年金は収益を上げるために従業員が提供した労働の対価として支払われる賃金の後払いと一般に解されているので，企業は，従業員が働いた期間にそれらを費用として認識しなければなりません。つまり，企業は，当期に負担すべき金額を費用（退職給付費用）として計上し，同時に，将来の支払額を負債（退職給付引当金）として認識しなければならないのです（「退職給付に関する会計基準」）。

（1）　退職給付引当金の計算

まず，退職給付引当金から説明します。

次頁の**図表6－7**をご覧ください。そして，矢印に注目しましょう。

① 退職給付見込額 ── 最初に，企業は将来支払わなければならない退職給付の総額を計算する必要があります。この支払予定額を「退職給付見込額」といいます。退職給付見込額は，従業員の退職率や予定昇給率等を基礎に計算するので複雑です。そこで，この計算は通常，信託銀行や生命保険会社等に属する「保険数理士」（アクチュアリー，actuary）という専門家が行います。

例えば，定年までの勤続年数30年，現在までの勤続年数20年のA従業員の退職給付見込額を1,500万円とします。

② 退職給付見込額のうち当期までに発生した額 ── 次に，退職給付見込額のうち当期までに発生していると認められる額を算定します。退職給付見込額は従業員が働いた全期間に対する報酬なので，企業が現時点で支払

●図表6－7　退職給付引当金の計算プロセス●

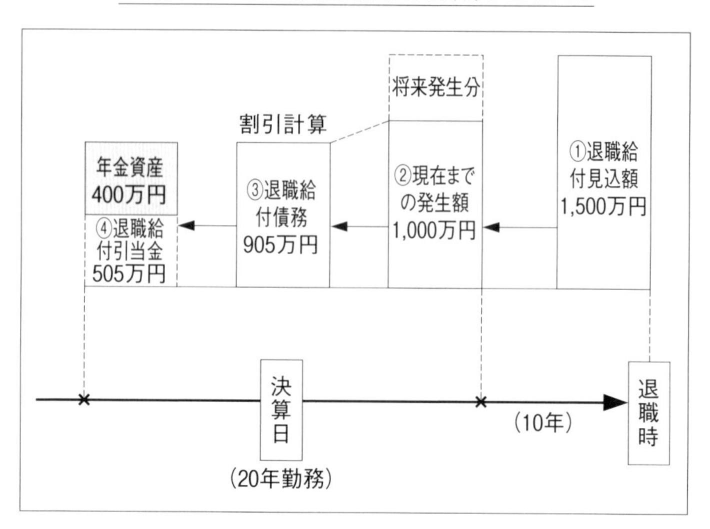

義務として認識しなければならないのは，退職給付見込額のうち従業員が働いた期間に係わる部分だからです。

A従業員の場合，企業が現時点で負債として認識しなければならないのは20年間分の1,000万円〔1,500万円×(20年÷30年)〕です。

③　退職給付債務 ── さらに，この例では退職給付の支払いは10年後なので，負債として認識した1,000万円は現時点ではいくらかを割引率を用いて算出します。退職給付見込額のうちすでに従業員が働いた期間に対応する部分を現在価値に割り引いたものを**退職給付債務**といいます。

割引率については119頁で説明しました。割引率を2％とすると10年後の1,000万円の現在価値は820万円です。割引率を1％とすると905万円です。このように，割引率が低いほど現時点の退職給付債務は大きくなります。割引率を決める際に考慮される長期国債の利回りが低下しているので，企業にとっては負担が増えます（日本国債10年，年利回り0.645％，2023年8月31日現在)。下線部分は重要です。なお，退職給付債務は計算上のものなので貸借対照表には表われません。

④　退職給付引当金 ── 退職給付債務が確定しました。しかし，これがそのまま退職給付引当金となるのではありません。企業年金制度を採用している企業は年金資産を保有しています。「年金資産」とは，退職給付のための原資にすることを目的に企業が設立した年金基金に対して企業が払い込んだ掛け金によって，年金基金が購入した有価証券等のことです。年金基金が年金資産を売却した資金で退職給付を支払うので，企業の退職給付の支払義務はその分少なくなります。

そこで，退職給付引当金の計算に当たっては年金資産を控除するのです。年金資産は株式等の有価証券で構成されているので，時価で評価しなければなりません。つまり，〔退職給付引当金＝退職給付債務－年金資産（時価評価）〕となります。この算式から，年金資産が退職給付債務を上回っていれば，企業は年金給付に係る債務を負わず，退職給付引当金は発生しません（上回っている場合は，その部分を「前払年金費用」として貸借対照表の「投資その他の資産」に表示します）。つまり，**退職給付引当金**は，年金資産が退職給付債務を下回っている場合のその差額のことで，退職給付債務に対する積み立て不足額のことです。多くの企業では，この積み立て不足が常態化しているので，貸借対照表の負債の部（固定負債）に退職給付引当金が表示されているのです。

例えば，A従業員に係わる期末の年金資産が400万円（時価）とすると，「退職給付引当金＝年金の積み立て不足」は，505万円（退職給付債務905万円－年金資産400万円。割引率１％とする）となります。

なお，年金資産は退職給付の支払いのためにのみ使用されるので，企業が収益獲得のために保有する一般の資産とは異なります。したがって，貸借対照表には表われません。

貸借対照表（11頁）で見るように，2023年３月期，日立は「退職給付引当金752億円」を計上しています。

(2) 退職給付費用の計算

損益計算書の販売費及び一般管理費に含まれる「退職給付費用」は，基本的には，「勤務費用」と「利息費用」と「期待運用収益」から構成されます。

勤務費用とは，退職給付見込額のうち当期の労働の対価として発生したと認められる額のことです。例えば，上のＡ従業員のように30年の勤務期間に対して退職給付1,500万円が支払われる場合，各期の退職給付発生額は50万円（1,500万円÷30年）です。この50万円についても割引計算を行う必要があり，割引率１％と残存勤務期間10年で現在価値に割り引くと，Ａ従業員の当期の勤務費用は45万円（50万円×10年の割引率１％の係数0.90）となります。

利息費用とは，期首時点における退職給付債務について，期末までの時の経過により発生する計算上の利息をいいます。〔利息費用＝期首の退職給付債務×割引率〕で計算します。上の例では，期首の退職給付債務は845万円です。これは，19年間の退職給付見込額950万円（50万円×19年）に残存勤務年数11年（当期１年と残り10年）の割引率１％の係数0.89を掛けて算出されます。したがって，当期の利息費用は８万4,500円（845万円×１％）です。

期待運用収益とは，年金資産を運用することにより当期に得られると期待される収益のことです。これにより費用負担額が軽減されるので，退職給付費用から控除します。年金資産の期首評価額に期待収益率を掛けて計算します。期首の年金資産350万円，期待収益率２％とすると７万円（350万円×２％）です。

これらの結果，当期におけるＡ従業員に係る退職給付費用は46万4,500円（45万円＋８万4,500円－７万円）となります。

なお，現実には，退職給付額を引き上げたり引き下げたりします。また，退職給付見込額の算定に必要な退職率や予定死亡率，予定昇給率等の見積数値と実績との差異や資産の期待運用収益と実際の運用成果との差異が発生します。退職給付費用の算定に当たっては，これらの状況も考慮しなければなりませんが，ここでは省略します。

11　税効果会計

株式会社は，その所得（企業会計上の利益のこと）に対して課税される税金として，法人税，住民税，事業税という3種類の税金を納付しなければなりません。法人税は，法人税法に従って計算した課税所得額に所定の税率（資本金1億円を超える普通法人は23.2％）を乗じて算出し国に納めます（国税）。住民税は，地域社会の費用負担としての意味をもち，法人税額等を基準に算出し都道府県と市町村に納付します（地方税）。事業税は，法人が事業活動を営むのに必要な治安や環境整備等の公共サービスに対する負担分とされ，課税所得額に一定の率を乗じて算出し，会社の本店や支店，工場等のある都道府県に納付します（地方税）。

そこで，12頁の日立製作所の損益計算書をご覧ください。最終部分は，**図表6－8**のとおりです。

●図表6－8　日立製作所の損益計算書の最終部分●

（単位：百万円）

	2022年3月期	2023年3月期
税引前当期純利益	492,246	1,032,480
法人税，住民税及び事業税	△50,629	76,455
法人税等調整額	26,760	△31,922
当期純利益	516,115	987,946

図表6－8において，前期の2022年3月期と当期の2023年3月期の違いは，前期には「法人税，住民税及び事業税」に△が付され，当期には「法人税等調整額」に△が付されているということです。△は「控除」を意味します。

法人税・住民税・事業税は税引前当期純利益から控除されますが，損益計算書では通常は△が付されません。なぜなら，それは，会計上費用であることが明らかだからです。ですから，2023年３月期の表示が正常です。しかし，前期の2022年３月期には△が付されています。なぜでしょうか？

また，法人税等調整額の表示も，前期と当期では異なります。法人税等調整額とは，一体，なんでしょうか？

（1） 税効果会計とは？

まず確認すべきことは，損益計算書における「法人税，住民税及び事業税」は，本節の冒頭で指摘したように，税法に基づいて算出された納税義務額である，ということです。すでに勉強したように，企業会計上の「利益」は〔収益－費用〕です。そして，企業会計上の利益を法人税法では「所得金額」といいます。その所得金額は〔益金の額－損金の額〕です。

では，「益金の額」とは何かというと，売上高や受取利息等の収益であり，「損金の額」とは何かというと，売上原価や販売費及び一般管理費等の費用と損失のことです。つまり，益金の額は収益であり損金の額は費用と損失なので，〔利益＝所得金額〕が成立するはずなのです。

ところが，法人税法は，納税者間の課税の公平や安定した税収の確保を目的にまた国家の政策等も考慮して，法人税法独自の立場で課税所得を計算し税額を決定しているのです。つまり，法人税，住民税及び事業税は企業会計上算定された税金費用ではないということです（結果として，〔利益＝所得金額〕は成立しないのです。詳しくは259頁で説明します）。

そこで，企業会計の立場からは，法人税，住民税及び事業税を「費用収益対応の原則」（88頁）に則して，税引前当期純利益と合理的に対応させることによって当期純利益を算定することが求められます。このような会計手続を**税効果会計**（tax effect accounting）といいます（「税効果会計に係る会計基準」）。

注意することがあります。「税効果」と聞くと，税金が安くなるように思われますが，そうではありません。納付すべき税額は税効果会計を適用しようがしまいが同じです。それは，税法上算出された金額です。

（2） 税効果会計の手続

税効果会計は，会社が計上した貸倒引当金や減価償却費のうち税法が定める損金算入限度額を超過する額や会社が処理した棚卸資産の評価損（162頁）のうち税務当局が損金と認めない額等に適用されます。ここでは，貸倒引当金を取り上げて説明しましょう。

例えば，A社が20x1年度に法人税法で損金とすることが認められる貸倒引当金の限度額4億円に対し2億円多く引き当て6億円の貸倒引当金繰入額を損益計算書に計上したとします。この2億円に対して，法人税法は実際に貸倒れが確定するまで損金とは認めないので，所得金額は2億円多くなります。A社の企業会計上の税引前当期純利益が10億円とすると，所得金額は12億円となり，税率が30%ならば支払うべき法人税額は3億6,000万円となります。したがって，A社の当期純利益は6億4,000万円（10億円－3億6,000万円）です。

そして，翌20x2年度（税引前当期純利益は10億円とします）に前期の2億円に係る売掛先が倒産し貸倒損失が発生，税務当局はこれを損金と認めました。そこで，課税所得は10億円から2億円を控除した8億円となり，法人税額は2億4,000万円（8億円×30%）となります。したがって，当年度のA社の当期純利益は7億6,000万円（10億円－2億4,000万円）です。

これに対して，税効果会計を適用すると，以下のようになります。

すでに指摘したように，税効果会計を適用しても，法人税の納付額は変わりません。ただし，企業会計上の法人税の額は，法人税法に基づく納税額全額とするのではなく，税引前当期純利益に対応する額とします。そして，それを超過する額は次年度以降に支払う法人税の前払いとするのです。

つまり，20x1年度においては，税引前当期純利益10億円の30%に当たる3億円を企業会計上の法人税と考え，それを上回る6,000万円（3億6,000万円－3億円）は法人税の前払分として**繰延税金資産**という勘定科目で資産に計上します。

仕訳は，以下のようになります（単位：百万円）。

（借方）	法　人　税	360	（貸方）	未払法人税	360
	繰延税金資産	60		法人税等調整額	60

ここでは，貸方の「法人税等調整額」は借方の法人税３億6,000万円から6,000万円を減算するということを意味します。

翌20x2年度においては，貸倒引当金の損金算入限度額を超過する２億円の損金算入が認められたので（納税額は２億4,000万円），前年度の法人税の前払額である繰延税金資産と法人税等調整額を相殺します。

仕訳は，以下のようになります（単位：百万円）。

（借方）	法　人　税	240	（貸方）	未払法人税	240
	法人税等調整額	60		繰延税金資産	60

ここでは，「法人税等調整額」は，借方の法人税２億4,000万円に6,000万円を加算するということを意味します。当期の企業会計上の法人税は３億円です。

結果として，税効果会計を導入した場合の損益計算書の最後尾は，次頁の**図表６－９**のようになります。

このように，税効果会計に基づく損益計算書には，納付すべき「法人税，住民税及び事業税」の次に法人税等調整額という項目が記載されて，税法上の税額が企業会計上の税額に修正されるのです。つまり，**法人税等調整額**は，税法上支払うべき法人税等の額（納税義務額）を発生主義に基づく税額へ調整するための項目で，上記の20x1年度の仕訳のように，「貸方」に発生する場合は税金費用のマイナス（△）（結果として当期純利益の増加），20x2年度の仕訳のように，「借方」に発生する場合は税金費用のプラス（結果として当期純利益の減少）です。

20x1年度と20x2年度の税引前当期純利益は，ともに10億円です。しかし，税効果を導入しない場合は，20x1年度の当期純利益は６億4,000万円，20x2年度のそれは７億6,000万円となり，税引前当期純利益が同じであるにもかかわ

図表6－9　設例の損益計算書の最終部分

（単位：億円）

	20x1年度		20x2年度	
税引前当期純利益		1,000		1,000
法人税，住民税及び事業税*				
当期納税額	360		240	
法人税等調整額	(△)60	300	(＋)60	300
当期純利益		700		700

＊　住民税と事業税は計算していない。

らず，当期純利益は異なります。一方，税効果を導入した場合は，20x1年度と20x2年度の当期純利益は，ともに7億円です。2期間の納税額は合計6億円で，税効果会計を適用してもしなくとも同じです。

そこで，もう一度**図表6－8**をご覧ください。

2022年3月期の法人税等調整額（26,760百万円）は，その上に記載されている法人税，住民税及び事業税（△50,629百万円）に加算され，その合計額△23,869百万円（△50,629百万円＋26,760百万円）が企業会計上の「法人税，住民税及び事業税」となります。法人税，住民税及び事業税に△が付されているということは，後述するように法人税が「還付」されたということです。ですから，23,869百万円が税引前当期純利益（492,246百万円）に加算され，当期純利益は516,115百万円となるのです。

一方，2023年3月期の法人税等調整額は△31,822百万円です。それに△が付されているということは，その上に記載されている法人税，住民税及び事業税（76,455百万円）をその分減算するということです。そこで，その差額44,633百万円（76,455百万円－31,822百万円）が企業会計上の「法人税，住民税及び事業税」となり，この44,633百万円が税引前当期純利益（1,032,480百万円）から控除され，当期純利益は987,946百万円となるのです。

さて，本章冒頭の疑問です。日立（単体）の2022年３月期の法人税，住民税及び事業税は△50,629百万円です。法人税・住民税・事業税は費用ですから，税引前当期純利益から控除されるべきですが，日立は，492,246（百万円）という巨額な利益を計上しているにもかかわらず，課税所得は発生せず，逆に，50,629百万円は税引前当期純利益に加算されているのです。なぜでしょうか？

それは，以下の理由によるものと思われます。日立は，2022年４月１日以後に開始する事業年度より導入された「グループ通算制度」（これまでの「連結納税制度」は廃止）を採用していますが，2022年３月期においては，日立グループ全体（連結）では課税所得が発生しました。ところが，日立製作所は，税務上容認される巨額な損金が生じたため（主に，株式・出資金評価損や事業損失引当金に係る損金認容等。有価証券報告書2022年３月期，172頁），税務上の欠損金となり，法人税の「還付」を受けたことになったと推測されます。

（３） 繰延税金資産と繰延税金負債

税効果会計を適用すると「繰延税金資産」が貸借対照表に表示されます。繰延税金資産は，企業会計上はいわば余分に支払った税金で将来その分だけ法人税等の支払額が減るので，法人税等の前払額に相当し資産の部に表示されます。2023年３月期の日立の繰延税金資産は58,624百万円です（11頁）。

繰延税金資産を資産に計上する場合は，将来支払う税額が確実に減少するということが前提です。つまり，繰延税金資産は将来の所得がプラスになることを前提に計上が認められます。税金は所得がある場合に支払うので，所得金額がマイナスの場合は税金を支払う必要はなく，税金を支払わなければ，そもそも税額を減らすことはできないからです。したがって，繰延税金資産の計上は将来の課税所得を減少させて税金負担額を軽減することができると認められる範囲でしか行うことができず，いったんこれを計上してもその資産性（繰延税金資産が将来の支払税金を減額する効果があるかどうか）について，利益計画等に基づいて毎期見直すことが必要です（下線部分は難解です）。

逆のケースもあります。当期に支払うべき法人税等の額が企業会計上の税金費用よりも少ない場合です。この場合は将来支払う法人税等の額が増加するので，法人税等未払額に相当します。そこで，**繰延税金負債**として負債の部に表示するのです。

例えば，取引先との相互持ち合いのために期首に取得した原価1億円の株式の期末時価が1億4,000万円に値上がりしたので，時価評価して「その他有価証券評価差額金4,000万円」を純資産の部に計上したような場合です（151頁）。当該有価証券の税法上の評価額は1億円のままなので，4,000万円には税金は掛かりませんが，税効果会計は適用されます。仕訳は，以下のようになります（税率30%，単位：百万円）。

（借方）	投資有価証券	40	（貸方）	その他有価証券評価差額金	28
				繰延税金負債	12*

＊　その他有価証券評価差額金 4,000万円 × 30%

当該有価証券を売却したと仮定すると4,000万円の有価証券売却益が発生するので，それに対する税金を繰延税金負債とします。

税効果会計は，今の諸君にとっては難度の高い領域です。おおよそのことがわかれば十分です。

〔ポイント〕

皆さん！　本章で学んだ7つの事項は，まさに現代会計学の中心課題です。難易度の差はありますが，これらを理解することによって，世界の会社の実態をより的確に把握することができるのです。

第７章
原価の計算とは？

化学工場の発する悪臭やばい煙に住民が抗議しました。１億円以上かかると抵抗していた工場も防止装置を整備し，被害は比較的少なくなりました。

住民は，ホッとして，この工場の製品を購入しています。

しかし，公害防止装置に支出された金額は減価償却費として製造原価に算入され，製品価格に含まれていることを，多くの住民は知りません。

1　原価計算のプロセス

1973年，留学先のニューオーリンズのアパートのテレビは，“Small Car's Specialist for Forty Years”と，「トヨタ」の車を宣伝していました。それから約50年，今や世界のトップメーカーであるトヨタも，販売価格を競争の戦略にすえ，フォルクスワーゲングループやルノー・日産・三菱グループ，ゼネラルモーターズ（GM）等と世界市場で闘っています。

では，販売価格のポイントとなる車1台の製造原価はどのようなプロセスを経て算定されるのでしょうか。

商品売買業（商業）と製造業（工業）を比較すると，両者はともに購入活動と販売活動を行います。製造業の購入活動には材料や部品等の財貨の購入のみならず労働力や電力等の用役を購入する活動も含まれます。両者の違いは，製造業は会社内部で製造活動を行うということです。したがって，製造業は，購入活動と販売活動に加えて製造活動も記録・計算しなければなりません。

製造業において，製品を生み出すために，財貨や用役が消費されるプロセスを「物の流れ」と呼び，製造原価を計算するプロセスを「原価の流れ」とみるならば，物の流れと原価の流れは，次頁の**図表7-1**のように示すことができます。皆さん！　自動車製造工場における組立ライン等を想像しながら，1分間だけ矢印を追ってください。

物の流れは，大きく，財貨や用役の購入活動，製造活動，販売活動に分類されます。そして，原価の流れは，これらの物の流れに対応して3つの段階に区分されます。第1は，財貨や用役の購入活動を購入原価として測定する段階です。第2は，製造活動における仕掛品と半製品それに完成品の産出過程を仕掛品原価・半製品原価・完成品原価として測定する段階です。第3は，製品の販売活動を売上原価として測定する段階です。

図表7-1　物の流れと原価の流れ

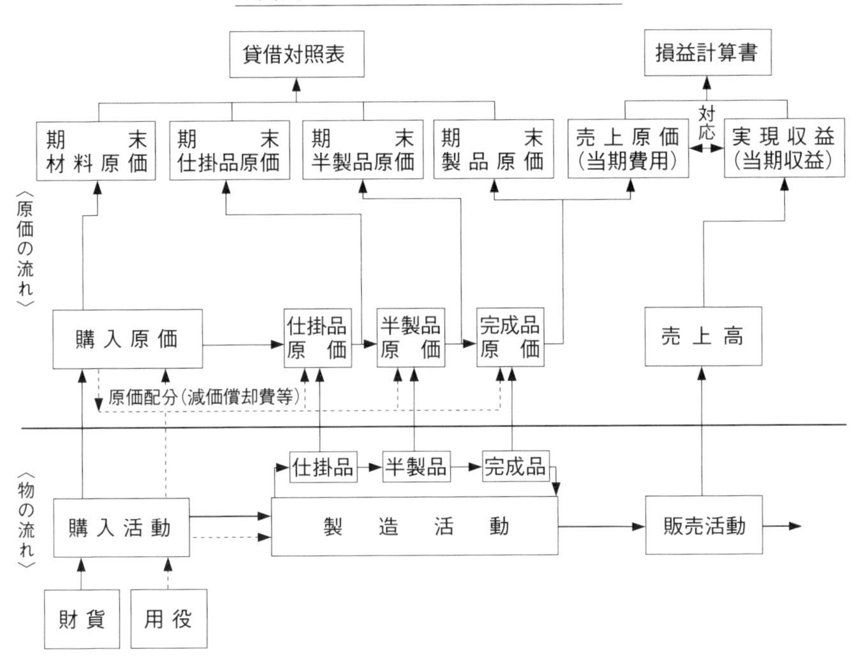

このうち，第1と第3の段階は，主要な部分が**財務会計**（企業を取り巻く利害関係者に報告するための会計）の領域に属します。したがって，原価計算は，いわば「入口」と「出口」とが財務会計に結合した枠組みの中で，製造活動の実態を原価の流れとして測定することになります。

すなわち，原価の流れの基礎資料は，財務会計上の財貨または用役の購入原価としてすでに与えられているのです。例えば，原材料や機械装置等の財貨の取得原価，賃金や電力料等の用役の購入原価がそれです。また，工場の建物や機械装置等の取得原価は，製造原価を構成する減価償却費算定の基礎となるものです。原価計算は，これらの与えられた基礎データを，物の流れを的確に反映するように，そこでの財貨または用役の生産的消費の実態に対応して，分類・測定・集計・分析するのです。

そして，原価計算は，計算結果としての製品単位当たり原価を再び財務会計に提供します。損益計算書に対しては売上原価を，貸借対照表に対しては仕掛品・半製品・完成品のような棚卸資産の原価を提供することになります。売上原価は製造活動に投下された資本のうち当期に回収された金額を表し，棚卸資産の原価は同じく次期以降に回収される予定の金額を表しています。このことは，原価計算は製造活動に対する投下資本の顚末（てんまつ）を追跡しているともいえるでしょう（下線部分については，本章を読み終えるとわかります）。

いずれにせよ，このような原価の流れの追跡は，製造活動における物の流れを的確に反映しなければなりません。そのためには，原価計算に固有な費目の設定や原価を集計する部門の設定，さらには原価を最終的に計算するステップが必要です。原価計算基準は，これらの領域を，それぞれ，原価の費目別計算，原価の部門別計算，原価の製品別計算と呼んでいます。

図表7－2は，総勘定元帳（43頁）の勘定連絡図によって，原価の費目別計算（A），部門別計算（B），製品別計算（C）の領域区分を示しています。

図表7－2　原価計算の手続体系

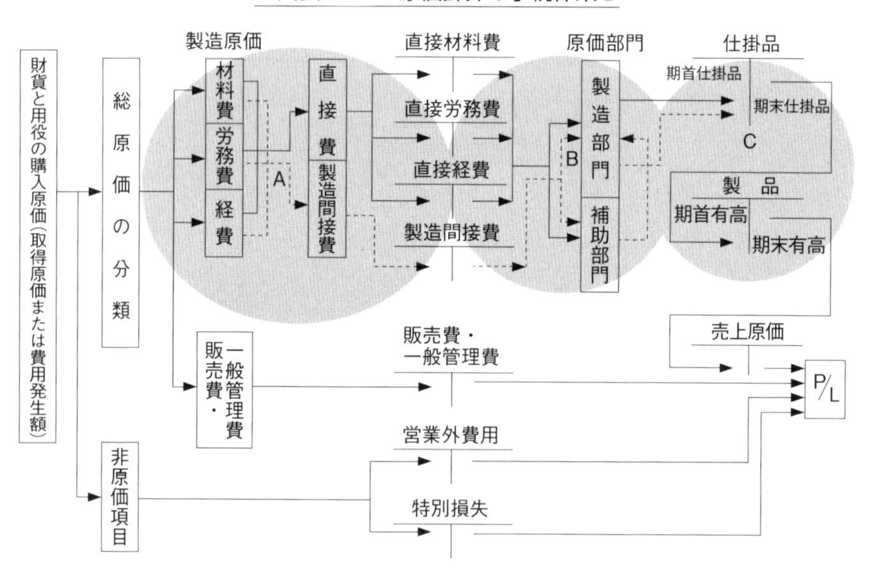

皆さん！　いかがですか？　前述の原価計算のプロセスについての説明は，東大教授の書かれた原価計算の入門書からの抜粋です[1]。硬(かた)い文章ですが（特に下線部分については），原価計算のプロセスを的確に述べています。

また，教授の言う「原価計算基準」（192頁）とは，原価に関する一般に公正妥当と認められる企業会計の基準です。原価の計算は**原価計算基準**（1962（昭和37）年11月）に従って行われなければなりませんが，原価計算基準は60年以上も改訂されていません。このことは，製造原価の計算構造は今日のIT（Information Technology）時代においても変わっていないということです。

以下，**図表7－2**の原価計算の手続体系に従って原価計算のプロセスをやさしく説明します。

2　原価の費目別計算

原価の費目別計算とは，原価計算期間における原価要素の消費高を費目別に計算する手続のことです。原価計算における第1次の計算段階です。**図表7－2**のAの領域です。

（1）原価要素の分類

⑴　原価の3要素

製造原価を構成する要素を「原価要素」といいます。原価要素は次頁の**図表7－3**のように分類できます。原価の費目別計算においては，それぞれの原価要素が製造のためにどれほど消費されたかを計算するのです。

原価要素は，何を消費するかによって，材料費，労務費，経費に分類されます。これらを**原価の3要素**といいます。

①　材料費 ── 製品を製造するために材料や原料を消費した時，その消費高を**材料費**といいます。材料費には，素材費（製品の主な構成部分となる主要材料の消費高）や買入部品費（取引先から購入し，そのまま製品の

●図表７－３　原価要素の分類●

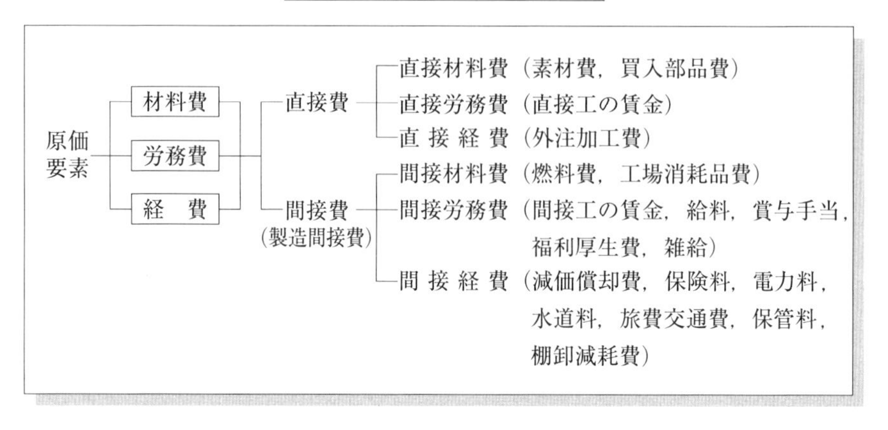

一部に取り付ける部品材料の消費高），燃料費，工場消耗品費等があります。

② 労務費――製品を製造するために労働力を消費したとき，その消費高を**労務費**といいます。労務費には，賃金，給料，賞与手当，福利厚生費等があります。

製造現場の従業員に対して支払われる**給与**は，それを受け取る者の違いによって，賃金，給料，雑給に分かれます。**賃金**とは工場の従業員が提供する労働力に対して支払われる給与をいい，**給料**とは工場での管理的・事務的な業務を行う資材部，労務部，企画部，試験研究部，工場経理部等に属する従業員に対して支払われる給与をいいます。**雑給**とは工場での臨時雇やパートタイマーに対して支払われる給与のことです。なお，通常の販売業務や本社の一般管理業務に従事する社員の給料は，製造原価ではなく販売費及び一般管理費に含まれます（70頁）。

③ 経費――製品を製造するために要した費用のうち，材料費と労務費以外の原価要素を**経費**といいます。経費には，外注加工費（下請企業に材料を支給して加工させる場合の費用），工場の減価償却費，不動産賃借料，保険料，修繕費，電力料，ガス代，水道料等があります。

⑵　直接費と間接費

原価要素は，特定の製品との関連によって，直接費と間接費に分類されます。

直接費とは，特定の製品を製造するためにのみ消費され，その製品の原価として直接集計することができる原価要素のことです。例えば，特定の製品の製造に直接消費した素材や買入部品の消費高は直接材料費，特定の製品の製造に直接携わった工員（直接工という。197頁）の賃金は直接労務費，特定の製品の製造に直接消費した外注加工費は直接経費です。

間接費とは，各種の製品を製造するために共通に消費され，特定の製品の原価として直接集計することができない原価要素のことです。間接費は，間接材料費（動力用の燃料費や工場消耗品費等の補助材料費），間接労務費（工場長の給料や間接工の賃金等。197頁），間接経費（減価償却費や電力料，旅費交通費等）に分類されますが，これら3つの間接費をまとめて**製造間接費**といいます（この用語は頻繁に使われます）。

例えば，自動車の製造工場において，外部から購入したエンジンを車体に取り付ける場合，エンジンという買入部品は，製品単位である1台の自動車の製造において直接的に認識でき，その金額を計算できるので直接費です。これに対して，この製造工場の工場長の給料は，製造工場全体の管理運営業務に対して支給されるものであり，1台の自動車を生産するのにどれほどかは直接認識し計算できないので間接費です。

（2）　材料費の計算

⑴　材料の購入原価

材料費を計算する場合，その基礎には材料の購入原価が決定されていなければなりません。材料の購入原価には，材料の実際購入代価に買入手数料，引取運賃，保険料，関税，検収費，保管費等の付随費用（これを「材料副費」という）を加算します。つまり，〔購入原価＝購入代価＋材料副費〕です。

材料は購入した時点では資産であり，それが消費されることにより原価の計算が開始され，その期末残高が貸借対照表に計上されます。

⑵ 材料費計算の基礎

材料費計算においては，自動車製造業における鋼板等の素材，エンジンやタイヤ等の買入部品のように比較的高価な材料で受け払いが記録されている場合には，材料の種類ごとに，材料消費量に材料消費価格を掛けて材料費を計算します。つまり，〔材料費＝材料消費量×材料消費価格〕です。

一方，燃料や工場消耗品等のように受払記録がないものは，原則として，通常の原価計算期間である1ヵ月における買入額が材料費となります。

① 材料消費量 ── 材料費計算における材料消費量は，「継続記録法」によって計算されます。これは，材料の受け払いをその種類ごとの帳簿に記録し，常時，材料の消費量と材料有高を明らかにしていく方法です。そして，期末に材料の実地棚卸を行うことによって，材料の棚卸減耗（材料の蒸発，紛失，盗難等による目減り（めべり）のこと）を把握します。継続記録法と棚卸計算法，棚卸減耗の処理については，すでに勉強しました（155, 161頁）。

② 材料消費価格 ── 材料消費価格は，原則として購入原価です。しかし，同一種類の材料の購入原価が異なる場合，その消費価格は，以下の方法のいずれかによって計算します（これも156～161頁で学びました）。

先入先出法は，最も早く購入した材料から順次製造工程に投入していくと仮定して（実際の投入は購入の順でなくともよい）消費価格を計算する方法です。したがって，期末における材料残高は最近に購入したものです。

総平均法は，原価計算期間ごとに，材料の期首繰越高と購入高の合計を期首繰越量と受入量との合計数量で割って平均単価を算出し，これを消費価格とする方法です。

移動平均法は，材料購入のつど，その数量と金額を在庫分の数量と金額に加えて，その合計金額を合計数量で割って平均単価を求め，これを払い出しの際の消費価格とする方法です。

個別法は，購入単価の異なる材料を区別しておいて，払い出された材料の購入単価を消費価格とする方法です。

最終仕入原価法は，原価計算期間の最終の仕入時における仕入単価をもって消費価格とする方法です。

なお，材料消費価格の計算において，日立は移動平均法を採用しています（161頁）。

③　予定価格 ── 原価計算基準は，材料消費価格に**予定価格**を使用することを認めています。それは，実際の購入原価を基礎とする上のような方法では計算に手数がかかり，さらに原価計算期末である月末を待たなければ材料費の集計ができないので原価の計算が遅れるからです。

予定価格は，過去の実績や将来の市況等を考慮して事業年度はじめに決定されます。そして，予定価格と実際発生額との差額を「材料消費価格差異」といいます。材料消費価格差異は，原則として当年度の売上原価に含めます（原価計算基準47）。

（3）　労務費の計算

製品の製造に直接関係するプレス（プレス機の圧力で金属板等の材料を変形・成形すること），切削，溶接，塗装，加工，組立のような作業を「直接作業」といい，製品の製造をサポートする修繕，運搬，検査，工場管理・事務のような作業を「間接作業」といいます。そして，直接作業に配属された工員を「直接工」，間接作業に配属された工員を「間接工」と呼びます。

直接工の賃金は直接労務費で，間接工の賃金は間接労務費です（195頁）。

直接工に支払われる賃金は，実際の作業時間に予定賃率を掛けて計算します。つまり，〔労務費＝実際作業時間×予定賃率〕です。**予定賃率**とは，将来の一定期間に予想される予定賃金総額を予定総作業時間で割って求めたものです（予定賃率＝予定賃金総額÷予定総作業時間）。実際賃率によって計算すると月末を待たなければ賃金の集計ができず原価の計算が遅れるので，予定賃率を用いるのが普通です。予定賃率による労務費額と実際の労務費額との差額（「賃率差異」という）は，当年度の売上原価に含めます。

間接工賃金や給料，賞与手当，雑給等の間接労務費は，1ヵ月間の要支払額をもって計算します。

（4） 経費の計算

経費は，原価計算期間の実際の発生額をもって計算します。

減価償却費，不動産賃借料，保険料，固定資産税等のように年度単位で計算される経費は原価計算期間に合わせて月割計算をします。また，電力料，ガス代，水道料等のように消費量を計量できる経費については，その実際消費量に基づいて計算します。

経費は，直接経費と間接経費に分けられます。直接経費は外注加工費（194頁）や特定の製品の出来高に応じて支払われる特許権使用料等わずかで，大部分は間接経費です。

製品の製造のために実際に要した材料消費量や作業時間に，実際の取得価格や実際賃率または予定価格や予定賃率を掛けて算出した原価のこと**実際原価**といいます。予定価格や予定賃率を用いても，消費数量（材料消費量や作業時間）が実際数量であるならば，計算される原価は実際原価であることに注意しましょう。実際原価によって製品の原価を計算する方法を**実際原価計算**（actual costing）といいます。

3 原価の部門別計算

原価の部門別計算とは，費目別計算において把握された原価要素を原価部門別に分類・集計する手続のことです。原価計算における第2次の計算段階です。**図表7-2**のBの領域です。

（1） 原価部門とは？

原価部門とは，作業区分に対応するように設定された原価の集計単位のことです。原価部門は，製造部門と補助部門に区別されます。

製造部門とは，プレス，切削，溶接，塗装，加工，組立といった製造作業が行われる部門です。製造部門は**工程**とも呼ばれます。

補助部門とは，製造部門に対して補助的関係にあり，製造活動を側面から支援する部門です。これは，補助経営部門と工場管理部門とに分けられます。

「補助経営部門」とは，事業の目的とする製品の製造に直接関与しないで，自己の製品または用役を製造部門に提供する諸部門をいい，例えば，動力部，修繕部，運搬部，工具製作部，検査部等です。「工場管理部門」とは，工場での管理的・事務的業務を行う部門で，資材部，労務部，企画部，試験研究部，工場経理部，工場事務部等です。補助経営部門と工場管理部門は仕事の内容に対応した分類であって，原価計算上の取扱いには差異はありません。

（2） なぜ部門別計算か？

ところで，製品原価の計算においては，原価の費目別計算と製品別計算は不可欠ですが，部門別計算は必要ありません。しかし，多くの会社は部門別原価計算を行っています。

図表7-2をご覧ください。そこでは，費目別計算の段階で把握された直接材料費，直接労務費，直接経費，それに製造間接費が「原価部門」を経て製品別計算である「仕掛品勘定」と「製品勘定」に流れています。

発生した原価を仕掛品と製品へ直接集計するのでなく部門別に集計した後に仕掛品原価と製品原価を計算することは手数のかかることです。なぜ，このような面倒なことを行うのでしょうか？

それは，発生した原価を適切に管理するためであり（原価管理目的），かつ，製品原価をより正確に計算するためです（製品原価計算目的）。

前者の**原価管理**（cost control）とは，製造活動を管理し，できるだけ原価を引き下げるようにすることです。そのためには，各部署の管理者が自己の管理責任範囲内でどのような原価がどれほど発生しているのか，無駄な原価は発生していないか等について把握できる仕組みが必要です。その仕組みが部門別計算です。

また，原価管理を行うには，あらかじめ原価の標準を設定して，これと実際の原価を比較して，その差異の原因を分析する必要があります。これを**標準原価計算**（standard costing）といいます。

原価管理と標準原価計算については，「原価計算論」や「管理会計論」（経営計画の立案や予算管理等のための会計学）の講義で勉強してください。

そして，後者の「製品原価計算目的」については，部門別計算は，各種の原価要素を原価部門ごとにその部門の生み出す生産物と関係付けて把握するので，製品原価をより正確に算定することができます。それは，製造間接費の配賦計算を行うからです。製造間接費とは，間接材料費と間接労務費と間接経費のことです。191頁で指摘したように，原価計算は製造活動を的確に反映して製品単位当たり原価を正確に算定することを課題にしていますが，製造間接費は複数の種類の製品に共通して発生する原価なので，個々の製品に直接割り当てることはできず，なんらかの配賦基準を用いて製品に配賦しなければなりません。部門別計算では，製造間接費を部門ごとに集計するとともに，各部門の活動に応じた適切な配賦基準によって製造間接費を各製品に配賦するので，算定される製品単位当たり原価の正確性が高められるのです。

以下，製品原価計算目的の視点から部門別計算について説明しましょう。

（3） 部門費の集計と配賦の手続

⑴ 部門費の第1次集計

部門別計算の最初の手続は，原価要素をその発生場所である原価部門に集計することです。この際，原価要素は，それが材料費であれ，労務費であれ，経費であれ，当該部門において発生したことが直接的に認識されるかどうかによって，部門個別費と部門共通費に分類されます。

部門個別費はある原価部門で発生したことが直接認識できるので，そのまま当該部門に集計します。例えば，修繕部門に出庫された修繕用材料費は修繕部門の個別費となります。労務費については，その工員が配属された部門の個別費として処理します。経費については，その発生が直接に部門と関連付けられるもの，例えば，建物や機械の減価償却費やリース料等は，それぞれの資産の属する部門に割り当てます。

部門共通費は２つ以上の部門ないし経営全体に共通して発生するもので，複数の部門が使用する建物の減価償却費・保険料・固定資産税，工場全体を照明する電力料等です。

部門共通費は適切な配賦基準によって関係各部門に配賦します。例えば，建物の減価償却費・保険料・固定資産税は各部門が専有する床面積を配賦基準とします。工場全体の電力料が各部門の床面積と関係して発生しているとするならば，各部門の床面積が配賦基準となります。そのうえで，例えば電力料は，以下の算式によって各部門に配賦されます。

$$\text{特定部門への配賦額} = \text{電力料} \times \frac{\text{特定部門の床面積}}{\text{各部門の床面積の総計}}$$

次頁の**図表７－４**の部門費配分表をご覧ください。

部門費の第１次集計とは，まず，部門個別費を製造部門と補助部門の各部に割り当てることです（×××印）。次に，部門共通費である例示されている減価償却費（300）と電力費（100）を，それぞれ帳簿価額と作業時間という配賦基準により製造部門である第１工場と第２工場，補助部門である動力部と運搬部と修繕部，そして工場管理部門に配賦することです。

これらの結果，第１工場には1,200，第２工場には1,100，動力部には400，運搬部には300，修繕部には250，工場管理部門には750の製造原価（部門個別費と部門共通費の合計4,000）が集計されました。

⑵　部門費の第２次集計

製品原価を計算する場合，製造部門の原価は当該部門で生産される生産物の原価に含められます。例えば，製造部門を工場単位で設定した場合，テレビを製造する第１工場で発生した原価は製品であるテレビの原価となり，冷蔵庫を製造する第２工場で発生した原価は冷蔵庫の原価となります。

しかし，補助部門に集計された原価はそのままでは製品の原価には含められません。なぜなら，補助部門はテレビの第１工場と冷蔵庫の第２工場へともに用役を提供しているからです。そこで，補助部門の原価は，「補助部門費の配賦計算」という手続を経て製造部門である第１工場と第２工場に配賦され，テレビと冷蔵庫の原価に含められることになります。つまり，第１次集計の結果の動力部400，運搬部300，修繕部250，工場管理部750の原価を，今度は，製造部門である第１工場と第２工場に配賦するのです。

補助部門費の製造部門への配賦においても，まず，適切な配賦基準を決めます。例えば，動力部費を配賦する場合には，計量器で測定した消費量に基づいて配賦します。また，運搬部費の配賦基準としては運搬品の個数や重量，運搬距離等を総合的に勘案した基準が選択され，修繕部費については修繕作業時間数が，工場管理部門費については従業員数が用いられます。

●図表７－４　部門費配分表●

（直接配賦法）　　　　　　　　年　月　日

費目	配賦基準	合計	製造部門費		補助経営部門費			工場管理部門費
			第１工場	第２工場	動力部	運搬部	修繕部	
部門個別費	(細目省略)	×××	×××	×××	×××	×××	×××	×××
部門共通費								
減価償却費	帳簿価額	300	100	80	40	20	20	40
電力費	作業時間	100	30	20	20	5	5	20
○○○費	………	……	……	……	……	……	……	……
…………								
…………								
		・・・	・・・	・・・	・・・	・・・	・・・	・・・
		4,000	1,200	1,100	400	300	250	750
動力部費	消費量		265	135				
運搬部費	総合指数		180	120				
修繕部費	作業時間		160	90				
工場管理部門費	従業員数		430	320				
合計		4,000	2,235	1,765				

●図表7－5　部門費配分表●

（相互配賦法）　　　　年　　月　　日

費目	配賦基準	合計	製造部門費		補助経営部門費			工場管理部門費
			第1工場	第2工場	動力部	運搬部	修繕部	
（図表7－4）	…………	……	……	……	……	……	……	…………
…………	…………	……	……	……	……	……	……	…………
		4,000	1,200	1,100	400	300	250	750
第1次配賦								
工場管理部門費	従業員数		300	260	70	60	60	……
修繕部費	作業時間		109	61	45	30	……	5
運搬部費	総合指数		100	110	40	……	30	20
動力部費	消費量		210	140	……	15	18	17
					155	105	108	42
第2次配賦								
動力部費	消費量		80	75				
運搬部費	総合指数		50	55				
修繕部費	作業時間		60	48				
工場管理部門費	従業員数		22	20				
合計		4,000	2,131	1,869				

●図表7－6　部門費配分表●

（階梯式配賦法）　　　　年　　月　　日

費目	配賦基準	合計	製造部門費		補助経営部門費			工場管理部門費
			第1工場	第2工場	動力部	運搬部	修繕部	
（図表7－4）	…………	……	……	……	……	……	……	…………
…………	…………	……	……	……	……	……	……	…………
		4,000	1,200	1,100	400	300	250	750
工場管理部門費	従業員数		300	260	70	60	60	
修繕部費	作業時間		142	75	56	37	310	
運搬部費	総合指数		183	164	50	397		
動力部費	消費量		345	231	576			
合計		4,000	2,170	1,830				

次に，補助部門費の製造部門への配賦方法を決めます。これには，以下の３つの方法があります。

直接配賦法は，補助部門間の用役の授受をまったく無視し，選択した配賦基準に基づき補助部門費を直接に製造部門に配賦する方法です（**図表７‐４**）。この方法は，最も簡単で実務的にもよく用いられていますが，正確性においては他の方法に劣ります。

相互配賦法は，補助部門間の用役の授受がある場合には，補助部門費を他の補助部門へも配賦する方法です（**図表７‐５**）。多くの場合，最初の配賦（第１次配賦）においてのみ他の補助部門へ配賦し，第２次配賦では直接配賦法を用います。この方法は，直接配賦法よりも正しい結果をもたらしますが，配賦計算を２回実施しなければなりません。

階梯式（かいていしき）**配賦法**は，部門相互間の用役の授受を考慮しながらも，配賦計算を１回で済ませる方法で，直接配賦法と相互配賦法の中間形態です（**図表７‐６**）。この方法は，各補助部門が他の補助部門に対して用役を提供する割合や逆に他の補助部門から用役を受ける割合を考慮して，補助部門に順位をつけて配列し，第１順位にある補助部門費から順に配賦が行われます。第２順位以下の部門費はそれより高い順位の部門には配賦しません。**図表７‐６**では，第１順位に工場管理部門，第２順位に修繕部，第３順位に運搬部，第４順位に動力部としています。この方法によると，直接配賦法よりは正しい結果が得られますが，補助部門間の用役授受の流れの一方向を無視することになるので，相互配賦法よりは不正確です(2)。

このようなプロセスを経て，**図表７‐４**の直接配賦法によると，第１工場（テレビ製造）の製造原価は2,235，第２工場（冷蔵庫製造）の製造原価は1,765と計算されます。

「もうたまらない。原価計算も嫌いだ」という声が聞こえます。その気持ちはわかります。しかし，あきらめないで，**図表７‐２**の原価計算の手続体系と**図表７‐４**の部門費配分表を眺めて，原価の流れを理解しましょう。

4　原価の製品別計算 ― 個別原価計算

原価の製品別計算とは，原価要素を一定の製品単位に集計し，製品単位当たり製造原価を算定する手続のことです。原価計算における第3次の計算段階です。**図表7－2**のCの領域です。

製品別計算には，個別原価計算と総合原価計算の2つの形態があります。**個別原価計算**は，顧客からの注文に基づき製品を個別的に生産する製造業に適用されます。**総合原価計算**は，同じ種類の製品を連続して大量に生産する製造業に適用されます。

（1）　個別原価計算の特徴

個別原価計算は，顧客の注文により異なる製品を個別的に生産するので，以下のような特徴をもっています。

①　個別原価計算は，原価集計の単位が個別製品である。したがって，個々の製品ごとに作成される製造指図書が原価単位となる。**製造指図書**（せいぞうさしずしょ）とは，特定の製品の製造を命令する書式で，そこには，指図書番号，指図書発行日，製品の品名・規格，製造数量，製造着手日，製品完成日，注文書番号，材料所要量，作業手順，職長・監督者名，製品納入場所等々，具体的な作業内容が記載される。個別原価計算にとって製造指図書は不可欠なので，個別原価計算のことを「指図書別原価計算」ともいう。

②　個別原価計算は，後述する総合原価計算のように期末仕掛品原価を計算する必要はない。それは，1製造指図書が1つの計算単位なので，たとえその指図書で指示された内容が部分的に完成しても，それがすべて完成するまでは，計算上はその製造指図書全体が仕掛品の扱いを受けるからである。

（2） 個別原価計算の手続

個別原価計算の基本的な手続は，以下のとおりです。

① 受注した製品に関する製造指図書を発行する。製造指図書番号（製造指図書が発行されるごとに順番に打たれる番号）は重要である。

② 製造指図書ごとに原価計算表（**図表7－7**）を準備する。

③ 材料出庫表や作業時間表等に記載された製造指図書番号に基づき，直接材料費，直接労務費，直接経費を計算し，各原価計算表に記入する。

④ 製造間接費の予定配賦額を各原価計算表に配賦する。

$$\text{予定配賦額} = (\text{各製造指図書の実際の配賦基準数値}) \times (\text{予定配賦率})$$

$$\text{予定配賦率} = \frac{\text{将来の一定期間の製造間接費予定額}}{\text{同期間の予定配賦基準数値}}$$

予定配賦基準には，直接作業時間や機械運転時間等が用いられる。

なお，予定配賦率を用いることにより生じる製造間接費の実際発生額と

図表7－7 原価計算表

原 価 計 算 表

製造指図書 No.………… 注 文 先…………

品 名…………

製品仕様…………

完成数量…………

受 注 年 月 日 納 入 年 月 日

着 手 年 月 日 完 了 年 月 日

直接材料費						直接労務費					直接経費				製造間接費					合計	
月日	出庫伝票	品名	数量	単価	金額	月日	作業票	作業内容	時間	金額	月日	費目名	数量	金額	月日	部門名	配賦基準	率	金額	適用	金額
																				直接材料費	
																				直接労務費	
																				直接経費	
																				製造間接費	
																				製造原価	

の差異は，原則として当年度の売上原価に含める（原価計算基準47）。

⑤　当該製造指図書に係る製品が生産完了した時点で，関連する原価計算表を締め切り製品原価を算定する。期末までに完成しない製造指図書については，それに係る原価計算表に記録された原価数値が仕掛品の金額となる。

(3) ケース・スタディ

〔設　例〕

当社は，個別原価計算を実施している。

(1)　直接材料費の払出単価の計算方法は総平均法（196頁）による。
当月の材料の総平均単価および払出量は，次のとおりである。

(i)　A材料　総平均単価　1,600円／kg
製造指図書 No.100の製品製造のため……44 kg
製造指図書 No.101の製品製造のため……32 kg

(ii)　B材料　総平均単価　400円／kg
製造指図書 No.100の製品製造のため……80 kg
製造指図書 No.102の製品製造のため……28 kg

(2)　直接工の直接作業時間は，次のとおりである。
製造指図書 No.100………………300 時間
製造指図書 No.101………………240 時間
製造指図書 No.102………………100 時間
直接工の総平均賃率 ……………1,200 円

(3)　製造間接費の配賦は予定配賦率（製造間接費予算÷予定総直接作業時間）をもって行う。製造間接費予算40,000円，予定総直接作業時間800時間。

(4)　製造指図書 No.100の製品は月初仕掛品（82,000円）となっていた。
製造指図書 No.100，No.101，No.102の製品はいずれも完成した。

問題　(1)　次頁の原価計算表により，各製品（No.100，No.101，No.102）の単位当たり製造原価を計算しなさい。
(2)　当期製品製造原価（各製品の製造原価の合計額）を計算しなさい。

解答 (1) ①　直接材料費の集計

A材料　No.100の製品製造のため……1,600円×44kg ＝ 70,400(円)
　　　　No.101の製品製造のため……1,600円×32kg ＝ 51,200(円)
B材料　No.100の製品製造のため……400円×80kg ＝ 32,000(円)
　　　　No.102の製品製造のため……400円×28kg ＝ 11,200(円)

②　直接労務費の集計

No.100の製品製造のため……1,200円×300時間 ＝ 360,000(円)
No.101の製品製造のため……1,200円×240時間 ＝ 288,000(円)
No.102の製品製造のため……1,200円×100時間 ＝ 120,000(円)

③　製造間接費の配賦

予定配賦率 ＝ 当月の製造間接費予定額÷予定配賦基準数値
50円／時間 ＝ 40,000円÷800時間
No.100の製品製造のため……50円×300時間 ＝ 15,000(円)
No.101の製品製造のため……50円×240時間 ＝ 12,000(円)
No.102の製品製造のため……50円×100時間 ＝ 5,000(円)

原価計算表

（単位：円）

	No.100	No.101	No.102	合　計
月初仕掛品原価	82,000			82,000
当月製造費用				
直接材料費	102,400	51,200	11,200	164,800
直接労務費	360,000	288,000	120,000	768,000
製造間接費	15,000	12,000	5,000	32,000
合　計	559,400	351,200	136,200	1,046,800

各製品単位当たり製造原価は，No.100は559,400円，No.101は351,200円，No.102は136,200円となる。

解答 (2)　設問ではすべての製品が完成しているので期末仕掛品はなく，当期製品製造原価は，原価計算表の合計欄の1,046,800円となる。

5　原価の製品別計算 ── 総合原価計算

（1）　総合原価計算の手続

総合原価計算は，次の手続によって製品の原価を計算します。

① １原価計算期間（通常は１ヵ月）に発生した材料費，労務費，経費のすべての原価要素を集計して，**当月製造費用**を計算する。

② 当月製造費用と月初仕掛品原価の合計額（**総製造費用**という）を当月完成品と月末仕掛品とに分割することによって，当月完成品原価を求める。完成品原価と月末仕掛品原価は，直接材料費と**加工費**（直接材料費以外のすべての原価要素のこと。この用語は頻繁に使われます）に区分して計算する。

③ 当月完成品原価を当月完成品数量で割って，製品単位当たりの製造原価を算定する。

（2）　仕掛品の完成品換算数量

総合原価計算を行う場合，製造に着手した製品がすべて完成していれば，計算は簡単です。１原価計算期間の総製造費用を完成した製品数量で割ることによって，製品単位当たりの製造原価を計算することができるからです。

例えば，ある製造現場である製品を月1,000個製造完成させて，1,000万円の製造費用が発生したとすれば，その製品の１個当たりの原価は１万円（1,000万円÷1,000個）と計算されます。

ところが，現実には，すべてが製品として完成するのではなく仕掛品として残るのが通常です。したがって，総製造費用を完成品と月末仕掛品とに分割しなければなりません。

総製造費用を完成品と月末仕掛品とに分割するための基礎データは，完成品数量と仕掛品数量です。ところが，仕掛品は製造作業が未だ完了していない中間生産物なので，仕掛品数量は完成品数量と同等に扱うことはできません。仕掛品を完成品と同等に扱うには，仕掛品数量を，仕掛品の仕上(しあが)り程度によって完成品数量に換算しなければなりません。つまり，「仕掛品を完成品に換算した場合には，どのくらいの量の完成品に相当するか」という**仕掛品の完成品換算数量**を求めるのです。

月末仕掛品の完成品換算数量 ＝ 月末仕掛品数量 × 仕上り程度

「仕上り程度」とは，原価要素を製造の進行に応じてどのくらい消費したかという点から調べた月末における仕掛品の完成度をいいます。

ところで，原材料の製造プロセスへの投入状況と加工作業の進捗(しんちょく)状況が同じであるならば，つまり，加工作業に応じて原材料が投入されるのであれば，月末仕掛品の仕上り程度は，直接材料費と加工費とも同じです。

しかし，通常は，原材料の投入状況と加工作業の進捗状況は異なるのです。例えば，原材料が製造着手（工程の始点）の時にすべて投入され，後は加工するだけというのであれば，仕掛品がどの加工段階にあろうとも，直接材料費については100％の仕上りということになります。なぜなら，月末仕掛品には，完成品と同等の直接材料費が製造着手の段階ですでに発生しているからです。したがって，直接材料費については，月末仕掛品の完成品換算数量は月末仕掛品の数量に等しいので，わざわざ求める必要はありません。しかし，加工費については，製造の進行に応じて発生するので，月末に仕上り程度を調べ，月末仕掛品の完成品換算数量を求めなければならないのです。

こうして，月末仕掛品の完成品換算数量が直接材料費と加工費について得られたならば，これを基礎に，総製造費用（209頁）を完成品原価と月末仕掛品原価とに分割するのです。

（３） 仕掛品と完成品の原価の計算

総合原価計算の最大のポイントは，月初仕掛品原価と当月製造費用を当月完成品と月末仕掛品とに分割することです。しかし，完成品と期末仕掛品のそれぞれにどのくらいの月初仕掛品分と当月に投入した分が含まれているかがわからないと，完成品と期末仕掛品の正確な原価は計算できません。しかし，この計算は非常に手数がかかり有益ではありません。そこで，仮定を設けて両者を計算するのです。原価計算基準は，平均法，先入先出法，後入先出法という３つの方法を定めていますが，ここでは，平均法と先入先出法について検討しましょう。

① **平均法**── これは，月初仕掛品も当月に投入した分もどちらも同じように（平均的に）製造するということを仮定しています。したがって，完成品と月末仕掛品は，月初仕掛品と当月に製造したものとの両者から平均して生じたものです。総製造費用は，完成品数量と月末仕掛品の完成品換算数量とで比例配分されます。平均法による原価の流れは，**図表７-８**のように示すことができます。

●図表７-８　平均法による原価の流れ●

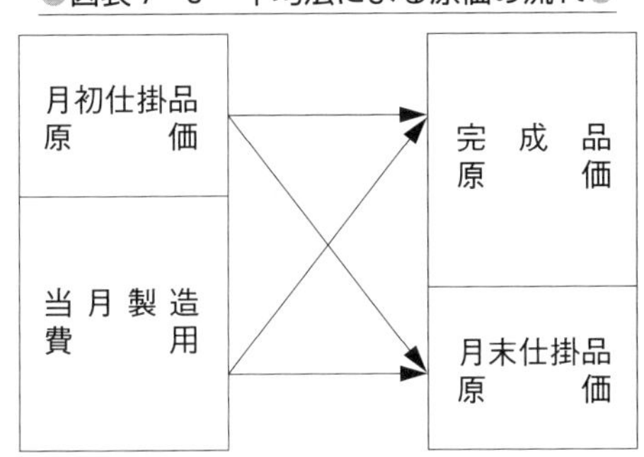

そこで，平均法による場合の完成品原価と月末仕掛品原価は，以下の算式により算定します。

$$\text{完成品原価} = (\text{月初仕掛品原価} + \text{当月製造費用}) \times \frac{\text{完成品数量}}{\text{完成品数量} + \text{月末仕掛品完成品換算数量}}$$

$$\text{月末仕掛品原価} = (\text{月初仕掛品原価} + \text{当月製造費用}) \times \frac{\text{月末仕掛品完成品換算数量}}{\text{完成品数量} + \text{月末仕掛品完成品換算数量}}$$

② **先入先出法**――これは，月初仕掛品を先に完成させその後に当月に投入した分の製造に着手するということを仮定しています。したがって，**図表7-9**で示すように，月初仕掛品が先に完成品となり（ⓐの流れ），次いで，当月投入分が完成品となります（ⓑの流れ）。そして，月末時点で完成していないものが月末仕掛品となります。ここでは，月末仕掛品は当月製造費用で構成されます（ⓒの流れ）。完成品は月初仕掛品原価と当月製造費用で構成されます。

図表7-9　先入先出法による原価の流れ

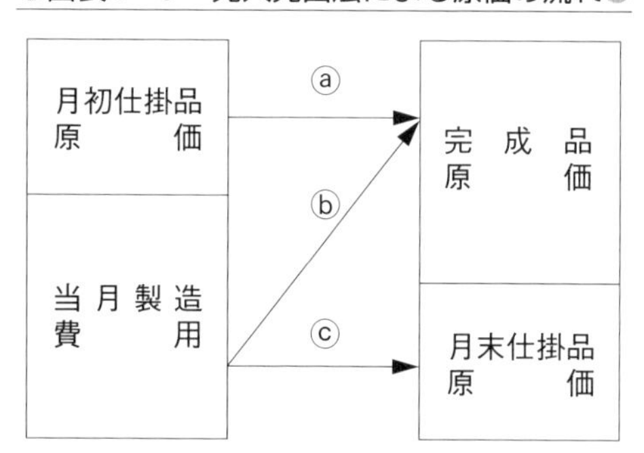

そこで，先入先出法による場合の完成品原価と月末仕掛品原価は，以下の算式により算定します。

$$\text{完成品原価} = \text{月初仕掛品原価} + \left(\text{当月製造費用} \times \frac{\text{完成品数量} - \text{月初仕掛品完成品換算数量}}{\text{完成品数量} - \text{月初仕掛品完成品換算数量} + \text{月末仕掛品完成品換算数量}}\right)$$

$$\text{月末仕掛品原価} = \text{当月製造費用} \times \frac{\text{月末仕掛品完成品換算数量}}{\text{完成品数量} - \text{月初仕掛品完成品換算数量} + \text{月末仕掛品完成品換算数量}}$$

(4) ケース・スタディ

次の設例によって，平均法と先入先出法により完成品原価と月末仕掛品原価それに製品単位当たり製造原価を計算しましょう[3]。

〔設　例〕

- 生産に関する資料は，次のとおりである。
  - 月初仕掛品数量　800 個（作業進捗度1/4）
  - 当月完成品数量　1,600 個
  - 月末仕掛品数量　600 個（作業進捗度2/3）
- 材料は製造着手の時にすべて投入される。
- 加工作業は工程が進むにつれて比例的に発生する。
- 原価数値は，次のとおりである（単位：円）。

	直接材料費	加工費	合計
月初仕掛品原価	290,000	48,000	338,000
当月製造費用	700,000	540,000	1,240,000
（合　計）	(990,000)	(588,000)	(1,578,000)

直接材料費分と加工費分は別々に計算します。材料は製造工程の始点においてその全量が投入されるので，仕掛品の直接材料費分の仕上り程度は100％です。したがって，月初仕掛品の完成品換算数量は800個，月末仕掛品の完成品換算数量は600個です。

一方，加工費は，工程が進むにつれて比例的に発生するので，月初仕掛品の完成品換算数量は200個（800個×1/4），月末仕掛品の完成品換算数量は400個（600個×2/3）です。

① 平 均 法

直接材料費

$$完成品原価 = (290,000 + 700,000) \times \frac{1,600}{1,600 + 600} = 720,000(円)$$

$$月末仕掛品原価 = (290,000 + 700,000) \times \frac{600}{1,600 + 600} = 270,000(円)$$

加 工 費

$$完成品原価 = (48,000 + 540,000) \times \frac{1,600}{1,600 + 400} = 470,400(円)$$

$$月末仕掛品原価 = (48,000 + 540,000) \times \frac{400}{1,600 + 400} = 117,600(円)$$

	直接材料費	加工費	合計
完成品原価	720,000(円)	470,400(円)	1,190,400(円)
月末仕掛品原価	270,000	117,600	387,600
製品単位当たり製造原価	1,190,400(円) ÷	1,600(個) =	744(円)

② 先入先出法

直接材料費

$$完成品原価 = 290,000 + \left(700,000 \times \frac{1,600 - 800}{1,600 - 800 + 600}\right) = 690,000(円)$$

$$月末仕掛品原価 = 700,000 \times \frac{600}{1,600 - 800 + 600} = 300,000(円)$$

加 工 費

$$完成品原価 = 48,000 + \left(540,000 \times \frac{1,600 - 200}{1,600 - 200 + 400}\right) = 468,000(円)$$

$$月末仕掛品原価 = 540,000 \times \frac{400}{1,600 - 200 + 400} = 120,000(円)$$

	直接材料費	加工費	合計
完成品原価	690,000(円)	468,000(円)	1,158,000(円)
月末仕掛品原価	300,000	120,000	420,000
製品単位当たり製造原価	1,158,000(円) ÷	1,600(個) =	723(円)

以上を集計すると，次のようになります。

評価方法	完成品原価	月末仕掛品原価	製品単位当たり製造原価
平　均　法	1,190,400(円)	387,600(円)	744(円)
先入先出法	1,158,000	420,000	723

このように，平均法と先入先出法のいずれの方法を採用するかによって，完成品原価と月末仕掛品原価は異なることがわかります。第6章で勉強した売上原価と期末棚卸高の算定の場合と同じです（160頁）。ここでも，「継続性の原則」（146頁）の重要性を知ることができるのです。

6　要約 ── 日立の原価計算プロセス

これまで勉強してきた原価計算のまとめとして，日立の2023年3月期の原価計算プロセスを**図表7-2**（192頁）の原価計算の手続体系に当てはめると，**図表7-10**（217頁）のようになるでしょう（単位：億円）。

まず，費目別計算からスタートします。当期に発生した材料費を6,000，労務費を2,000，経費を3,720と仮定し，直接費と間接費に分解します。直接材料費3,600，直接労務費1,200，直接経費744，間接材料費2,400，間接労務費800，間接経費2,976と算定されました。

次の部門別計算においては，製造部門1部門と補助部門1部門を設置し，直接材料費，直接労務費，直接経費，そして製造間接費を，製造部門と補助部門に集計します。製造部門には，直接材料費1,800，直接労務費600，直接経費372，製造間接費3,088が，補助部門には，直接材料費1,800，直接労務費600，直接経費372，製造間接費3,088が集計されました。

さらに，補助部門の合計金額5,860を，直接配賦法（202頁）により製造部門に配賦します（製造部門は1部門）。その結果，製造部門の合計11,720が

「当期製造費用」(209頁）となり，仕掛品勘定に移されます。

最後は，製品別計算です。製造部門から仕掛品勘定に移された当期製造費用11,720と前期から繰り越された期首仕掛品642が加算され，「当期総製造費用」となります（209頁)。その合計12,362から期末仕掛品628を控除すると「当期製品製造原価」11,734が算出されます。その当期製品製造原価は製品勘定に移され，期首製品129と期首半製品173に加算されます。その合計12,036から期末製品154と期末半製品149を控除すると「売上原価」11,733が導き出され，損益計算書に表示されます（**図表1-6**，12頁)。貸借対照表には，期末の材料323，仕掛品628，製品154，半製品149が表示されます（**図表1-5**，11頁)。

192頁において，東大教授は，「売上原価は製造活動に投下された資本のうち当期に回収された金額を表し，棚卸資産の原価は同じく次期以降に回収される予定の金額を表しています。このことは，原価計算は製造活動に対する投下資本の顚末（てんまつ）を追跡しているともいえるでしょう」と述べています。

2023年３月期の日立は，前期から繰り越された「期首仕掛品642億円」「期首製品129億円」「期首半製品173億円」の計944億円に加えて，「当期材料費6,000億円」「当期労務費2,000億円」「当期経費3,720億円」の計１兆1,720億円の「当期製造費用」を発生させました。期首棚卸資産と当期製造費用に投下された「総製造費用」は合計１兆2,664億円（944億円＋11,720億円）です。

この総製造費用１兆2,664億円のうち，１兆1,733億円が「売上原価」として製品の販売を通して回収されたのです。そして，次期以降に回収される予定として「仕掛品628億円」「製品154億円」「期末半製品149億円」の計931億円が期末棚卸資産として残存しています。まさに「原価計算は製造活動に対する投下資本の顚末を追跡している」のです。

〔注意〕

実は，改正財務諸表等規則（2014年３月26日）により，企業は274頁の**〔資料１〕**の「製造原価明細書」を添付する必要がなくなったのです。した

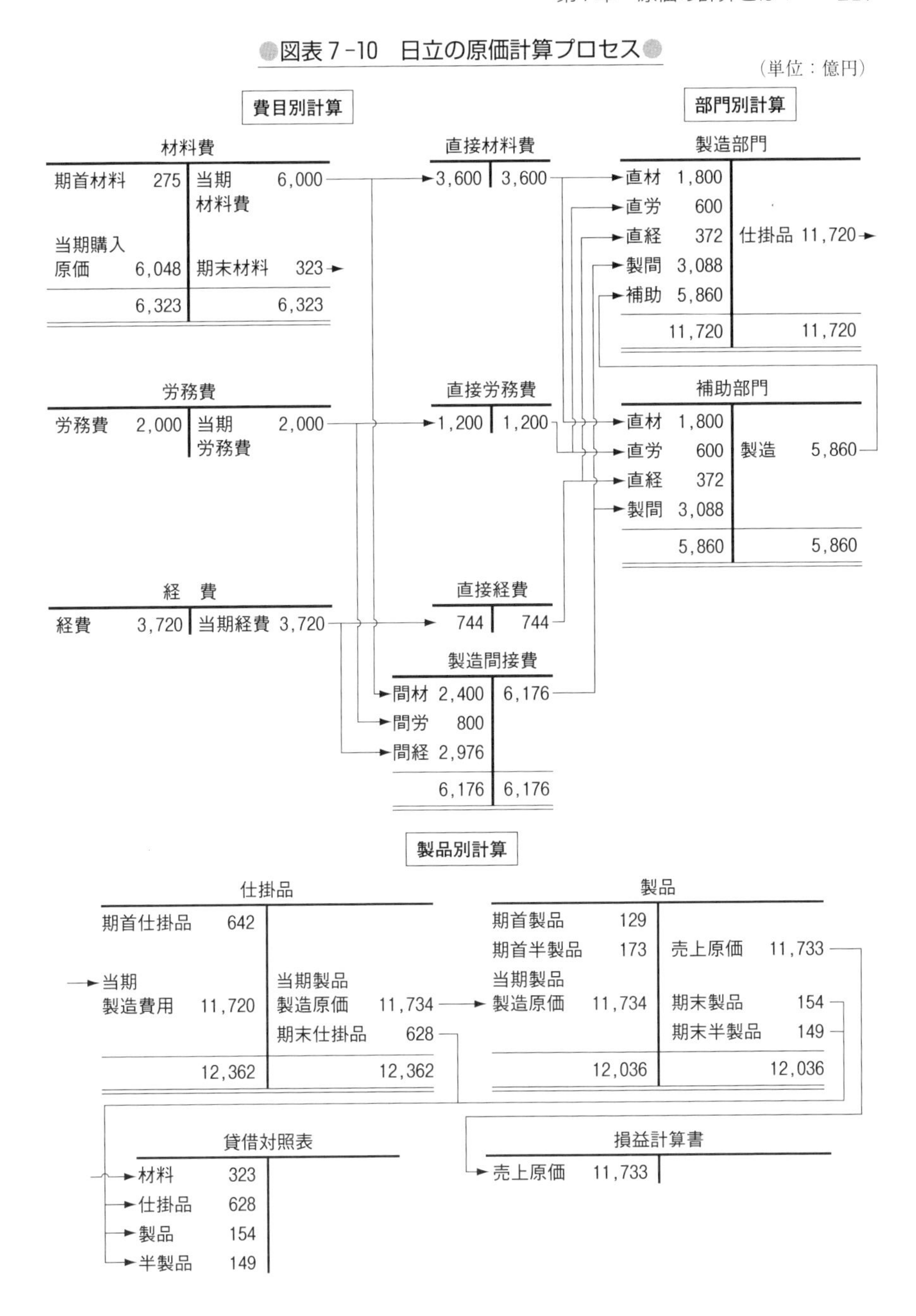
図表7-10　日立の原価計算プロセス
（単位：億円）
費目別計算
部門別計算
材料費
期首材料　275
当期購入
原価　6,048
当期
材料費　6,000
期末材料　323
6,323
6,323
労務費
労務費　2,000
当期
労務費　2,000
経　費
経費　3,720
当期経費　3,720
直接材料費
3,600
3,600
直接労務費
1,200
1,200
直接経費
744
744
製造間接費
間材　2,400
間労　800
間経　2,976
6,176
6,176
6,176
製造部門
直材　1,800
直労　600
直経　372
製間　3,088
補助　5,860
仕掛品　11,720
11,720
11,720
補助部門
直材　1,800
直労　600
直経　372
製間　3,088
製造　5,860
5,860
5,860
製品別計算
仕掛品
期首仕掛品　642
当期
製造費用　11,720
当期製品
製造原価　11,734
期末仕掛品　628
12,362
12,362
製品
期首製品　129
期首半製品　173
当期製品
製造原価　11,734
売上原価　11,733
期末製品　154
期末半製品　149
12,036
12,036
貸借対照表
材料　323
仕掛品　628
製品　154
半製品　149
損益計算書
売上原価　11,733

がって，それまで開示されてきた「材料費」「労務費」「経費」「当期製造費用」と「総製造費用」さらに「当期製品製造原価」が消失してしまったのです。**これは，財務ディスクロージャーの大きな後退です**。

そこで，**図表７-10**の作成に当たっては，まず，日立の2022年３月期と2023年３月期の貸借対照表及び2023年３月期の損益計算書に表示されている以下の項目の金額を各勘定に記入しました（単位：億円)。

期首材料275，期首仕掛品642，期首製品129，期首半製品173，期末材料323，期末仕掛品628，期末製品154，期末半製品149，売上原価11,733

そして，関係する勘定科目を調整しました。つまり，原価の流れを遡(さかのぼ)って，まず，製品勘定の貸方合計12,036から借方の期首仕掛品129と期首半製品173を控除し，当期製品製造原価11,734を確定しました。これを仕掛品勘定の貸方に記入し，その合計12,362から期首仕掛品642を控除して当期製造費用11,720を算定しました。この11,720は，当期材料費，当期労務費，当期経費の合計金額なので，「当期材料費6,000」「当期労務費2,000」「当期経費3,720」と仮定しました。また，「当期購入原価6,048」も，材料費勘定貸方合計6,323から期首材料275を控除したものです。

さらに，これら３つの原価要素の直接費と間接費の割合を，材料費と労務費については６対４，経費については２対８と仮定しました。また，部門別計算においては，製造部門と補助部門への割り振りを５対５と仮定しました。

〔ポイント〕

製造業も商業と同じように，モノやサービスの「購入活動」と「販売活動」を行います。製造業はさらに「製造活動」を記録し計算しなければならないのです。それが原価計算です。**図表７-１**（191頁）と**図表７-２**（192頁）の原価の流れを把握し，原価計算論の講義でさらに理解を深めてください。

〔注〕

(1) 津曲直躬「原価計算の課題」『テキストブック会計学(4)―原価計算』高田正淳・武田隆二・新井清光・津曲直躬・檜田信男編，有斐閣，1979年，22頁。「制度としての原価計算―原価計算の仕組みと機能」『会計学を学ぶ』新井清光・津曲直躬編，有斐閣，1982年，201頁。

(2) 小林哲夫「原価の部門別計算」『テキストブック会計学(4)―原価計算』，73-75頁。

(3) 櫻井通晴「総合原価計算」『テキストブック会計学(4)―原価計算』，121-123頁。

第8章 公認会計士監査とは？

“CPA”という文字を見たことがありますか？　あるいは“シーピーエー”という言葉を聞いたことがありますか？
ＣＩＡ（シーアイエー）は聞いたことがあるけれども，ＣＰＡ（シーピーエー）は見たことも聞いたこともない，という人がほとんどでしょう。

“Certified Public Accountant”の頭文字をとってCPA，わが国では「公認会計士」と称されている会計監査の専門家のことです。彼らの仕事は，多くの小片を組み合わせて絵にするジグソーパズルに似ています。

1　財務諸表監査の課題

経営者が「財務諸表は『一般に公正妥当と認められる企業会計の基準』に準拠して作成されているので，わが社の実態を示している」と主張しています。

そこで，経営者のその主張が正しいかどうかを職業的専門家である公認会計士が監査し，監査した結果を監査報告書として経営者に提出します。経営者は財務諸表とともにその監査報告書を公表します。K君を含むステークホルダーは，監査報告書によって信頼性を付与された財務諸表に基づいて会社の実態を知り，それぞれの立場で会社に対して意思決定をするのです。この財務ディスクロージャー制度の仕組みについては**図表1－4**（7頁）で再確認しましょう。

右頁の**図表8－1**は，上場会社等が発行する有価証券報告書（20頁）に添付される個別財務諸表に係る監査報告書の文例です。難解な専門用語は“パス”して，最後まで目を通してください。6分程度かかります。

監査報告書を読み終えたK君は，次のような疑問をもちました。

① 「当監査法人は，上記の財務諸表が，我が国において一般に公正妥当と認められる企業会計の基準に準拠して，○○株式会社の×年×月×日現在の財政状態並びに同日をもって終了する事業年度の経営成績及びキャッシュ・フローの状況を，全ての重要な点において適正に表示しているものと認める」。これが，**監査意見**だという（223頁）。

また，「監査人の責任は，監査人が実施した監査に基づいて，全体としての財務諸表に不正又は誤謬（ごびゅう）による重要な虚偽表示がないかどうかについて合理的な保証を得て，監査報告書において独立の立場から財務諸表に対する意見を表明することにある」という（224頁）。

しかしながら，多くの人々は，監査人に対して経営者の不正による財務諸表の虚偽表示を発見することを期待している。この「期待」と上の「監査意見」及び「監査人の責任」はどのような関係にあるのだろうか？

図表8－1　個別財務諸表に係る無限定適正意見報告書

独立監査人の監査報告書

20x1年×月×日

○○株式会社
取締役会　御中

○○監査法人
監査人の署名

監査意見

当監査法人は，金融商品取引法第193条の2第1項の規定に基づく監査証明を行うため，〔有価証券報告書の第5〕「経理の状況」〔本書20頁〕に掲げられている○○株式会社の×年×月×日から×年×月×日までの第×期事業年度の財務諸表，すなわち，貸借対照表，損益計算書，株主資本等変動計算書，キャッシュ・フロー計算書，重要な会計方針，その他の注記及び附属明細表について監査を行った。

当監査法人は，上記の財務諸表が，我が国において一般に公正妥当と認められる企業会計の基準に準拠して，○○株式会社の×年×月×日現在の財政状態並びに同日をもって終了する事業年度の経営成績及びキャッシュ・フローの状況を，全ての重要な点において適正に表示しているものと認める。

監査意見の根拠

当監査法人は，我が国において一般に公正妥当と認められる監査の基準に準拠して監査を行った。監査の基準における当監査法人の責任は，「財務諸表監査における監査人の責任」に記載されている。当監査法人は，我が国における職業倫理に関する規定に従って，会社から独立しており，また，監査人としてのその他の倫理上の責任を果たしている。当監査法人は，意見表明の基礎となる十分かつ適切な監査証拠を入手したと判断している。

監査上の主要な検討事項

監査上の主要な検討事項とは，当事業年度の財務諸表の監査において，監査人が職業的専門家として特に重要であると判断した事項である。監査上の主要な検討事項は，財務諸表全体に対する監査の実施過程及び監査意見の形成において対応した事項であり，当監査法人は，当該事項に対して個別に意見を表明するものではない。

〔以下，監査上の主要な検討事項を記載する〕

その他の記載内容

その他の記載内容とは，有価証券報告書に含まれる情報のうち，財務諸表及びその監査報告書以外の情報である。監査人は，その他の記載内容と監査の過程で得た知識との間に重要な相違があるかどうかを検討し報告する。

財務諸表に対する経営者並びに監査役及び監査役会の責任

経営者の責任は，我が国において一般に公正妥当と認められる企業会計の基準に準拠して財務諸表を作成し適正に表示することにある。これには，不正又は誤謬による重要な虚偽表示のない財務諸表を作成し適正に表示するために経営者が必要と判断した内部統制を整備及び運用することが含まれる。

財務諸表を作成するに当たり，経営者は，継続企業の前提に基づき財務諸表を作成することが適切であるかどうかを評価し，我が国において一般に公正妥当と認められる企業会計の基準に基づいて継続企業に関する事項を開示する必要がある場合には当該事項を開示する責任がある。

監査役及び監査役会の責任は，財務報告プロセスの整備及び運用における取締役の職務の執行を監視することにある。

財務諸表監査における監査人の責任

監査人の責任は，監査人が実施した監査に基づいて，全体としての財務諸表に不正又は誤謬による重要な虚偽表示がないかどうかについて合理的な保証を得て，監査報告書において独立の立場から財務諸表に対する意見を表明することにある。虚偽表示は，不正又は誤謬により発生する可能性があり，個別に又は集計すると，財務諸表の利用者の意思決定に影響を与えると合理的に見込まれる場合に，重要性があると判断される。

監査人は，我が国において一般に公正妥当と認められる監査の基準に従って，監査の過程を通じて，職業的専門家としての判断を行い，職業的懐疑心を保持して以下を実施する。

- 不正又は誤謬による重要な虚偽表示リスクを識別し，評価する。また，重要な虚偽表示リスクに対応した監査手続を立案し，実施する。監査手続の選択及び適用は監査人の判断による。さらに，意見表明の基礎となる十分かつ適切な監査証拠を入手する。
- 財務諸表監査の目的は，内部統制の有効性について意見表明するためのものではないが，監査人は，リスク評価の実施に際して，状況に応じた適切な監査手続を立案するために，監査に関連する内部統制を検討する。
- 経営者が採用した会計方針及びその適用方法の適切性，並びに経営者によって行われた会計上の見積りの合理性及び関連する注記事項の妥当性を評価する。
- 経営者が継続企業を前提として財務諸表を作成することが適切であるかどうか，また，入手した監査証拠に基づき，継続企業の前提に重要な疑義を生じさせるような事象又は状況に関して重要な不確実性が認められるかどうか結論付ける。継続企業の前提に関する重要な不確実性が認められる場合は，監査報告書において財務諸表の注記事項に注意を喚起すること，又は重要な不確実性に関する財務諸表の注記事項が適切でない場合は，財務諸表に対して除外事項付意見を表明することが求められている。監査人の結論は，監査報告書日までに入手した監査証拠に基づいているが，将来の事象や状況により，企業は継続企業として存続できなくなる可能性がある。
- 財務諸表の表示及び注記事項が，我が国において一般に公正妥当と認められる企業会計の基準に準拠しているかどうかとともに，関連する注記事項を含めた財務諸表の表示，構成及び内容，並びに財務諸表が基礎となる取引や会計事象を適正に表示しているかどうかを評価する。

監査人は，監査役及び監査役会に対して，計画した監査の範囲とその実施時期，監査の実施過程で識別した内部統制の重要な不備を含む監査上の重要な発見事項，及び監査の基準で求められているその他の事項について報告を行う。

監査人は，監査役及び監査役会に対して，独立性についての我が国における職業倫理に関する規定を遵守したこと，並びに監査人の独立性に影響を与えると合理的に考えられる事項，及び阻害要因を除去又は軽減するためにセーフガード〔小規模監査事務所が監査業務に係る審査を他の公認会計士事務所に委託すること〕を講じている場合はその内容について報告を行う。

監査人は，監査役及び監査役会と協議した事項のうち，当事業年度の財務諸表の監査で特に重要であると判断した事項を監査上の主要な検討事項と決定し，監査報告書に記載する。ただし，法令等により当該事項の公表が禁止されている場合や，極めて限定的ではあるが，監査報告書において報告することにより生じる不利益が公共の利益を上回ると合理的に見込まれるため，監査人が報告すべきではないと判断した場合は，当該事項を記載しない。

利害関係

会社と当監査法人又は業務執行社員との間には，公認会計士法の規定により記載すべき利害関係はない。

以　上

そして，監査法人（232頁）は監査した会社の収益性や安全性等について一言も述べていない。どうしてだろう？

② 監査法人は，「我が国において一般に公正妥当と認められる監査の基準に準拠して監査を行った」という（223頁）。「監査の基準」とは何か？

③ 「監査上の主要な検討事項とは，当事業年度の財務諸表の監査において，監査人が職業的専門家として特に重要であると判断した事項である」という（223頁）。財務諸表利用者にとっては大いに関心があろうが，どんなことが記載されているのだろうか？

④ 「経営者の責任は，一般に公正妥当と認められる企業会計の基準に準拠して財務諸表を作成し適正に表示することにある」という（224頁）。このことはわかる。また，「内部統制」という用語の意味もなんとなくわかるが，それを整備及び運用する責任も経営者にあるという。一体，財務諸表の作成と内部統制とはどのような関係にあるのだろうか？

そして，経営者が開示すべき継続企業に関する事項とは，企業の存続能力についての情報，換言すれば倒産危険性に関する情報であろう（224，225頁）。監査人はどのように対処するのだろうか？

⑤ 「監査人は，監査の過程を通じて，職業的専門家としての判断を行い，職業的懐疑心を保持して以下を実施する」という（224頁）。「職業的懐疑心」とは？

さらに，「〔監査人は〕，不正又は誤謬による重要な虚偽表示リスクを識別し，評価する。また，重要な虚偽表示リスクに対応した監査手続を立案し，実施する」，「監査人は，リスク評価の実施に際して，状況に応じた適切な監査手続を立案するために，監査に関連する内部統制を検討する」という（225頁）。まったくわからない。一体，なぜこのような監査手続を説明する必要があるのだろうか？

⑥　それにしても，長文の監査報告書だな。もっと簡潔にならないものか？

本章は，上のようなＫ君の疑問に答えつつ，財務ディスクロージャー制度における公認会計士監査のフレームワークについて勉強します。

2　経営者の立場と監査の必要性

最初に，財務諸表の作成者たる経営者の立場について考えてみます。

経営者の最大の任務は，利益（当期純利益）を獲得することです。株主の期待する株価の上昇も多くの配当金も，銀行からの借入金の確実な返済も，仕入先や得意先との安定した取引も，従業員の要求を満たす給料やボーナスの支給も，そして納税等を通しての社会還元も，利益を上げることによってのみ達成可能だからです。経営者は，いかなる環境にあっても利益を獲得することが自らの使命であると認識しています。

このような立場にある経営者は，時には業績を偽って報告することがあります。例えば，次のような行為を行います。（　）の頁を必ず参照しましょう。

①　次期に計上すべき売上高を当期に計上する（86頁）。

②　当期に計上すべき費用を次期に繰り延べる（84頁）。

③　回収不能な売掛金や貸付金について貸倒引当金を設定しない，あるいは過少に計上する（148頁）。

④　有価証券の時価が著しく下落し回復する見込みがないのに減損処理をしない（152頁）。

⑤　陳腐化した棚卸資産の時価が簿価を下回っているのに簿価切下げの処理をしない（162頁）。

⑥　有形固定資産の耐用年数を延長し減価償却費を圧縮する（163頁）。

⑦　「のれん」を含む固定資産の収益性が著しく低下しているにもかかわらず減損損失を計上しない（167頁）。

このような「技法」を駆使することによって，経営者は，利益を捻出（ねんしゅつ）すること（無理にやり繰りして作り出すこと）ができます。

また，経営者は，次のような行為も行います。

①　商品や製品，仕掛品の評価方法を変更する（161, 215頁）。

②　有形固定資産の減価償却方法を定率法から定額法へ変更する（165頁）。

③　貸倒引当金や製品保証引当金等の繰入基準を変更する（148頁）。

④　退職給付引当金の算定に当たって割引率を高い率に変更する（178頁）。

これらの事例は，多くの場合利益の過大計上を，場合によっては利益の過少計上をもたらします。このような「会計方針の変更」に対して，経営者は次のように主張します。変更後の会計方針はいずれも「一般に公正妥当と認められる企業会計の基準」として容認されており，しかも，その変更については財務諸表に「注記」しているのだから，なんら問題はないと（146頁）。

しかし，上のような技法によって作成された財務諸表は，一般に公正妥当と認められる企業会計の基準に準拠しておらず，決して会社の実態を示すものではありません。また，会計方針の変更も，それが「正当な理由」（146頁）によるものでなければ**粉飾決算**です（17頁）。

粉飾決算は絶対に許すことができません。多額の損失が発生しているにもかかわらず見かけ上の利益を報告することは，財務諸表に依拠する関係者の判断を誤らせ，しかも，粉飾決算の発覚により信用を失った会社は結局は倒産し，多くの人々に莫大な損害を与えるからです。これは，歴史が証明するところです。

上述のような事象が起こりうる状況において作成された財務諸表が経営者によって一方的に公表されても，人々は直ちにこれを受け止めるわけにはいきません。意思決定の判断資料としての財務諸表に不信感をもっているからです。

一方，適正な経理を行っている経営者がいかに財務諸表の真実性を主張しても，それは，十分な説得力をもつものではありません。「自己証明は証明にあらず」だからです。

ここに，公認会計士による財務諸表監査の存在理由があるのです。つまり，経営者の会計行為の妥当性をチェックし，財務諸表の信頼性を検証するために，経営者から独立した職業的専門家による監査が必要とされるのです。

3　公認会計士監査の目的

監査人が遵守しなければならない「監査基準」（236頁）は，公認会計士による監査の目的として，以下を定めています。

「財務諸表の監査の目的は，経営者の作成した財務諸表が，一般に公正妥当と認められる企業会計の基準に準拠して，企業の財政状態，経営成績及びキャッシュ・フローの状況をすべての重要な点において適正に表示しているかどうかについて，監査人が自ら入手した監査証拠に基づいて判断した結果を意見として表明することにある。

財務諸表の表示が適正である旨の監査人の意見は，財務諸表には，全体として重要な虚偽の表示がないということについて，合理的な保証を得たとの監査人の判断を含んでいる」

前段が，監査人は財務諸表が一般に公正妥当と認められる企業会計の基準に準拠して，企業の財政状態，経営成績及びキャッシュ・フローの状況を適正に表示しているかどうかについての意見を表明するという伝統的な財務諸表監査の目的です（**図表8-1**の「監査意見」）。

一方，社会の人々は，公認会計士に対して経営者の不正による財務諸表の虚偽表示を発見し，それを修正させることによって適正な財務諸表が発表されることを期待しています。

では，前段の監査の「目的」と社会の人々の監査人への「期待」との関係はどうなっているのでしょうか？ それを調整したのが後段です。つまり，財務諸表が企業の状況を適正に表示しているという監査人の意見表明は，同時に，財務諸表には全体として重要な虚偽の表示がないということについても，監査人は**合理的な保証**（絶対的ではないが相当に高い程度の心証）を得たとの判断を含んでいる」いうことです。

もう少し詳しく説明しましょう。会社の実態を示していない“ウソ”の財務諸表は，誤謬と不正によってもたらされます。**誤謬**とは意図的でない誤りのことです。例えば，パソコンでのインプットミスや計算の誤り，事実の見落としや誤解に基づく会計上の判断の誤り等です。**不正**とは意図的な行為であって，これには，粉飾と資産の流用とがあります。「粉飾」とは，財務諸表利用者を欺（あざむ）くために，財務諸表に計上すべき金額を計上しなかったり，過少に計上したり，必要な開示を行わなかったりすることです。また，「資産の流用」とは，売上代金や仕入代金等を着服することです。

ところで，誤謬はほとんどの場合従業員の側で発生します。従業員の不注意や知識の欠如等により起こるのです。また，不正のうち資産の流用も，大部分は従業員によって行われます。そして，誤謬や資産の流用の多くは会社の内部牽制（けんせい）組織や内部監査によって防止され，また発生したとしても早期に発見されるので，多くの場合，誤謬や資産の流用による財務諸表の誤りは事前に修正されます。したがって，現在の公認会計士監査は誤謬や資産の流用という不正を発見することを主たる目的とするものではありません。

なお，**内部牽制組織**とは，一定の作業を一人の支配下に置くことなく必ず複数の従業員に担当させ，各担当者の相互牽制により自動的に業務の適否を検証する事務管理制度のことです。また，**内部監査**とは，会社の発展にとって有効な改善策を勧告したり，不祥事を未然に防止したり早期に発見するために，会社内部のスタッフにより行われる監査のことです。

一方，粉飾という不正は，主として経営者によって行われます。例えば，財務諸表上の利益の過大表示を通して株価を上昇させるために，227～228頁で例示したような会計処理を行う場合や“タックス・ヘイブン”（tax haven，バハマ諸島やケイマン諸島等のように低課税または無税の国や地域のこと）に会社を設立しこれを利用して仮装取引を行う場合等です。このような不正は内部牽制組織や内部監査の範囲外で行われるので，防止することも発見することも難しいのです。

そこで，公認会計士は，この種の経営者による不正に起因する財務諸表の重要な虚偽表示がないかどうかを監査の最大のねらいとしなければなりません（229頁の監査の目的の後段）。ウソの財務諸表が作成される可能性の高い領域を識別し，そこを重点的に監査しなければなりません。その結果，経営者による不正は発見されず，かつ，財務諸表が一般に公正妥当と認められる企業会計の基準に準拠して作成されていると確信した場合に，財務諸表は適正であるという意見を表明することができるのです（229頁の監査の目的の前段）。

したがって，財務諸表利用者の立場からすると，公認会計士や監査法人が財務諸表は適正であるという「監査意見」を表明していることは，経営者による不正に起因する財務諸表の重要な虚偽表示はないということについても，監査人は絶対的ではないが相当に高い程度の約束をしていると解することができるのです（222頁のＫ君の疑問①に対する回答です）。

4　公認会計士

監査の主体は公認会計士です。公正不偏の態度を堅持する公認会計士が求められています。

（1）　公認会計士と監査法人

公認会計士（CPA：Certified Public Accountant）とは，他人の求めに応じ

報酬を得て，財務書類（財務諸表や地方公共団体の発表する資金収支計算書等の財務資料のこと）の監査または証明をすることを業とする，国が認めた専門家のことです。公認会計士になるためには，公認会計士試験に合格し，日本公認会計士協会に登録しなければなりません。

監査法人とは，財務書類の監査または証明の業務を組織的に行うことを目的として，5人以上の公認会計士が共同で設立した法人のことです。会社の大規模化・国際化・情報化に伴い，公認会計士の単独監査では十分かつ適切な監査を実施することができません。また，監査人に必要な被監査会社からの独立性（以下で説明します）を堅持することも容易ではありません。そこで，1967（昭和42）年に監査法人第1号が設立されたのです。わが国の大手監査法人は4,000人を超える公認会計士を雇用し，世界の“ビッグ4”会計事務所とグローバルネットワークを形成し，監査体制を強化しています。

2023年3月31日現在，34,438人の公認会計士と7,920人の公認会計士試験合格者等合計42,358人，それに279の監査法人が日本公認会計士協会に登録しています。

（2） 公認会計士の独立性

図表8-1の監査報告書のタイトルは，「独立監査人の監査報告書」です。監査人として最も大切なことは，被監査会社から「独立」していなければならないからです。公認会計士が独立性を堅持し財務諸表に対して公平な意見を表明することによって，ステークホルダーは安心して財務諸表を利用することができるのです。彼らが独立性を堅持しなかった場合には，公認会計士への信頼を基礎として成り立つ財務ディスクロージャー制度は崩壊します。

⑴ 精神的独立性

公認会計士は，監査を行うに当たって，常に精神的独立性を堅持しなければなりません。**精神的独立性**（independence in mental attitude）とは，監査契約を締結し，監査計画を立案し，監査を実施し，監査報告書を作成するまでの監査業務の全過程において，公認会計士が被監査会社やその他関係者からの懇請や圧力に屈せず，自らの良心と信念に従って常に客観的かつ公平な判断を行使するための心の状態のことです。すなわち，精神的独立性とは，公正不偏の態度のことです。

(2)　外観的独立性

公認会計士は，独立の立場を損なう利害や独立の立場に疑いを招く外観を呈(てい)してはなりません。これを**外観的独立性**（independence in appearance）といいます。

具体的には，公認会計士は，被監査会社との間に役員・株主・債権者等としての経済的利害関係がないこと，被監査会社との間に親族関係を通じての身分的な関係にないこと，そして，被監査会社との間に特別な利害関係があるように見える状況にもないということです。経済的利害関係や身分的な関係，そして公認会計士と被監査会社との間に特別な利害関係があるように見える状況は，たとえ公認会計士が精神的独立性を堅持し適切な監査を実施したとしても，財務諸表利用者には公認会計士の独立性が欠如しているように映り，監査結果に疑いをもつことになるからです。こうした状況は避けなければなりません。

そこで，公認会計士法と同施行令は，公認会計士の外観的独立性を確保するために，被監査会社との「著しい利害関係」について具体的に規定しています。例えば，①公認会計士またはその配偶者が，被監査会社の役員や財務に関する事務の責任者であり，または過去1年内にこれらの者であった場合，②公認会計士またはその配偶者が，被監査会社から税理士業務等により継続的な報酬を受けている場合等には，公認会計士は当該会社に係る監査業務を行ってはなりません（公認会計士法24，同施行令7）。

(3)　公認会計士の独立性とマネジメント・コンサルティング・サービス

公認会計士や監査法人の行う経営助言業務は“マネジメント・コンサルティング・サービス”（Management Consulting Services）といわれます。これには，経営計画，原価管理，棚卸資産管理，資金管理，マーケティング等の伝統的な領域のみならず，経営戦略の策定，合併・買収計画の立案，コンピュータ情報システムの設計管理，工場立地調査，リゾート開発調査，上級経営管理者の就職斡旋（あっせん）等も含まれます。

公認会計士や監査法人が監査をしている会社に対して行うコンサルティング業務は，その業務によっては監査人の独立性を脅かすことになります。被監査会社に係る合併・買収計画の立案やその交渉，被監査会社への上級経営管理者の就職斡旋等は，その一例です。合併・買収を有利に導くために公認会計士が経営者に会計方針を助言することや就職を斡旋された上級経営管理者と公認会計士との関係は好ましい状況ではありません。結果として，当該会社の財務諸表に重要な影響を及ぼします。公認会計士は，被監査会社に対して，これらのコンサルティング業務を行ってはいけません。

そして，先進国は公認会計士の被監査会社に対するコンサルティング業務を厳しく規制しています。日本でも，被監査会社に対する財務・会計情報システムの整備や管理に関する業務，被監査会社の内部監査に関する受託業務等を禁止しています（公認会計士法施行規則６）。

（３） 職業的懐疑心とは？

監査報告書において，「監査人は，……，職業的懐疑心を保持して以下を実施する」と述べています（224頁の下から３行目）。多くの皆さんにとって，「職業的懐疑心」という言葉は初めて耳にすることでしょう。

職業的懐疑心とは，“professional skepticism”の訳語です。

そもそも，財務諸表が信頼できるかどうかは作成者である経営者の問題です。その経営者は不誠実であるということを前提とする監査はできません。なぜなら，それを前提とすると，公認会計士は経営者の作成した会計記録や資料のすべてに疑いをもつことになり，監査を実施することは不可能だからです。とはいえ，経営者はまったく誠実であるということも前提としてはなりません。現実に経営者による粉飾決算が行われているからです。

監査人にとっての懐疑心とは，経営者が誠実であるかどうかについて予断をもってはならず，財務諸表が粉飾されているのではないかとの危惧（きぐ）の念を抱き，職業的専門家としての独立の立場を堅持して監査を行う，という心構えのことです。経営者が提出する資料や経営者に対する質問の回答を鵜呑みにせず，経営者から入手した情報の妥当性や合理性について監査の過程で入手したすべての証拠と照らし合わせて注意深く検討すること等は，職業的懐疑心を保持して監査することの一例です（226頁のK君の疑問⑤に対する回答です）。

（4）　公認会計士の損害賠償責任

公認会計士が虚偽の財務諸表に対して，それが会社の財政状態や経営成績，キャッシュ・フローの状況を適正に表示しているという意見の監査報告書を提出した場合には，公認会計士は，その財務諸表と監査報告書を信頼して有価証券を取得した者に対して，損害賠償責任を負わなければなりません（金商法21, 22, 24の4）。そして，投資者等の第三者が公認会計士の責任を追及する場合には，第三者は，自らに損害が生じたこと，公認会計士の任務懈怠（けたい）がその損害を引き起こしたこと，の2点を立証することになります。

一方，公認会計士は，職務上，故意（わざと）または過失（うっかり）がなかったこと，すなわち，「職業的専門家としての正当な注意」（due professional care：職業的専門家一般に当然に期待される注意のこと）を払い，職業的懐疑心を保持して監査を行った事実を立証しなければ責任を免れることはできません。ただし，正当な注意を払い，職業的懐疑心を保持して監査を実施したにもかかわらず，被監査会社の巧妙な操作等により財務諸表の粉飾を見抜けなかったことを立証した場合には，損害賠償責任を免れます（金商法21の2②）。

このように，公認会計士がその責任を負うかどうかは，職業的専門家としての正当な注意を払い，職業的懐疑心を保持して監査を実施していたかどうかです。実際問題としては，どれだけ注意すれば職業的専門家としての正当な注意を払ったことになるのか，職業的懐疑心を発揮したことになるのかについて具体的に定めることは困難です。しかし，公認会計士監査の原点である

「ステークホルダーの保護」という社会的使命を果たすために，職業倫理規則（日本公認会計士協会が定めている）を遵守し，監査環境の変化に適応した監査計画を立て，独立性を堅持して質の高い監査を実施することが基本でしょう。

5 監査の基準

図表8－1の監査報告書をもう一度見ましょう。そこには，公認会計士や監査法人が，どのような監査計画を立て，どのような監査手続をどの範囲にわたって実施し，どのような監査証拠を入手して監査意見を表明するに至ったのかについてはまったく記載されていません。単に，「当監査法人は，我が国において一般に公正妥当と認められる監査の基準に準拠して監査を行った」と記載されているだけです（223頁の「監査意見の根拠」）。

このような記述は，すべての上場会社等の通常の監査報告書に共通して見られます。このことは，個々の公認会計士や監査法人が実施した監査の状況を個別に記載するのでなく，上の一文を記載することによって，公認会計士や監査法人は監査の基準が要求する監査を実施したことを明らかにしているのです。では，「我が国において一般に公正妥当と認められる監査の基準」とはなんでしょうか？　K君も初めて接した用語です（226頁の②）。

それは，「監査基準」，「監査に関する品質管理基準」，「監査における不正リスク対応基準」，それに「監査基準報告書」から構成されています。

監査基準は，企業会計審議会（金融庁長官の諮問機関）において，学者や公認会計士，関係団体，監督官庁等が公正妥当なものとして合意した公認会計士による財務諸表監査に関する社会的ルールです。そこには，監査の目的や監査人の独立性，後述するリスク・アプローチに基づく監査，監査報告書の記載区分と記載事項等が定められています。

監査に関する品質管理基準は，公認会計士の監査業務の「質」を確保するために企業会計審議会が公表した基準です。監査事務所は，この基準に準拠して事務所独自の品質管理システムの整備・運用，職業倫理と独立性，監査契約の新規の締結と更新，監査手続書の整備，監査調書の記録・保存，審査体制等に関する方針と手続を定めます。

監査における不正リスク対応基準は，経営者による不正に起因する財務諸表の虚偽表示を監査人が看過することのないよう，不正による重要な虚偽表示のリスク（**不正リスク**という）に対応する監査手続をより慎重に実施することを求めるとの観点から企業会計審議会によって発表されたものです。本基準は，職業的懐疑心の堅持と発揮，不正リスクに対応した監査の実施，不正リスクに対応した監査事務所の品質管理の3つの柱から構成されています。

監査基準報告書は，公認会計士が監査を実施する際に遵守すべき指針です。日本公認会計士協会が発表しています。例えば，「財務諸表監査における不正」，「評価したリスクに対応する監査人の手続」，「監査証拠」，「会計上の見積りの監査」等について定めています。監査基準報告書も，監査の国際的展開を背景に国際会計士連盟（International Federation of Accountants，135ヵ国180を超える会計プロフェッションをメンバーとする団体。本部ニューヨーク）が発表する「国際監査基準」（International Standards on Auditing）の影響を大きく受けています。

公認会計士は「監査の基準」に従って監査を実施しなければならず，これに違反する場合には責任や制裁を負うことになります。また，監査を受ける経営者は，公認会計士による監査が監査の基準に従って行われるものである限り，これを受け入れなければなりません。そして，私たちは，監査の基準に従った監査業務の実施を公認会計士に要求することができ，同時に監査の基準に準拠した監査業務には納得しなければなりません。

「監査の基準」については，監査論の講義で勉強しましょう。

6　現代監査の特徴

現代監査の特徴として，リスク・アプローチに基づく監査（以下，「リスク・アプローチ監査」という）と「試査」を取り上げます。

（1） リスク・アプローチ監査

公認会計士や監査法人は，不正，特に経営者による不正に起因する財務諸表の重要な虚偽表示の発見に注力しなければなりません。そのための監査手法がリスク・アプローチ監査です。現代財務諸表監査の中心的なテーマですが，皆さんにはちんぷんかんぷんでしょう。要約して，本章冒頭のＫ君の疑問⑤（226頁）にお答えします。

まず，**監査リスク**（Audit Risk）という用語について説明します。監査リスクとは，監査人が財務諸表の重要な虚偽表示を見逃して誤った意見を表明してしまう可能性のことです。典型的には，財務諸表が「一般に公正妥当と認められる企業会計の基準」に準拠せず偽（いつわ）って作成されているにもかかわらず，財務諸表は適正であるという意見を表明してしまうことです。したがって，監査リスクは低い方が望ましいのです。

しかし，監査リスクを“ゼロ”にすることはできません。なぜなら，監査は不確実な経営事象に対する経営者の見積り，例えば，貸倒引当金を設定する際の売掛先の経営状況の評価（148頁），有価証券の減損処理時の時価の決定（152, 170頁），固定資産の減損処理に係るキャッシュ・フローの見積り（168頁）等を対象としているので，監査人も高い確率をもって結論を出すことができないケースもあるからです。また，後述するように監査は全体の一部をサンプルとして抽出しその結果に基づいて全体に対する意見を表明するので，抽出しなかった領域に不正が存在する可能性があるからです。

しかし，“プロ”としての公認会計士や監査法人は，監査リスクを，社会の人々が期待するできるだけ低い水準に抑え，それを達成しなければなりません。

そのためには，監査人は，まず被監査会社の財務諸表に重要な虚偽表示が行われる可能性を検討します。例えば，会社が，以下のような状況にあると，不正リスク（237頁）は高まります。

① 景気の後退期になると，売掛先の業績が悪化し，債権が回収不能になる可能性が高まる。また，棚卸資産の在庫が増加し，陳腐化した棚卸資産が滞留する可能性がある。

② 会社が技術革新のテンポの著しく速い産業に属する場合には，生産設備の陳腐化が著しく，遊休資産が発生する可能性が高い。

③ 経営者が厳しい販売目標を設定している場合，従業員がその圧力に耐えられず**押込販売**（おしこみ）（将来買い戻すことを約束して取引先に無理やり販売すること）を行う可能性がある。

④ ワンマン経営者がディスクロージャー制度の重要性を十分に理解していない場合，会社の実態を反映しない会計方針を採用したり，会計方針を変更して利益操作を行う可能性がある。

⑤ 投資有価証券の評価，繰延税金資産（186頁）や引当金の計上，関係会社間取引等は経営者の見積りや判断が大きく介入するので，虚偽表示の可能性が高まる。

もちろん，会社も上のような状況に起因する不正リスクの発現を防止するために，内部統制を整備し運用しています。**内部統制**とは，企業の業務活動を有効かつ効率的に実施すること，財務報告の信頼性を確保すること，事業活動に係る法規を遵守すること（“コンプライアンス”）等の目的を達成するために，企業が構築する統合的管理システムのことです。これには，経営理念・経営方針・行動指針，取締役会のビジネス・リスクへの対処，監査役会の監視，権限と責任の分担や指揮命令系統，内部牽制組織や内部監査，従業員の教育や研修等も含まれます。そして，内部統制の最も重要な要素は，組織の気風を決定し組織全体の統制に影響を及ぼす経営者の姿勢です。

誠実な経営者が経営理念と経営方針に基づいて全社を統括し，取締役会が活発に議論し，各取締役が善良な管理者の注意を払って担当業務を遂行し，監査役会や内部監査が適切な監視・助言活動を実施し，加えて従業員が高い倫理意識をもって業務に精励しているならば，つまり内部統制が有効に機能しているならば，不正リスクの発現を防止することができ，また，発現したとしてもその影響を最小限に食い止めることができます。したがって，粉飾決算が行われる可能性は低く，財務諸表の信頼性は高まります（226頁のＫ君の疑問④に対する回答です）。

しかし，内部統制は，当初想定していなかった組織内外の環境の変化や非定型的な取引等には必ずしも対応せず，また，判断の誤りや不注意，複数の担当者による共謀等によって有効に機能しなくなる場合もあります。ワンマン経営者が内部統制を無視することもあります。

そこで，監査人は，被監査会社の置かれている状況と内部統制の運用状況を総合的に考慮して，被監査会社の不正リスクの程度を評価します。例えば，不正リスクの程度を，高い・中位・低いと判定するのです。そして，その程度に応じて監査計画を立て，これに基づき監査を実施するのです。

被監査会社の不正リスクが「高い」（財務諸表の虚偽表示が行われる可能性が高い）と判定した場合には，監査人は，設定した監査リスクの水準（例えば５％）を達成するために，広範囲にわたる監査手続を厳しく実施しなければなりません。一方，不正リスクが「低い」と判定した場合には，標準的な監査によっても監査リスクの水準をクリアーすることができます。

つまり，監査人は，財務諸表に重要な虚偽表示が行われる可能性を評価し，その評価に応じて，実施する監査手続の種類やその実施時期，実施範囲を決定し，監査計画に盛り込むのです。不正リスクの高い領域を識別し，その領域により多くの監査資源を投入し重点的に監査することによって不正の発見に努め，一方で不正リスクの低い領域には少ない監査資源を配分することによって監査の効率性も確保しようとするのです。このような監査手法をリスク・アプローチ監査と呼ぶのです。

図表８－２をご覧ください。リスク・アプローチ監査の概念図です。

●図表８－２　リスク・アプローチ監査●

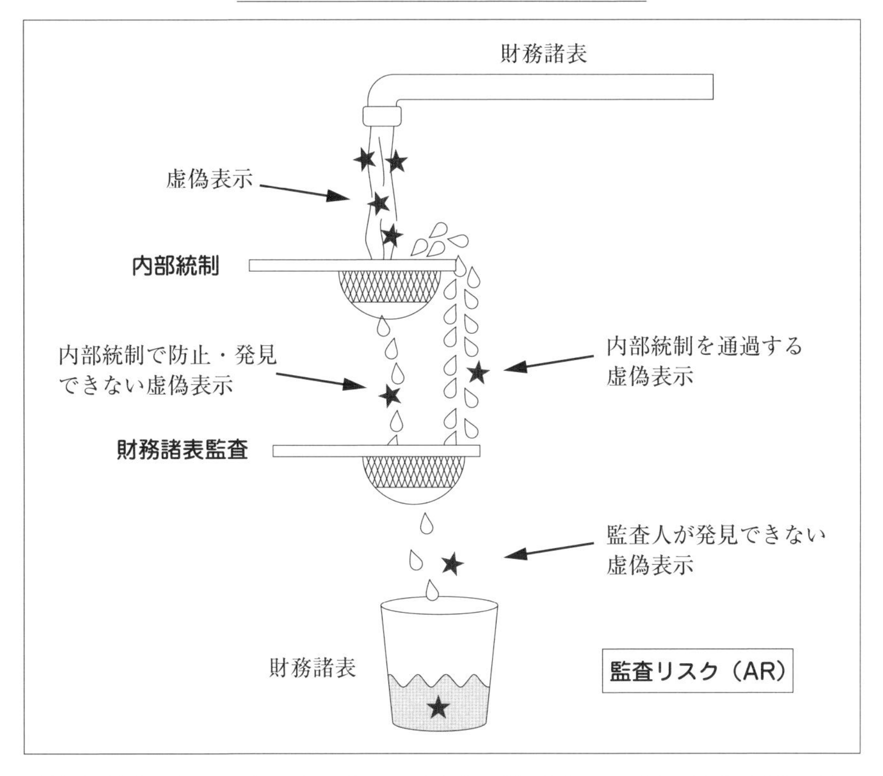

（出所：AICPA, *Auditing Procedures Study, in "Audits of Small Business,"* New York, 1985, p. 44.）

監査人は，企業の内部統制によって防止または発見されなかった財務諸表の重要な虚偽表示を発見しなければなりません。内部統制をくぐり抜けた重要な虚偽表示を見逃してしまうリスクを，つまり監査リスクを，例えば５％以内に抑えることが"プロ"としての監査人には求められているのです。

（2） 試　査

監査は，サンプリングによる試査によって行われます。サンプリングによる試査とは，監査対象の一部をサンプルとして抽出し，それに対して監査手続を実施して，母集団全体に対する結論を導き出すことです。

では，なぜ試査が採られるのでしょうか。それは，次のような理由によるのです。

① 第1の理由は，今日の大規模化した会社の会計記録や資料等のすべてを監査することは時間的にも経済的にも不可能だということです。したがって，監査手続は試査によらざるを得ないのです。

② 239頁で指摘したように，会社は内部統制を整備し運用しています。内部統制が整備され有効に機能していれば不正や誤謬は事前に防止されるので，信頼性の高い会計記録や証憑（しょうひょう）書類等に基づいて財務諸表が作成されます。そして，監査人は，不正リスクを評価する際に，状況に応じた適切な監査手続を立案するために監査に関連する内部統制を検討します（225頁の上から6行目）。

しかも，上場会社は内部統制の整備・運用状況について公認会計士による監査を受けなければなりません（2009年4月1日以後開始する事業年度より実施されています）。内部統制に重要な欠陥があると，監査人による**内部統制監査報告書**で明らかにされます。被監査会社の内部統制への関心は高まっています。したがって，試査による監査手続でも監査目的を達成することができるのです。

③ 売上げや仕入れに係る会計記録は，大量かつ反復的でコンピュータによる統一的な処理が行われています。そこでのエラーは一定の確率をもって発生します。したがって，統計理論や確率論等を応用することにより，一部のサンプルを抜き出しそれを監査することによって監査対象全体の適否を判断することができるのです。

7 監査報告書

監査報告書は，監査の結果として，公認会計士や監査法人が財務諸表に対する意見を表明する手段です。そして，それは，彼らが自己の意見に関する責任を正式に認める手段でもあります。

（1） 監査報告書の種類

通常の監査報告書は，監査人の意見が記載されるか否か，そして，記載される意見の内容によって，**図表8－3**のように分類されます。

●図表8－3　監査報告書の種類●

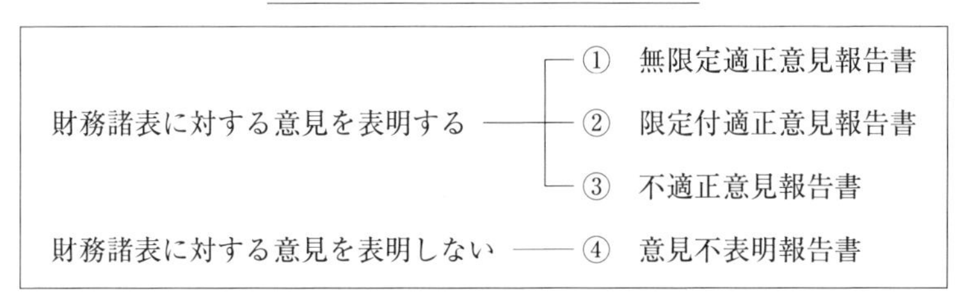

① **無限定適正意見報告書**は，財務諸表を適正と認める旨の意見を記載した報告書です。すなわち，**図表8－1**（223頁）で見るように，経営者の作成した財務諸表が一般に公正妥当と認められる企業会計の基準に準拠して作成され，会社の財政状態と経営成績それにキャッシュ・フローの状況をすべての重要な点において適正に表示していると監査人が判断したので，その旨の意見を表明した監査報告書です。実際に公表される上場会社の監査報告書は，ほとんどが無限定適正意見報告書です。

② **限定付適正意見報告書**は，監査結果の一部に不満足な箇所があるため，除外事項を付して財務諸表は適正と認める旨の意見を記載した報告書です。**除外事項**とは，監査意見に重要な影響を与える事項のことです。

株式会社東芝の2017年３月期の連結財務諸表に対して，同社の監査法人は限定付適正意見報告書を提出しました。アメリカの子会社に係る損失6,522億6,700万円のうちの相当程度ないしすべての金額は前年の2016年３月期に計上されるべきであったということがその理由です。

③　**不適正意見報告書**は，財務諸表の項目または記載事項が著しく適正を欠いているため，財務諸表全体の適正性を否定し，不適正と認める旨の意見を記載した報告書です。不適正意見が表明された財務諸表は会社の実態を示しておらず，財務諸表利用者の意思決定には役立たないので，財務諸表の提出先である財務局はその受理を拒否します。そして，不適正意見報告書の場合は，証券取引所は当該会社の株式を上場廃止とします。このような状況から，会社は監査人の意見を受け入れて財務諸表を作成します。したがって，不適正意見報告書は稀（まれ）にしか発行されません。

④　**意見不表明報告書**は，会社の財務諸表の作成が遅れ重要な監査手続が実施できなかったこと等により，意見表明の基礎となる監査証拠を入手することができなかった場合に，財務諸表に対する意見を表明しない旨を記載した報告書です。財務局は意見不表明報告書については受理します。年間，２～３件程度見られます。しかし，意見不表明報告書の場合にも，証券取引所は当該会社の株式を上場廃止とします。

（２）　監査報告書の構造

個別財務諸表に係る無限定適正意見報告書（**図表８-１**）は，以下の７つの事項から構成されます。

⑴　監査意見

監査報告書の最大のポイントです。監査人は，監査した財務諸表の範囲を指摘し，そして，監査意見を表明します。無限定適正意見は，財務諸表が会社の実態を示しているのでステークホルダーの意思決定の判断資料として信頼できると述べているのです。

注意することが2つあります。1つは，会社の会計処理が「一般に公正妥当と認められる企業会計の基準」に準拠していない場合，監査人は，まず，関連する事項を修正するよう会社を指導します。そして，会社が修正に応じ適正な財務諸表を作成したならば，無限定適正意見を表明します。下線部分の監査人の指導機能が重要です。

2つめは，「無限定適正意見は“100％OK”」ということではありません。財務諸表に問題点が残っているとしても，それを，監査人が「財務諸表全体としては重要ではない」と判断した場合にも，無限定適正意見が表明されます。

⑵　監査意見の根拠

ここには，上の監査意見の根拠について記載します。つまり，監査人はわが国において一般に公正妥当と認められる監査の基準に準拠して監査を行ったこと，職業倫理規定を遵守したこと，そして，監査表明の基礎となる十分かつ適切な監査証拠を入手したと判断していること，です。

⑶　監査上の主要な検討事項

財務諸表監査において，監査人が職業的専門家として特に重要であると判断した事項（KAM：Key Audit Matter），及びそれに対して監査人はどのように対処したかについて記載します。例えば，収益認識基準の適用（86頁），有価証券の減損（152頁），「のれん」を含む固定資産の減損（167頁），引当金の適切性（172頁），繰延税金資産の資産性（186頁）等をKAMとした理由と適用した監査手続について説明します（226頁のK君の疑問③）。

⑷　その他の記載内容

「その他の記載内容」とは，有価証券報告書に含まれる情報のうち，財務諸表及びその監査報告書以外の財務情報や非財務情報のことです。監査人は，当該情報を通読し，監査済みの財務諸表と重要な相違がある場合には事前にそれを修正させますので，通常は「報告すべき事項はない」と記載します。

(5) 財務諸表に対する経営者並びに監査役及び監査役会の責任

ここには，重要な虚偽表示のない財務諸表を作成することの責任とその基盤となる内部統制を整備し運用することの責任はともに経営者にあること，そして，継続企業に関する事項を開示する責任も経営者にあることを記載します。また，財務報告プロセスの整備及び運用における取締役の職務の執行を監視することは監査役及び監査役会の責任であることを記載します。つまり，これらの事項に関する責任は経営者と監査役及び監査役会にあり，監査人の責任ではないことを監査報告書利用者に伝達しているのです。

(6) 財務諸表監査における監査人の責任

まず，監査人の責任は全体としての財務諸表に重要な虚偽表示がないかどうかについて合理的な保証（230頁）を得て独立の立場から財務諸表に対する意見を表明することである，と明記します。229頁の監査の目的の後段が先に記載されることに注意しましょう。財務諸表の重要な虚偽表示を見逃してしまったならば，前段の財務諸表の適正性についての意見も誤ってしまうからです。

続いて，監査人は，職業的懐疑心を保持してリスク・アプローチ監査を実施したこと，経営者による会計方針の選択と適用方法の適切性や会計上の見積りの合理性について評価したこと，経営者が継続企業を前提として財務諸表を作成することが適切であるかどうかについて検証したこと等，監査プロセスについて説明します。さらに，監査人は，計画した監査範囲，実施時期，内部統制の重要な不備を含む監査上の重要な発見事項等について監査役及び監査役会に報告したことも記載します。

これらは，監査人の責任について監査報告書利用者を啓蒙するためです。

(7) 利害関係

公認会計士は被監査会社との間に利害関係がある場合には監査することができません（233頁）。したがって，この記載は監査人が被監査会社と利害関係がないことを特に強調するためです。

皆さん！　監査報告書についてどのような感想をおもちですか？

長文で，しかも，専門用語を駆使した難解な文章です。多くの皆さんが理解できなかったのではないでしょうか。途中で読むことをあきらめた方もおられたでしょう。監査報告書の読者からすれば，「会社の財務諸表は適切である」とか，「財務諸表には以下の問題がある」というような簡潔な結論を望んでいるに違いありません。

しかしながら，監査人の立場からすると，監査意見やその根拠，監査プロセスと採用した監査手続，財務ディスクロージャー制度における経営者と監査人の役割等を伝達しつつ，自らの責任とその限界についても皆さんの理解を求めているのです（227頁のK君の疑問⑥に対する回答です）。

8　法定監査制度

法定監査とは，法律を根拠とする公認会計士または監査法人による監査のことです。

（1）　金融商品取引法と会社法の定める監査

金融商品取引法は，以下のような会社に対して，公認会計士または監査法人による監査証明を受けなければならないと定めています（金商法24，193の2，同施行令3の6，4の11）。

① 金融商品取引所に上場されている有価証券の発行会社

② 発行価額または売出価額の総額が1億円以上の有価証券を募集（新株を発行すること）または売出し（すでに発行されている有価証券を売却すること）のために有価証券届出書（258頁）を提出しようとしている会社

③ 資本金5億円以上で株主が1,000人以上の会社

図表8－4　公認会計士監査の実施状況

	会社数	東証一部上場	東証二部上場	その他上場	非上場
金融商品取引法監査					
連結財務諸表提出会社	3,471	2,029	383	861	198
個別財務諸表提出会社	697	123	78	314	182
（合　計）	(4,168)	(2,152)	(461)	(1,175)	(380)
会社法監査	6,033	うち負債総額200億円以上1,244社			

＊　金融商品取引法監査には会社法監査を同時に実施している会社も含まれる。
（出所：日本公認会計士協会「監査実施状況調査2021年度」『会計・監査ジャーナル』2023年4月号，120頁）

また，会社法は，資本金5億円以上または負債総額200億円以上の大会社に対して，会計監査人による監査を定めています（6頁）。会計監査人とは，公認会計士または監査法人のことです。

そして，金融商品取引法と会社法に基づく公認会計士監査の実施状況（2021年4月期から2022年3月期）は，**図表8－4**のとおりです。両法の対象会社は，合計10,201社です。

（2）　その他の法律の定める監査

⑴　協同組織金融機関監査

「信用金庫法」や「労働金庫法」等に基づいて，一定規模以上の信用金庫と信用組合に対して行われている監査です。2022年3月末現在，信用金庫254金庫，信用組合78組合，労働金庫13金庫，農林中央金庫，労働金庫連合会，全国信用協同組合連合会が監査を受けています。

⑵　私立学校法人監査

「私立学校振興助成法」に基づいて，私立大学や私立高校等に対して行われている監査です。2022年3月末現在，大学・短大647法人，知事所轄法人（高校・中学校・小学校・幼稚園）3,896法人が監査を受けています。

⑶　国立大学法人等監査

「国立大学法人法」，「独立行政法人通則法」，「社会福祉法」，「医療法」，「農業協同組合法」，「地方自治法」に基づいて，2022年３月末現在，国立大学法人90法人，独立行政法人75法人，社会福祉法人519法人，医療法人525法人，農業協同組合550組合，地方公共団体包括外部監査97団体が監査を受けています。

9　公認会計士監査に対する期待と限界

監査報告書において，監査人はもっと詳細な情報を提供すべきだという意見があります。約20年前，監査人が無限定適正意見を表明した直後に経営破綻する企業がかなり散見される中で，監査人は事前に「倒産危険情報」を発すべきであったという批判が高まりました。そこで，現在は，決算日の翌日から起算しておよそ１年間の被監査会社の存続能力について重要な不確実性が認められる場合には，経営者は，その旨及びその内容，再建計画等を財務諸表に注記しなければなりません。そして，監査人は，その注記の適切性について検討し，注記が適切であると判断し無限定適正意見を表明する場合であっても，「財務諸表は継続企業を前提として作成されており，財務諸表の注記に記載されているような重要な疑義の影響は財務諸表には反映されていない」旨のいわば警戒情報を監査報告書に記載することが求められています。また，その財務諸表の注記が適切でない場合には，監査人は，除外事項付意見を表明します。すでに勉強しました（143，225，243頁。Ｋ君の疑問226頁④）。

そして，利益操作と思われる会計方針の変更が継続して見られる中で，経営者は「会計方針の変更の内容」「その理由」「当年度への影響」等を財務諸表に注記しなければなりません。監査人は，会計方針の変更が正当な理由によるものと判断したとしても，監査報告書において「強調事項」として財務諸表の注記を参照するよう財務諸表利用者に注意を呼びかけます（147，255頁）。

さらに，2021年度から監査報告書において，「監査上の主要な検討事項」を記載することになりました。監査人は，財務諸表監査において職業的専門家として特に重要であると判断した事項（KAM）とそれらにどのように対処したのかについて記載します（245頁）。通常の無限定適正意見報告書は各社共通の文例で構成され，ある意味で「無味乾燥」なものです。したがって，多くの財務諸表利用者は，適正意見の付された監査報告書を「財務諸表はOK」といわば“承認のシール”とみて，読まないのです。そのような状況を改善するための措置です。

ただし，上述のような改善策についても，監査人が「倒産危険性」や“KAM”に係る不正リスク等についての意見を直接表明しているわけではありません。それらの情報の財務諸表における注記の適切性について意見を述べているだけです。

K君も多くの人たちも，「この会社は安全です」「この会社は将来成長するでしょう」という意見を，専門家としての公認会計士に期待しています。しかし，それはできません。公認会計士の意見表明の判断基準は「一般に公正妥当と認められる企業会計の基準」です。公認会計士は，財務諸表が一般に公正妥当と認められる企業会計の基準に準拠して作成されている限り，財務諸表は会社の財政状態と経営成績それにキャッシュ・フローの状況を適正に表示していると判断するのです。

したがって，たとえ会社が債務超過等の危険な状態にあっても，その状況や対応策等の注記を含み財務諸表が一般に公正妥当と認められる企業会計の基準に従って作成されているならば，公認会計士は「財務諸表は適正である」という意見を表明するのです（226頁のK君の疑問①に対する回答）。

会社の安全性や将来性については，K君を含む財務諸表利用者が自ら判断しなければならないのです。黒字会社に対して，株価はさらに上がると判断する株主もいれば，そろそろ下がると判断する株主もいます。赤字会社に対して，貸し付けた資金を早く回収しようと判断する銀行もあれば，いや，将来は期待できるので継続しようと判断する銀行もあります。対象とする会社の状況を判断するのはあくまでも投資者や債権者等なのです。

そして，公認会計士による財務諸表監査には，次のような限界もあります。

① 財務諸表監査は試査により行われるので，試査の範囲外に存在する不正や誤謬については発見することができません（242頁）。したがって，発見できない不正が重要である場合には，公認会計士が誤った意見を表明する可能性は常に存在するのです。もちろん，不正や誤謬が潜むかもしれない項目等を試査の範囲として監査することが，“プロ”としての公認会計士に求められているのです。

② 第６章で検討したように，有価証券の時価の決定（151頁）や固定資産の減損損失の計上に係る将来キャッシュ・フローの計算（168頁），引当金の見積り（174頁）等に係る経営者の判断の妥当性を検証するに当たっては，公認会計士の能力にも限界があります。したがって，それらの項目の信頼性についての公認会計士の保証水準は，現金預金や売上債権の実在性等についての保証水準よりも低いのです。とはいえ，それらの保証水準を高めることも“プロ”としての公認会計士には要求されているのです。

〔ポイント〕

大学における監査論の講義は，「一般に公正妥当と認められる監査の基準」の解説といっていいでしょう。公認会計士監査の目的，監査人の独立性，リスク・アプローチ監査，監査報告書等が中心となります。本書で学んだ知識を監査論の講義でさらに深めてください。

第９章
Ｋ君と教授との対話

経営学部に所属するＫ君は，これまで会計学に特に興味をもっていたわけではありません。しかし，このテキストを読み終えて，会計学への関心が多少湧いてきました。また，公認会計士を目指して専門学校へ「通学」している友人からも刺激を受けますが，同時に，大学の講義の重要性もわかりました。

Ｋ君は，研究室に教授を訪ねました。

〔1〕 企業会計基準の弾力性と会計方針の継続性について

Q このテキストを通じて,「一般に公正妥当と認められる企業会計の基準」が会計制度と監査制度の中心に位置することがわかりました。でも，その企業会計基準は，1つの取引に対して複数の会計処理方法を容認しています。したがって，会社の採用する会計方針が異なると報告利益も異なるのですね。

A 一般に公正妥当と認められる企業会計の基準が会計方針（会社が採用する会計処理の原則及び手続ならびに表示の方法のこと。145頁）の適用に弾力性をもたせていることは確かです。

例えば，第1章で君が作成した**図表1－7**（16頁）の引当金について，日立とパナソニックは7種類の引当金を計上しています。そのうち2種類は同じですが5種類は異なるのです。棚卸資産の評価方法や減価償却費の計算方法等も，複数の方法が容認されています（156, 163頁）。

また，一度採用した会計方針の変更は継続性の原則によって基本的には認められないのですが,「正当な理由」がある場合には，財務諸表に注記することによって認められています。例えば，会計方針の変更が企業の事業内容や企業内外の経営環境の変化に対応して行われた場合，会計方針を変更することにより会計事象等をより適切に財務諸表に反映することができる場合等です（146頁）。しかし，下線部分をどのように解釈し適用するかについては，経営者が判断するのです。そして，経営者は容認されている正当な理由に準拠して会計方針を変更したと主張します。公認会計士や監査法人も，多くの場合，その会計方針の変更を認めます。結果として，会計方針が弾力的に適用されていることは否定できないでしょう。

ある調査によると，2022年3月期決算の上場会社51社が合計60件の会計方針を変更しました（税務研究会『週刊経営財務』No.3570，2022年9月5日）。最多（18件）は，有形固定資産の減価償却方法を定率法から定額法に変更したことです（165頁）。次いで（４件），棚卸資産の評価方法を総平均法へ変更したことです（157頁）。

問題は，経営者がこのような会計方針の弾力性を利用して利益操作をするのではないか，ということです。

関西電力㈱は，2020年３月期，有形固定資産の減価償却方法を定率法から定額法へ変更しました。その理由について，「今後は設備全般の安定的利用が見込まれるので，定率法から定額法に変更することが，将来の経済的便益の費消パターンをより適切に反映すると判断した」としています。その結果，「従来の方法に比べて，営業利益は46,928百万円増加し，経常利益および税引前当期純利益は46,937百万円増加した」のです。

この減価償却方法の変更について，関西電力の監査法人は，監査報告書（2020年６月25日付）において，「強調事項：有形固定資産の減価償却方法について，従来，定率法を採用していたが，当事業年度より定額法に変更している」と財務諸表利用者に注意喚起をしていますが，「当該事項は，当監査法人の意見に影響を及ぼすものではない」と，正当な理由による会計方針の変更と判断，無限定適正意見を表明しました。監査法人が容認した以上，それを受け入れざるを得ないのですが，その結果，469億円もの営業利益を生み出したのです。469億円は当該期間の営業利益1,256億円の37％にも相当するのです。

皆さん！　会計方針の変更がたとえ「正当な理由」によるものであっても，それがかなり頻繁に行われている会社には要注意です。

Q　１つの取引について複数の会計処理方法ではなく１つの会計処理方法を企業会計基準が規定すれば，会計方針の変更という利益操作と思われる問題は発生しないのではないでしょうか。

A　それは，そのとおりです。しかし，企業の業種は異なりまたその経済活動も多様化しているので，画一的な会計処理の方法を強制すると，逆に，財務諸表が企業の実態を適切に反映しないということもあるのです。

例えば，棚卸資産の評価方法について，ナマモノを扱う食料品会社の場合には先入先出法が実態に合っています。金額の大きな不動産や宝石類の販売会社には個別法が最適です。一般には，総平均法や移動平均法が採用されています（156頁）。また，減価償却方法については，建物のように時の経過を主な減価原因とする場合には定額法が最も合理的です。一方，新しい発明や技術進歩に常にさらされているロボット等の機械装置には，初期に減価償却費を多く計上し投下資本を早期に回収する定率法が企業にとってはベターです（165頁）。

アメリカにおける会計基準設定の歴史をみると，会計基準は統一的であるべきだという立場と弾力性をもたせるべきだという立場が長い間対立していましたが，結果的には，「弾力性派」が勝利したのです（拙著『闘う公認会計士──アメリカにおける150年の軌跡』中央経済社，2014年，94頁）。したがって，一般に認められた会計処理方法の中から，企業の実態を適切に反映すると思われる方法を経営者に選択させ，その選択した会計処理方法を開示させ，それを継続して適用させるという手立てが講じられてきたのです。そして，企業が会計処理方法を変更した場合には，「変更の内容」「変更の理由」「変更による影響額」等を財務諸表に注記させて，財務諸表利用者に注意喚起をするのです。

各国ともこのような仕組みを採用しています。ここでは，会計方針を**継続して適用すること**が決定的に重要です。本書で，何度も指摘しました。

〔2〕「一般に公正妥当と認められる企業会計の基準」の優位性について

Q 日本の会計制度に関する代表的な法律としては，会社法と金融商品取引法がありますね。一方，「一般に公正妥当と認められる企業会計の基準」は法律ではありません。どちらかというと，法律の方が優先されると思いますが……。両者の関係はどうなっているのでしょうか？

A　“Good Question” です。

会社の会計は多くの人々に重大な影響を及ぼすので，法律で定められています。君が指摘したとおり，会社法と金融商品取引法がその代表です。

まず会社法です。会社法は会社（株式会社と持分会社。4頁）の設立・組織・運営・管理等について定める基本法ですが，特に株式会社について詳細に規定しています。それは，株式会社は社会に大きな影響を及ぼしているからです。

そして，会社法は，経営者・株主・債権者間に存在する利害対立を調整するために，株主と債権者との関係については債権者保護を重視しています。また，会社法は，株式会社による情報開示についても定めています。

前者の債権者保護のためには，会社は純資産の額に相当する資産を常に保有しなければなりません。資産から負債を差し引いた純資産だけが債権者を守る手段だからです。そこで，会社法は，資産が不当に社外に流出することによって純資産が減少することを防止するために，特に純資産を構成する資本金の額や準備金（資本準備金と利益準備金）の額の減少について，また，剰余金の額や配当しうる分配可能額（110頁）について厳格に定めています。すでに111～114頁で勉強しました。

そして，後者の情報開示については，会社法は，定時株主総会の2週間前までに株主へ郵送する総会招集通知に，「計算書類」（13頁）と「監査役の監査報告書」，「事業報告」等を添付することを要求しています（会299, 437, 444⑦）。事業報告とは，事業の経過と成果，設備投資や資金調達，対処すべき課題，重要な子会社の状況，業務の適正性を確保するための体制（「内部統制システム」という）等について記載するものです。これにより，株主は，定時株主総会に先立って会社の財政状態や経営成績等を評価し，株主総会で議決権を行使するのです。また，株主総会で承認された貸借対照表と損益計算書を電子公告することや日刊新聞紙に掲載することも求めています。電子公告の場合は5年間開示する必要があります（会440, 939）。これは，不特定多数の人々に対する開示方式で**決算公告**といいます。本書の冒頭で説明したホームページによる情報の開示がこれです。なお，公告とは，法律に基づいて特定の文書を広く一般に告知することをいい，任意で行われる広告と区別されます。

しかしながら，会社法は，株式会社の会計に関して，上で指摘した事項以外は特に規定していません。それは，会社法は，「株式会社の会計は，一般に公正妥当と認められる企業会計の慣行に従うものとする」という「会計の原則」を定めることによって（会431），会社の採用すべき会計処理方法については「一般に公正妥当と認められる企業会計の基準」に委ねているからです。

次に，金融商品取引法です。**金融商品**とは金融機関が提供・仲介する各種の預金，株式，社債，公債，投資信託，保険債等のことですが，金融商品取引法は，一般の投資者が安心してこれらの金融商品の取引が行えるように，金融商品取引業者や金融商品取引所等を規制するために，それまでの証券取引法に代わって2006年12月に制定されました。

およそ，金融商品の代表である有価証券（149頁）の取引においては，有価証券の売り主である会社は発行した有価証券の内容（つまり会社の状況）を熟知しているのに対し，買い主である投資者は，その内容について十分な知識を持っていません。そこでは，当事者はいわば弱者です。そこで，金融商品取引法は，投資者自らが有価証券の価値を合理的に判断しうるような情報を会社に開示させることによって投資者を保護しようとするのです。

つまり，ここでいう**投資者保護**とは，投資者が事実を知らされないことによって損害を被らないように，有価証券の発行会社に対して，会社内容について十分かつ適正な（full and fair）情報を開示させることです。そこで，金融商品取引法は，新たに有価証券を1億円以上発行する場合や勧誘を行う相手方の人数が50名以上の場合等には，**有価証券届出書**（とどけでしょ）を投資者に開示することを求めています。有価証券届出書は，発行する株式や社債の内容，会社の概況，財務情報を記載した書類です。そして，発行後は，すでに検討したように，毎年，有価証券報告書（19頁）を発行するとともに，インターネット等を通じて5年間開示することも求めています（金商法25）。金融商品取引法は「開示法」ともいわれています。

注意することは，投資者保護とは有価証券の価値自体を保証することではありません。また，自らの判断で損失を被った投資者を保護することでもありません。その意味で，投資者保護は，預金者保護法による「預金者保護」や消費者保護基本法等による「消費者保護」とは異なります。なぜなら，銀行が破綻しても1,000万円以下の預金について預金者は保護され，また，欠陥のある商品や製品を購入した消費者は保護されるからです。

金融商品取引法は日本の財務ディスクロージャー制度を支える中心的な法律ですが，損益を計算するための基準や資産の評価基準，具体的な会計処理や手続に関してはまったく規定していません。それらについては，会社法と同様，「一般に公正妥当と認められる企業会計の基準」に委ねているからです。

したがって，会社はその会計処理及び表示に関しては，法律ではありませんが一般に公正妥当と認められる企業会計の基準を遵守しなければならないのです。この意味において，一般に公正妥当と認められる企業会計の基準が会社法と金融商品取引法よりも優位に立っているのです。

〔3〕　企業会計と税務会計との関係，そして税理士を目指す諸君へ

Q　税法，特に法人税法が企業会計に大きな影響を与えていると聞きます。法人税法と一般に公正妥当と認められる企業会計の基準との関係についても教えてください。また，税理士を目指す友人が言うには，大学のカリキュラムには税法関係の科目がほとんどないということです。どうしたらよいのでしょうか？

A　法人の所得に対する課税の方法を定めた法人税法は，企業が期間損益を算定する過程でも重要な影響を及ぼしています。それは，減価償却費や貸倒引当金繰入額の計算，役員給与や交際費，寄付金等の計上に当たって，ほとんどの企業は，法人税法とその関係法令の定めに依拠しているからです。

ここでは，企業会計と税務会計との関係，つまり企業会計の損益計算と税務

会計の課税所得の計算との関係について説明します。税理士を目指す諸君にとっても大切なことです。

企業会計上の利益（第３章で学んだ通常の損益計算書の当期純利益のこと）を，税法では**所得金額**といいます（182頁）。この所得金額に一定の税率を掛けて税金の金額（税額）が算出されるのです。

企業会計上の利益は「収益－費用＝利益」です。一方，法人税法上の所得金額は「益金の額－損金の額＝所得金額」です。益金の額は売上高や受取利息等の収益であり，損金の額は売上原価や販売費及び一般管理費等の費用や損失のことです。そして，法人税法は，「益金の額と損金の額に算入すべき金額は一般に公正妥当と認められる会計処理の基準に従って計算されるものとする」と定めています（法人税法22④）。ここでいう「一般に公正妥当と認められる会計処理の基準」とは，「一般に公正妥当と認められる企業会計の基準」のことです。ですから，企業会計上の利益と税法の所得金額とは，ともに同じ計算原理の上に立っているのです。

ところが，やっかいなことに，企業会計上の利益と所得金額とは同じではないのです。それは，企業会計の目的と税法の目的が違うからです。企業会計は投資者や債権者等のために会社の適正な財政状態や経営成績を明らかにすることを目的にしているのに対して，税法は，課税の公平を原則としつつも，一言でいってしまえば，税金を徴収することを目的にしているからです。

そこで，両者の目的が違う分だけ差が出てくるのです。実は，法人税法は，その違いの部分，企業会計と一致しない部分について規定しているのです。両者とも同じ部分については，法人税法は規定せず，**一般に公正妥当と認められる企業会計の基準**に委ねているのです。ここが重要なポイントです。

このような法人税法のあり方からして，所得金額は企業会計上の利益を税法の立場から修正して計算したものであるということができます。**つまり，所得金額は，一般に公正妥当と認められる企業会計の基準に従って算定された損益計算書の当期純利益を基礎に，これに税法が定める項目を加算・減算して計算されるのです**。この点について，もう少し詳しく説明しましょう。

「収益＝益金」と「費用＝損金」は必ずしも成立しないのです。それは，企業会計上は収益であっても税法上は益金とならないもの（**益金不算入**，例えば，受取配当金や法人税等の還付金）や，企業会計上は収益ではないが税法上は益金となるもの（**益金算入**，例えば，無償による資産の譲渡や無償による役務の提供），また，企業会計上は費用であっても税法上は損金とならないもの（**損金不算入**，例えば，減価償却費の償却限度超過額，寄付金や交際費の損金算入限度超過額）や，企業会計上は費用ではないが税法上は損金となるもの（**損金算入**，例えば，法人事業税や繰越欠損金）があるからです。

そこで，損益計算書の当期純利益にこれらの項目を加算・減算して所得金額を算出するのです。当期純利益に加算するものは，益金算入額と損金不算入額です。当期純利益から減算するものは，益金不算入額と損金算入額です。これらの関係を整理すると，**図表９－１**のようになります。

●図表９－１　企業会計上の損益と所得金額との関係●

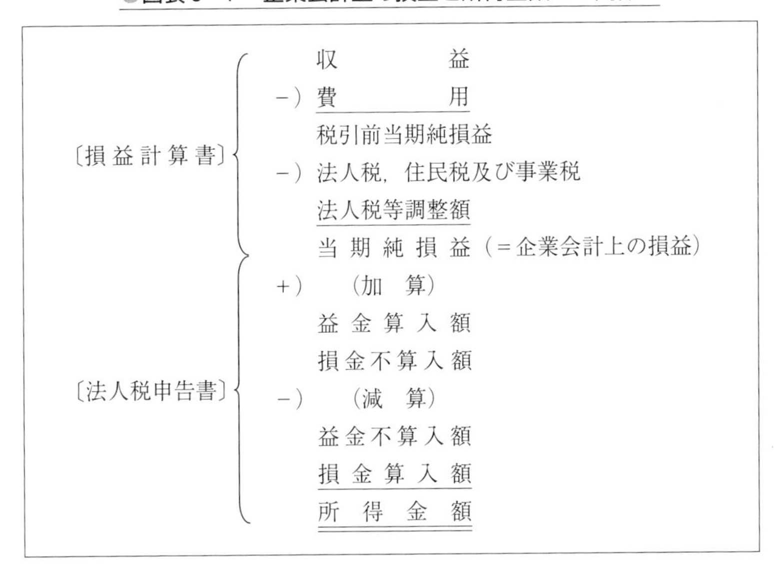

このような所得金額算定のプロセスからして，まず何よりも企業会計上の利益算定プロセス，つまり，簿記と財務諸表論や原価計算論を学ぶことが重要なのです。

税理士試験科目は，簿記論と財務諸表論，それに法人税法または所得税法を含む税法科目3科目，合計5科目にパスする必要があります。まず，簿記論と財務諸表論をしっかり勉強しましょう。税法科目の勉強はそれからでも大丈夫です。

〔4〕 連結財務諸表について

Q 本書では連結財務諸表については勉強しませんでした。でも先生は講義で，現在のメディアが伝える会計情報は“連結情報”だ，と言われました。連結財務諸表について簡単に説明してください。

A **連結財務諸表**とは，支配従属関係にある2つ以上の企業からなる集団を単一の組織体とみなして，親会社が当該企業集団の財政状態，経営成績及びキャッシュ・フローの状況を総合的に報告するためのものです。

連結財務諸表（連結貸借対照表，連結損益計算書，連結包括利益計算書（265頁），連結株主資本等変動計算書，連結キャッシュ・フロー計算書，連結附属明細表）は，金融商品取引法に基づく企業内容開示制度の一環として，上場会社等に対して，1977（昭和52）年4月1日以後開始された事業年度からその作成が義務付けられています。当初は，親会社の状況を企業集団との関連で見るために補足的に必要とされたのです。つまり，親会社の個別財務諸表が「主」で，連結財務諸表は「従」でした。しかし，1999（平成11）年4月1日以後開始された事業年度から，連結財務諸表を「主」とし親会社の個別財務諸表を「従」とする，本格的な連結財務諸表制度が導入されたのです。

連結財務諸表制度に係る最大の問題は，連結財務諸表に含まれる会社の範囲です。これを**連結の範囲**といいます。連結の範囲を決める基準として，従来は他の会社の議決権の50％超を実質的に所有している会社を親会社，当該他の会社を子会社とする「持株基準」を採用し，そのような子会社を連結対象としてきました。

ところが，もしある子会社の業績が悪化すると連結業績の足を引っ張ることになるので，親会社は，その子会社の株式を売却し所有株式の比率を50％以下にして連結の範囲から外し，しかも，株式の売却先は第三者ではなくグループの他の会社なので，実質的な支配はまったく変わらないという状況がしばしば見られました。

そこで，現在の基準（「連結財務諸表制度における子会社及び関連会社の範囲の見直しに係る具体的な取扱い」）は，持株比率が50％を超える場合はもちろん，50％以下でも，取締役の過半数を派遣したり，調達資金額の50％超を融資したりして，実質的に経営を支配している会社を**親会社**，支配されている会社を**子会社**としたのです（104頁）。これを**支配力基準**といいます。

支配力基準の導入により，連結対象となる会社が格段に増加し，企業集団の透明性が高まりました。わが国最大の連結子会社数はソニーの1,627社，次いで三菱商事の1,321社，日立製作所は696社。パナソニックは523社，伊藤忠商事は558社，三井物産は297社です（2023年３月期現在）。

連結財務諸表のベースは，言うまでもなく個別企業（単体）の財務諸表です。本書ではその個別企業の財務諸表作成の理論と技術について勉強してきました。連結財務諸表については，（連結）財務諸表論の講義で学んでください。

〔５〕 グローバル世界における会計 ―― 国際会計基準について

Q　わが国の財務諸表にも「国際会計基準」の要求する会計処理方法と表示方法が導入されました。世界統一の会計基準の必要性は理解できますが，国際会計基準に関する現状と主要な問題点について教えてください。

A 世界中の誰もが，アメリカ市場やEU市場，日本市場や中国市場等に自由に参入することができます。したがって，そのような市場で競争する企業はもちろん，投資者も，債権者も，国家も，ともに比較可能な財務諸表を求めています。そこで，世界統一の会計基準，つまり「国際会計基準」を作ろうとする努力が行われているのです。

国際会計基準の設定機関は，**国際会計基準審議会**（IASB：International Accounting Standards Board，本部ロンドン）です。そして，このIASBが発表する会計基準が**国際財務報告基準**（IFRS：International Financial Reporting Standards）といわれるものです。

IFRS（“イファース”あるいは“アイファース”と呼ばれることもあります）は，財務諸表全体に係る一組の会計原則ではなく，第6章で勉強したような個別の会計項目に関する会計処理と表示の基準です。そして，それらの多くは，わが国の一般に公正妥当と認められる企業会計の基準としてすでに実務で採用され，大きな効果を上げています。

すなわち，連結財務諸表制度と連結範囲の拡大による企業集団の透明性の向上（262頁），キャッシュ・フロー計算書による現金預金の流れの理解（128頁），有価証券や棚卸資産の時価評価による財政状態の的確な把握（149, 162頁），減損会計による固定資産の含み損の掃き出し（167頁），隠れ債務といわれた退職金や年金の“オンバランス化”（貸借対照表への計上。177頁），税効果会計による税の期間配分と「前払税金」（繰延税金資産）及び「未払税金」（繰延税金負債）の表示（186頁），収益認識基準による売上高計上の精緻化（86頁）等々です。.

しかし，「のれん」の償却については違いが見られます。日本の企業会計基準は20年以内の期間で均等に償却します（167頁）。IFRSは，定期償却を求めず，毎期，のれんの回収可能価額が帳簿価額を下回っていないかどうかの減損テストを実施し，下回っている場合に減損処理を要求しています。

いずれにせよ，IFRSの影響により発表された多くの新会計基準の下で，財務諸表に表われる企業グループや個々の会社の透明性が高まっています。また，多くの経営者は，IFRSの動向に関心をもっています。しかしながら，

2023年6月末現在，東京証券取引所上場会社3,889社のうちIFRS適用済み及び適用決定会社はまだ268社（6.9%）です。

ところで，国際会計基準との関係で現代会計は，次のような問題に直面しています。それは，会社の「利益とは何か」ということです。これについては，「収益費用アプローチ」と「資産負債アプローチ」という2つの考え方があります。

「収益費用アプローチ」は，利益を，1会計期間の収益と費用との差額（当期純利益＝当期収益－当期費用）と定義します。ここでは，収益と費用がどの期間に属するのか，そして，その大きさ（金額）を測定することが課題です。アメリカを中心とする世界各国においては，1930年代以降この考え方が主流でした。

「資産負債アプローチ」は，利益を，1会計期間における企業の正味資源（純資産）の増加分（利益＝期末純資産－期首純資産）とみます。この場合の利益を**包括利益**と呼びます。包括利益と当期純利益は，〔包括利益＝当期純利益＋その他の包括利益〕という関係にあります。そして，「その他の包括利益」とは，当期純利益に含まれない資産の時価評価と取得原価との差額のことです。典型的には，投資有価証券の時価と取得原価の差額である「その他有価証券評価差額金」がこれに含まれます。すでに151頁で勉強したように，その他有価証券評価差額金は損益計算書には含まれず，貸借対照表の純資産の部に表示されます。したがって，当期純利益には何ら影響を与えませんが，純資産はその分だけ増減します。その結果，包括利益は増減します。

これらの異なった考え方によって，2つの異なる利益，つまり当期純利益と包括利益が算定されることになるのです。日本では現在も「当期純利益」が重視されていますが，国際的には「包括利益」です。もっとも，日本でも上場企業は「連結包括利益計算書」を開示しなければなりません（262頁）。

〔6〕 就職活動と有価証券報告書の活用について，そして公認会計士を目指す諸君へ

Q 有価証券報告書が会社に関する「情報の宝庫」であること，そして，その有価証券報告書が“EDINET”（20頁）で簡単に検索できることも初めて知りました。多くの友人も，就職活動において有価証券報告書を活用したいと考えているに違いありません。先生にとっての有価証券報告書との出会いとその活用方法についてお話してください。

A 私が大学４年生の頃の日本経済は東京オリンピック後の短期不況から脱却し，比較的好況でした。友人の１人は早くも４年生の５月頃に大手銀行から内定をもらっていました。迷っていた私は，就職部の係官の面接を受け政府系の大手銀行を紹介されましたがあまり気が乗らず，志望する３社を選びました。日本碍子（がいし），雪印乳業，ヤマハ楽器です。

日本碍子はガイシのトップメーカーです。埼玉の自宅の畑に国鉄高崎線用の高い電信柱があり，“赤城おろし”の空（から）っ風（かぜ）が吹くたびに高圧線が“ひゅーヒュー”と大きな音をたてて鳴るのです。柱の上を見上げると，８個の大きなガイシが何するものぞ，と堂々と構えているのです。電線とその支柱との間を絶縁するガイシに興味をもちました。

雪印乳業のロゴマークは，雪の結晶の中心に北海道をイメージした北斗星を表したものだそうです。白い雪が紺碧の空に映えているのです。なんとも言えない清涼感を醸し出しているのです。牛乳は苦手でしたが，透明性の高い会社とイメージしました。

小学５年生の時，６年生を送る会で演じた主人公の孤児（みなしご）は，ヤマハのハーモニカでフォスター作曲の“おゝスザンナ”を奏でるのです。「大きくなったらどうするの」と友人役に聞かれ，「ハーモニカで食っていくぜ」と嘯（うそぶ）くのです。10年後の大学４年，ピアノは日本文化の象徴だ，売れるぞと考え，ハーモニカに印象付けられた楽器メーカーのヤマハを選んだのです。

３社の５年間の有価証券報告書を大学の図書館から借り，その青焼きのコピーを夜遅くまで分析しました。分析結果を面接試験で主張しようと考えたのです。履修した「会計学」の青臭い成果を試験官にぶつけようと思ったのです。が，結果としては，就職試験は受けませんでした。

教員になって，２年間のゼミナールのまとめを，「ゼミ生各自が志望する会社の有価証券報告書を分析し自らの意見を述べること」を44年間課題としてきました。就職部長の時は，法学部や文学部の学生にも有価証券報告書を活用せよと訴えました。

すでに勉強したように，会社の実態を示す財務諸表は500年以上も続く複式簿記と長い間に醸成された会計原則や会計基準（原価計算基準も含む。193頁）に従って作成されます。そして，その財務諸表は安心して利用できますと公認会計士が保証しているのです。有価証券報告書の中心は監査済みの財務諸表です。ですから，有価証券報告書を分析するということは，これまで学んできた簿記論や財務諸表論，そして原価計算論や監査論を総復習することなのです。

こんな貴重な資料を活用しないなんて……。パソコンにEDINETと入力，現れた画面の「書類検索」をクリック，「書類提出者」の空欄に求める会社名と「決算期」（例えば，令和５年３月期）を入力しましょう。情報の宝庫が現れます。24時間無料で活用できるのです。

もう一言。私は，大学教員を本分としながらも，公認会計士としても活動してきました。夏休み等には，会社の現場を見ることができたのです。数々の貴重な経験をしました。

今日，公認会計士監査の重要性は日増しに高まっています。公認会計士は上場会社や大会社の財務諸表の監査について独占的な権利を国から与えられています。それは，「会計正義」を追求し，財務諸表の信頼性への付与を通して投資者や債権者，消費者等を含む広範なステークホルダーを保護するという社会的責任を果たせるのは公認会計士だけだ，と期待されているからです。

そして，公認会計士の進む世界は無限に広がっています。監査法人に進むもよし，独立して自分の事務所を開設するもよし，会計情報を駆使する営業マンになるもよし，会社のために世界中の関係会社を指導する内部監査人になるもよし，金融庁や公認会計士・監査審査会等の公的機関で活躍する道も開けているのです。国連事務局や世界銀行等の国際機関で頑張る公認会計士もいます。大学教員への道も考えてください。時代は確実に公認会計士を求めています。公認会計士を目指す諸君にエールを送ります。

〔7〕 会計学の学び方と基本会計図書について

Q 日本の会計・監査制度が大きく揺れ動いている中で，難しいことを勉強しなければならないことに多少苦痛を覚えます。しかし，一方では，今，会計学を勉強できることは幸運だとも思います。

そこで，会計学の学び方と先生の推薦する会計学のテキスト，ゼミでの発表や卒業論文の作成に参考となる文献を挙げてください。

A 会計学を構成する基本的な科目は，簿記論，財務諸表論，原価計算論，監査論の４つです。簿記論と財務諸表論，それに原価計算論（「製品原価を計算するという目的」の原価計算。199頁）は，財務諸表を組み立てるための基礎となるものです。すでに勉強したとおりです。そして，監査論は出来上がった財務諸表を分解するという性格をもちます。ですから，監査論を学ぶためには，本当は，財務諸表を組み立てる理論と技術を知らないと効果的ではないのです。例えば，腕時計の修理を専門とする技師は，腕時計を構成する多くの細かな部品とそれぞれの機能を知っているからこそ，分解してもまた組み立てることができるのです。

したがって，大学１年次に簿記論，２年次に財務諸表論，３年次に原価計算論，そして４年次に監査論，がベストな選択です。あるいは，４年次の就職活動を考慮して，簿記論は１年次，財務諸表論と原価計算論は２年次，監査論は３年次もベターです。諸君の会計学への関心を高めるために，１年次に

「社会における会計の役割」とか，「経営分析 ―― 例えばビール・メーカー4社の検討」等を配置している大学もあります。貪欲に挑戦しましょう。

本書は会計学総論の入門書です。詳細な内容については，財務諸表論や原価計算論，監査論の標準的なテキストを読むことをお薦めします。

しかし，その標準的なテキストを推薦するということは，かなり難しい問題です。ただ，**確実に言えることは，学生諸君なら，自分が学ぶ大学の先生が書かれた本が何といっても一番です**。それは，疑問点についていつでも質問できるからです。

私のささやかな経験から，取りあえず，以下の書物をお薦めします。

まず，簿記については，日本商工会議所検定3級問題を繰り返し練習してください。3ヵ月程度勉強すれば3級に合格します。すると，2級や1級にも挑戦しよう，という気持ちになります。ところで，技術としての簿記ではなく，簿記を簿記学や簿記論に高めているのは，一体何でしょうか（30頁）。複式簿記の原理はその1つでしょう。「行列簿記」について知っていますか。“コンピュータ簿記”とはなんですか。

会計学の中心である財務諸表論については，多くの書物があります。桜井久勝『財務会計講義（第24版）』（中央経済社，2023年）は，財務会計理論を設例の仕訳を通して説明している良書です。また，伊藤邦雄『新・現代会計入門（第5版）』（日経BP，2022年）も，実例を豊富に採り入れ興味ある書物です。そして，余裕があれば，斎藤静樹『会計基準の研究（新訂版）』（中央経済社，2019年）にも挑戦してください。

原価計算論については，廣本敏郎・挽文子『原価計算論（第3版）』（中央経済社，2015年）をお薦めします。いろいろなアイデアが盛り込まれています。櫻井通晴『管理会計（第7版）』（同文舘出版，2019年）も有益です。

監査論については，公認会計士監査のフレームワークを理解することにしましょう。鳥羽至英『財務諸表監査 理論と制度（基礎篇・発展篇）』（国元書房，2009年），山浦久司『監査論テキスト（第8版）』（中央経済社，2022年），伊豫田隆俊・松本祥尚・林 隆敏『ベーシック監査論（九訂版）』（同文舘出版, 2022年）等をお薦めします。『ウォーレスの監査論』（千代田・盛田・百合野・朴・伊豫田共訳, 同文舘出版, 1991年）もユニークです。公認会計士を目指す諸君には拙著『闘う公認会計士 ── アメリカにおける150年の軌跡』（中央経済社, 2014年）を紹介します。

できれば, 簿記や会計の歴史も勉強してほしいのです。まず手始めに, 友岡賛『歴史にふれる会計学』（有斐閣, 1996年）をお薦めします。そして, 次のような書物を図書館で探し始めたら本物です。片野一郎訳『リトルトン 会計発達史』（同文舘出版, 1952年）, 高寺貞男『簿記の一般理論 ── 勘定簿記から行列簿記へ』（ミネルヴァ書房, 1967年）, 井尻雄士『三式簿記の研究 ── 複式簿記の論理的拡張をめざして』（中央経済社, 1984年）, 渡邉 泉『会計と倫理 ── 信頼と公平を携えた800年の軌跡』（同文舘出版, 2023年）等。

薄くて内容のある手頃な本に「日経文庫」があります。入門分野から専門分野にわたって用意されています。関心のある領域の本を手に取ってください。

そして, “ベストセラー”の石島洋一『決算書がおもしろいほどわかる本』（PHP 文庫, 2009年）は, 社会人の初心者には最適です。拙著『現場力がUPする課長の会計強化書』（中央経済社, 2019年）や, 拙著『経営者はどこに行ってしまったのか ── 東芝 今に続く混迷』（中央経済社, 2022年）も, お読みいただければ幸いです。

なお, 会計関係の賞を受賞した書物と論文を**〔資料2〕**として巻末に掲載しておきました。ゼミでの発表や卒業論文の作成等に参考にしてください。

〔8〕 AI時代の学生生活について ── ひとつのヒント

Q 現代社会はAIの時代ともいわれています。「AI時代に求められる人財とは？」というような本も売れているようです。一方で, AI社会の将来は不透明です。不安な中で, 私たちはどのような大学生活を送ればいいのでしょうか。何かヒントを与えてください。

A　数年前，慶應義塾湘南藤沢高等部で“公認会計士の魅力”というテーマで講演しました。70人ほどの生徒が参加してくれました。講演中少し横を向いていたある生徒が「公認会計士の仕事はAIに取って代わられてしまうのではないですか？」と質問しました。高校2年生です。

AI（Artificial Intelligence，人工知能）が仕事を奪うことへの懸念が広がり，現実に起きています。この問題に早くから取り組んでこられた数学者の新井紀子・国立情報学研究所教授はこう主張します（日本経済新聞「AI時代の生き残り術」，2019年6月17日）。

「進化したAIが人類を支配する“シンギュラリティ”（Singularity：技術的特異点）のようなことは起きません〔技術的特異点とは，人間の脳と同レベルのAIが誕生する時点を表す言葉〕。しかし，定型的な頭脳労働の一部がデジタル化されて機械に置きかわるのは間違いない。これから，2030年ぐらいまでの間に，デジタル化を前提にした最適化が進行し，非常に多くの業態が再編されるでしょう。おそらく誰もがこの劇的な環境変化に巻き込まれます」

では，どうすればいいのか。「つきつめると，それは読解力と論理力です。他の人と働くのであれば，コミュニケーション能力がそれなりにあれば，どんな世の中になっても怖いものはない。この3つの基本さえできれば，機械との競争には負けない。機械は意味を理解しませんから」

「読解力が不足しているとミスが出やすい。すると，多忙になりすべてが後手に回ってしまう。そんな状態に陥る前に，読解力をつけた方がいい。知識量を求める前に，新聞のひとつの記事を一字一句読む。どういう意味か考えながら，じっくり文字を追う。ノートに要約を書くのもいい。自分の頭で考えることが大事です。効率が悪いと思っても，腑（ふ）に落ちるまで読み込む。1年続ければきっとすばらしいことになる。そうした努力を続けられれば，それほどAIを恐れる必要はないはずです」

熊谷高校2・3年のクラス担任は，橋本隆志先生でした。教え子が希望するメディアに就職できたという。その教え子は，朝日新聞1面の「天声人語」を毎日ノートに手書きしていた。すると，ことばの意味や使い方，文章の書き方に自信がついたという。そんな話をされました。

橋本先生のお話が頭から離れませんでした。教員時代の45年間は“板書主義”を貫き，プリント類は配付せず，ノートに書かせました。「今のノートは君たちの書棚の中央でいつまでも輝いている」と説きました。そして，最近，混迷する名門東芝をテーマに，『経営者はどこに行ってしまったのか』（中央経済社）を上梓しました。この3年間，拙著のベースになっている新聞や雑誌の記事を毎日毎日インプットしました。背景となった事象を想い浮かべながら原稿を整理しました。すると，これまで長年使い続けてきたことばの意味や使い方の間違いに気づき，また，この記事はあの編集委員ではないか，あの記者に違いないと，お会いしたことのない編集委員や記者のアプローチや癖（くせ）を見抜くことができるようになりました。

新井教授の指摘される「新聞の記事を一字一句読む。どういう意味か考えながら，じっくり文字を追う。そしてノートに要約を書く」ことの大切さを改めて確認でき，AIやDXの時代に生きる多少の自信を得ました。

君の質問に対する回答としては必ずしも的確だとは思いませんが，私は，皆さんに是非とも新聞を読むことをお勧めします。

確かに，新聞は，最新の情報に常時アクセスできるという点ではスマホやパソコン，テレビに劣ります。しかし，私たちは，目や耳からの“瞬間的な情報”を，新聞の活字を通して確認し，かつ新たな情報を得ることができます。政治や経済，各種の事件等の背景や原因を分析し解説する記事をじっくり読むことによって，世の中の動きをいっそう知ることができ，次に起こりうる事象についてもある程度予見し，時には未然に防ぐこともできます。文化面の記事を通して，へえ！ と感心したり，なるほどとうなずく。事実の中心をうまくとらえた見出しの大きさとその記事が紙面でどれだけの面積を占めているかによって，ニュースの重大性も知ることもできます。これらは，新聞ならではの特質です。関心のある記事を切り抜き，ファイルしましょう。ゼミの発表等に役立ちます。就職試験の面接にも効果的です。学生生活を豊かにするひとつのヒントと確信します。

最後に，読者の皆さんへ。

このテキストで学んだように，私たちの生活にとって会計と監査は避けて通ることができないのです。私たちが会計や監査に関心をもたないと財務ディスクロージャー社会の前進もないのです。

朝読んだ新聞記事や夜見たテレビのニュースを仲間と議論しましょう。そのことがメディアを刺激し，財務ディスクロージャーの発展につながるのです。そして，何よりも皆さんを意欲的にするはずです。会計学は，そんな身近な学問なのです

本書の冒頭の扉で，「会計学」と聞いた時，何を思い浮かべますか？ と尋ねました。本書を読み終えた皆さんに，もう一度お尋ねします。

「会計学」と聞いた時，何を思い浮かべますか？

〔資料1〕 財務ディスクロー

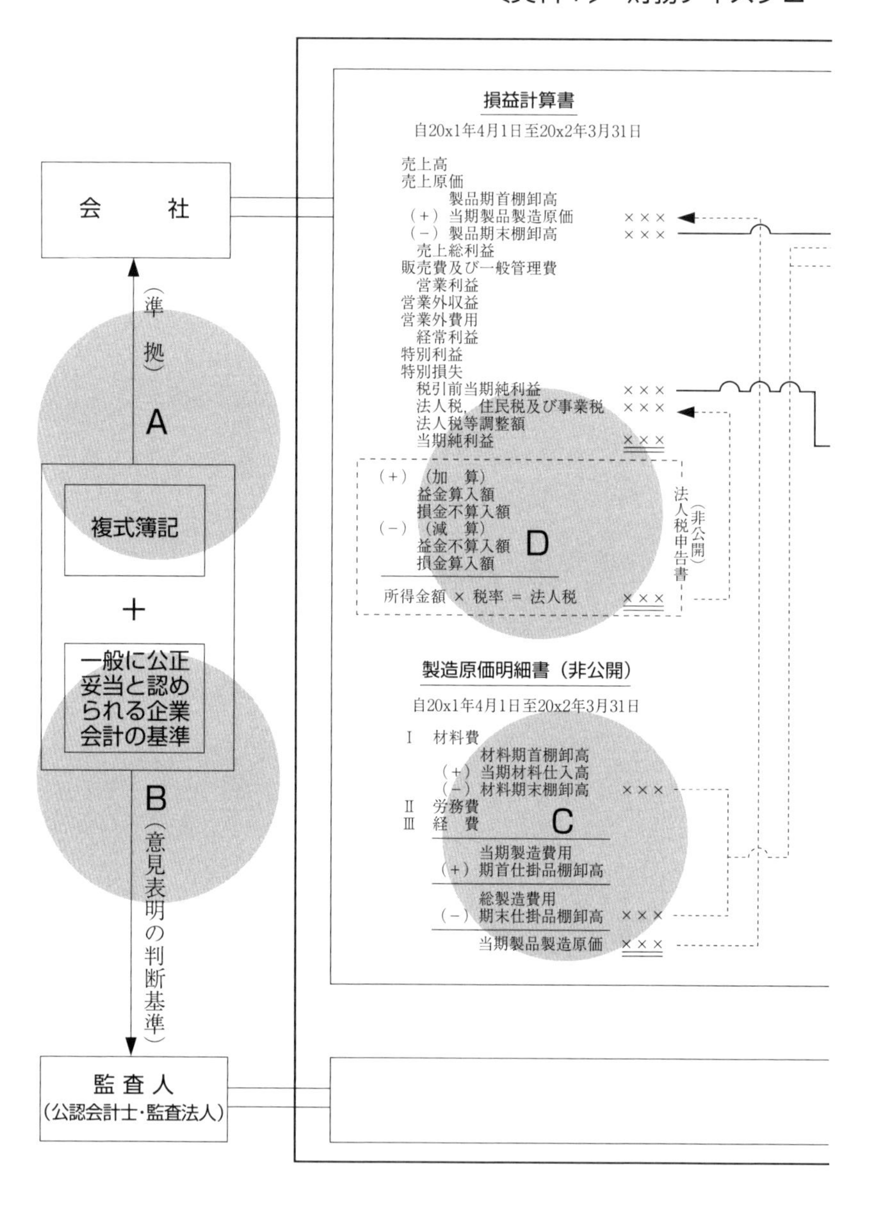

ジャーと会計の仕組み

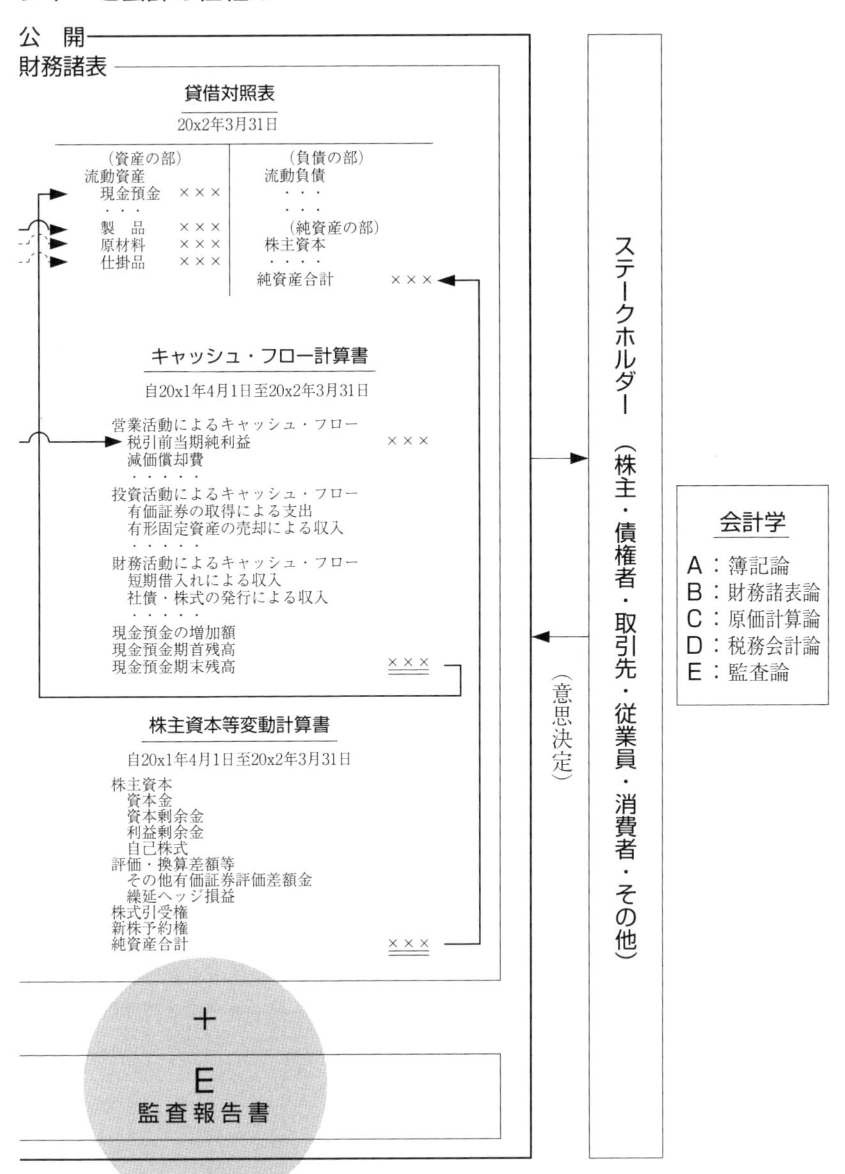
公　開
財務諸表
貸借対照表
20x2年3月31日
（資産の部）
流動資産
現金預金　×××
・・・
製　品　×××
原材料　×××
仕掛品　×××
（負債の部）
流動負債
・・・
・・・
（純資産の部）
株主資本
・・・・
純資産合計　×××
キャッシュ・フロー計算書
自20x1年4月1日至20x2年3月31日
営業活動によるキャッシュ・フロー
税引前当期純利益　×××
減価償却費
・・・・・
投資活動によるキャッシュ・フロー
有価証券の取得による支出
有形固定資産の売却による収入
・・・・・
財務活動によるキャッシュ・フロー
短期借入れによる収入
社債・株式の発行による収入
・・・・・
現金預金の増加額
現金預金期首残高
現金預金期末残高　×××
株主資本等変動計算書
自20x1年4月1日至20x2年3月31日
株主資本
資本金
資本剰余金
利益剰余金
自己株式
評価・換算差額等
その他有価証券評価差額金
繰延ヘッジ損益
株式引受権
新株予約権
純資産合計　×××
＋
E
監査報告書
（意思決定）
ステークホルダー（株主・債権者・取引先・従業員・消費者・その他）
会計学
A：簿記論
B：財務諸表論
C：原価計算論
D：税務会計論
E：監査論

〔資料2〕「日経・経済図書文化賞」「日本会計研究学会太田・黒澤賞」「日本会計研究学会賞」受賞図書・論文一覧

「日経・経済図書文化賞」受賞図書（会計図書のみ）（第1回1958年・第50回2007年）			
1961年度	沼田嘉穂	『固定資産会計』	ダイヤモンド社
1962年度	青木茂男	『近代予算統制論』	ダイヤモンド社
1963年度	番場嘉一郎	『棚卸資産会計』	国元書房
1968年度	井尻雄士	『会計測定の基礎』	東洋経済新報社
1971年度	西川孝次郎	『日本簿記史談』	同文舘出版
1973年度	岡本　清	『原価計算』	国元書房
1975年度	吉田　寛	『会計理論の基礎』	森山書店
1976年度	森　實	『監査論研究』	白桃書房
1977年度	武田隆二	『連結財務諸表』	国元書房
1978年度	伊丹敬之	『Adaptive Behavior』	アメリカ会計学会
1979年度	森田哲彌	『価格変動会計論』	国元書房
1981年度	小林健吾	『原価計算発達史』	中央経済社
1983年度	田中隆雄	『管理会計発達史』	森山書店
1985年度	安藤英義	『商法会計制度論』	国元書房
1988年度	香村光雄	『現代企業会計と証券市場』	同文舘出版
1991年度	桜井久勝	『会計利益情報の有用性』	千倉書房
1992年度	中野常男	『会計理論生成史』	中央経済社
1995年度	千代田邦夫	『アメリカ監査論』	中央経済社
2007年度	石川博行	『配当政策の実証分析』	中央経済社
2013年度	大日方　隆	『利益率の持続性と平均回帰』	中央経済社
2015年度	田口聡志	『実験制度会計論 －未来の会計をデザインする』	中央経済社
2016年度	薄井　彰	『会計制度の経済分析』	中央経済社
2018年度	中村亮介・ 河内山拓磨	『財務制限条項の実態・影響・役割 －債務契約における会計情報の活用』	中央経済社
2020年度	野間幹晴	『退職給付に係る負債と企業行動 －内部負債の実証分析』	中央経済社
2022年度	山口朋泰	『日本企業の利益マネジメント －実体的裁量行動の実証分析』	中央経済社

「日本会計研究学会太田・黒澤賞」受賞図書（1977年度以降）			
1977年度	野村健太郎	『連結会計論』	森山書店
1978年度	伊丹敬之	『Adaptive Behavior』	アメリカ会計学会
	安平昭二	『標準勘定組織の展開』	千倉書房
	河原一夫	『江戸時代の帳合法』	ぎょうせい
1979年度	原田富士雄	『情報会計論』	同文舘出版
1980年度	森田哲彌	『価格変動会計論』	国元書房
1981年度	泉谷勝美	『複式簿記生成史論』	森山書店
	千葉準一	『会計の基礎構造』	森山書店
1982年度	黒田全紀	『国際コンツェルン決算書』	税務経理協会
	土方　久	『近代会計の基礎理論』	森山書店
1983年度	遠藤久夫	『現代監査の原理』	税務経理協会
	加古宜士	『物価変動会計論』	中央経済社
1984年度	谷　武幸	『事業部業績管理会計の基礎』	国元書房
	飯塚　毅	『正規の簿記の諸原則』	森山書店
	斎藤静樹	『資産再評価の研究』	東京大学出版会
1985年度	井上良二	『会計社会学』	中央大学出版部
	武田隆二(編著)	『営業報告書・計算書類の総合分析と事例』	中央経済社
1986年度	安藤英義	『商法会計制度論』	国元書房
	平松一夫	『年次報告書会計』	中央経済社
1987年度	新田忠誓	『動的貸借対照表原理』	国元書房
	山地秀俊	『会計情報公開制度の実証研究』	神戸大学経済経営研究所
1988年度	久野秀男	『わが国財務諸表制度生成史の研究』	学習院大学
	小林健吾	『予算管理発達史』	創成社
1989年度	戸田博之	『収支的簿記体系の研究』	千倉書房
	宮本寛爾	『多国籍企業管理会計』	中央経済社
1990年度	加登　豊	『管理会計研究の系譜』	税務経理協会
1991年度	桜井久勝	『会計利益情報の有用性』	千倉書房
	醍醐　聰	『日本の企業会計』	東京大学出版会
	平敷慶武	『動的低価基準論』	森山書店
1992年度	中野常男	『会計理論生成史』	中央経済社
	伏見多美雄	『経営の戦略管理会計』	中央経済社
	辻山栄子	『所得概念と会計測定』	森山書店
1993年度	鳥羽至英	『監査基準の基礎』	白桃書房
	伊藤　博	『管理会計の世紀』	同文舘出版
	西川　登	『三井家勘定管見』	白桃書房
1994年度	廣本敏郎	『米国管理会計論発達史』	森山書店

	山浦久司	『英国株式会社会計制度論』	白桃書房
	末政芳信	『IBM 社のセグメント財務情報』	同文舘出版
1995年度	櫻井通晴	『間接費の管理』	中央経済社
	千代田邦夫	『アメリカ監査論』	中央経済社
	広瀬義州	『会計基準論』	中央経済社
1996年度	古賀智敏	『デリバティブ会計』	森山書店
	内藤文雄	『監査判断形成論』	中央経済社
	西澤　脩	『経営管理会計』	中央経済社
1997年度	伊藤邦雄	『会計制度のダイナミズム』	岩波書店
	五十嵐邦正	『静的貸借対照表論の研究』	森山書店
1998年度	藤井秀樹	『現代企業会計論』	森山書店
	田中隆雄	『管理会計の知見』	森山書店
	岡田依里	『日本の会計と会計環境』	同文舘出版
1999年度	河野正男	『生態会計論』	森山書店
	弥永真生	『デリバティブと企業会計法』	中央経済社
2000年度	徳賀芳弘	『国際会計論』	中央経済社
	尾畑　裕	『ドイツ原価理論学説史』	中央経済社
	須田一幸	『財務会計の機能』	白桃書房
2001年度	万代勝信	『現代会計の本質と職能』	森山書店
	百合草裕康	『キャッシュ・フロー会計情報の有用性』	中央経済社
	郡司　健	『連結会計制度論』	中央経済社
2002年度	山本達司	『企業戦略評価の理論と会計情報』	中央経済社
	宮崎修行	『統合的環境会計論』	創成社
2003年度	浦崎直浩	『公正価値会計』	森山書店
	與三野禎倫	『ストック・オプション会計と公正価値測定』	千倉書房
	吉田栄介	『持続的競争優位をもたらす原価企画能力』	中央経済社
2004年度	清水泰洋	『アメリカの暖簾会計』	中央経済社
	富岡幸雄	『税務会計学原理』	中央大学出版会
	三矢　裕	『アメーバ経営論』	東洋経済新報社
2005年度	該当作なし		
2006年度	豊島義一	『長崎造船所原価計算生成史』	同文舘出版
	堀江正之	『IT 保証の概念フレームワーク －IT リスクからのアプローチ』	森山書店
2007年度	荒井　耕	『医療原価計算 －先駆的な英米医療界からの示唆』	中央経済社
2008年度	石川博行	『配当政策の実証分析』	中央経済社
	桑原正行	『アメリカ会計理論発達史 －資本主義理論と近代会計学の成立』	中央経済社

2009年度	米山正樹	『会計基準の整合性分析－実証研究との接点を求めて』	中央経済社
	音川和久	『投資家行動の実証分析－マーケット・マイクロストラクチャーに基づく会計学研究』	中央経済社
	角ヶ谷典幸	『割引現在価値会計論』	森山書店
2010年度	首藤昭信	『日本企業の利益調整－理論と実証』	中央経済社
	山内　暁	『暖簾の会計』	中央経済社
	若林公美	『包括利益の実証分析』	中央経済社
2011年度	坂本孝司	『会計制度の解明－ドイツとの比較による日本のグランドデザイン』	中央経済社
	田村威文	『ゲーム理論で考える企業会計－会計操作・会計規制・会計制度』	中央経済社
	片岡洋人	『製品原価計算論』	森山書店
2012年度	石内孔治	『経営分析の新展開』	森山書店
	越智信仁	『IFRS 公正価値情報の測定と監査－見積り・予測・リスク情報拡大への対応』	国元書房
2013年度	大日方　隆	『利益率の持続性と平均回帰』	中央経済社
	福川裕徳	『監査判断の実証分析』	国元書房
2014年度	奥村雅史	『利益情報の訂正と株式市場』	中央経済社
	諸藤裕美	『自律的組織の管理会計－原価企画の進化』	中央経済社
2015年度	該当作なし		
2016年度	薄井　彰	『会計制度の経済分析』	中央経済社
	大石桂一	『会計規制の研究』	中央経済社
2017年度	該当作なし		
2018年度	浅野敬志	『会計情報と資本市場－変容の分析と影響』	中央経済社
2019年度	木村晃久	『損益の区分シフト－経常利益の調整実態と株価への影響』	中央経済社
	大下勇二	『連単分離の会計システム－フランスにおける２つの会計標準化』	法政大学出版局
2020年度	該当作なし		
2021年度	野間幹晴	『退職給付に係る負債と企業行動－内部負債の実証分析』	中央経済社
2022年度	髙田知実	『保守主義会計－実態と経済的機能の実証分析』	中央経済社
	山口朋泰	『日本企業の利益マネジメント－実体的裁量行動の実証分析』	中央経済社
2023年度	該当作なし		

「日本会計研究学会賞」受賞論文（1977年度以降）			
1977年度	安藤英義	「商法会計における債権者保護思考の系譜」	『會計』110巻第5号
	門田安弘	「情報システムとしての管理会計の体系」	109-6, 110-1
1978年度	鳥羽至英	「財務諸表監査における立証プロセスと究極的要証命題の構造」	114-1, 114-2
	白鳥庄之助	「英国カレント・コスト会計制度化の検討」	112-3
	櫻井通晴	「原価計算対象の変遷」	113-3
1979年度	藤田幸男	「会計基準の設定主体について」	115-2
	伊藤　博	「固定費管理」	115-3
	河野正男	「社会責任会計と社会会計」	115-5
1980年度	加古宜士	「インフレーション会計の展望」	117-5
	片岡泰彦	「フッガー家の会計諸表について」	115-3, 115-6
	山下正喜	「三菱造船所の原価計算の史的発展」	116-3
1981年度	宮本寛爾	「国際振替価格に関する一考察」	119-5
1982年度	興津裕康	「西ドイツにおける貸借対照表論の現状とその検討」	120-3
1983年度	廣本敏郎	「米国生成期管理会計論の成立と展開」	123-4
	飯田修三	「企業損益会計・企業付加価値会計・企業社会会計」	123-5
1984年度	嶺　輝子	「基準書第13号発表前のリース会計に関するビッグエイトの見解」	125-5
1985年度	原田満範	「会計概念フレームワークの諸相」	127-3
	森藤一男	「物価変動と取得原価主義会計」	125-6
	新田忠誓	「貸借対照表の示す財政状態について」	127-4
1986年度	桜井久勝	「一般投資者保護とタイムリー・ディスクロージャー」	129-3
1987年度	石塚博司・河　榮徳	「会計方法の変更に対する資本市場の反応」	130-3, 4
1988年度	津守常弘	「会計基準設定の現代的特徴と方向」	133-2, 134-5
	田中　弘	「企業会計原則の法的認知」	133-3
1989年度	河﨑照行	「会計方針の変更に関する概念的枠組みと実態分析」	134-4
1990年度	佐藤倫正	「資金収支表の現代的意義」	137-1
	広瀬義州	「会計情報の拡大と変化」	136-1
1991年度	五十嵐邦正	「静態論にもとづくわが国会計理論の再検討」	139-1
	岡部孝好	「『利』と『害』の会計学とその日本的展開」	139-1

	柴　健次	「金融資産の証券化と資産の認識」	139-6
1992年度	今福愛志	「会計基準の展開と米国会計学の位置」	141-2
	伊藤邦雄	「連結決算制度に対するわが国証券市場の学習効果」	142-1，142-2
1993年度	須田一幸	「契約の経済学と会計規制」	143-4
	北村敬子	「会計環境の変化と財務報告の課題」	143-1
1994年度	浅田孝幸	「日米企業のSBUの事業戦略と業績管理」	145-3
1995年度	濱本道正	「日本型会計システムの特質とその成立過程」	147-4
	藤井秀樹	「取得原価主義会計における未来事象と利益測定」	147-3
1996年度	尾畑　裕	「原価計算論の再構築－ドイツにおける原価理論・コントローリングの発展に学ぶ」	149-4
1997年度	大塚宗春	「リスク管理と会計」	151-1
	徳賀芳弘	「利益数値の国際比較方法－会計制度の定量的比較を中心として」	150-6
1998年度	山本浩二	「感性領域への管理会計の拡大－組織の活性化」	153-3
	黒川行治	「企業結合とのれんの会計の検討」	152-4
	友杉芳正	「会計認識領域の拡大における経済的実態把握とその監査対応」	153-4
1999年度	八田進二	「会計情報の拡大と監査可能性－監査範囲の拡大と監査業務の品質確保を中心として」	155-4
	百合草裕康	「連結キャッシュ・フロー情報の有用性」	154-4
	薄井　彰	「クリーンサープラス会計と企業の市場評価モデル」	155-3
2000年度	岡野　浩	「日本的管理会計のグローバリゼーション－原価企画の国際比較」	157-3
2001年度	該当作なし		
2002年度	大塚成男	「会計基準設定活動を分析するための枠組み」	160-3
	石川博行	「利益の時系列特性と配当に対する市場の評価」	160-6
	角ヶ谷典幸	「棚卸資産の低価基準と固定資産の減損処理－割引現在価値を中心にした分化的・統合的解釈の試み」	161-1

2003年度	音 川 和 久	「新会計基準とマーケット・マイクロストラクチャー」	161-5
	壹 岐 芳 弘	「総資本に関する実質資本維持論の構想」	161-6
	橋 本 　 尚	「新世紀における財務報告の課題と展望」	163-3
2004年度	倉 田 幸 路	「会計理論の変遷と利益概念」	165-1
	佐々木隆志	「監査における会計構造の意味」	165-3
2005年度	該当作なし		
2006年度	中 野 　 誠	「無形資源と競争優位性・リスクの分析－日米における double-edged sword 仮説の検証」	168-6
2007年度	梅 原 秀 継	「会計主体と株主持分－一般理論および連結基礎概念の適用をめぐって」	169-4
2008年度	髙 田 知 実	「経営者の裁量行動と継続企業の前提に関する追記の開示」	『会計プログレス』第９号
2009年度	藤 野 雅 史	「公的部門における管理会計の統合プロセス－米国連邦政府の業績予算－」	『会計プログレス』第10号
2010年度	岡 田 幸 彦	「サービス原価企画への役割期待－わが国サービス分野のための研究教育に求められる新たな知の体系の構築に向けて」	177-1
2011年度	阪 　 智 香・大 鹿 智 基	「CO_2排出量の株価説明力と情報開示の影響」	『会計プログレス』第12号
	加賀谷哲之	「日本企業の費用収益対応度の特徴と機能」	179-1
	矢 澤 憲 一	「コーポレート・ガバナンス，監査報酬，利益管理の関連性」	『会計プログレス』第12号
2012年度	中 條 祐 介	「中期経営計画情報の自発的開示行動とその企業特性」	180-6
	町 田 祥 弘	「監査時間の国際比較に基づく監査の品質の分析」	181-3
	安 酸 建 二	「経営者業績予想におけるコスト予想に関する実証研究－管理会計からのアプローチ」	『会計プログレス』第13号
2013年度	該当作なし		
2014年度	長谷川惠一	「観光産業におけるビジネスモデルの変革と管理会計－宿泊業を中心として」	185-4

	宮本京子	「監査リスク・アプローチに対するイノベーティブチャレンジ」	185-3
2015年度	林　隆敏	「アメリカの処分事例にみる職業的懐疑心」	187-2
	野間幹晴	「退職給付に係る負債が業績に与える影響－退職給付引当金と未認識債務の相違」	187-2
	挽　文子	「管理会計の多様化と普遍性」	187-2
2016年度	該当作なし		
2017年度	永見　尊	「公正価値監査における合理性の判断基準」	191-2
	小谷　学	「レギュレーションFD，アナリストによる情報取得，および公共財問題」	『会計プログレス』第18号
2018年度	竹原　均	「アセットプライシングモデル選択と会計発生高アノマリー－機能的固定仮説への反証」	『会計プログレス』第19号
	中野貴之	「セグメント財務報告における経営者の裁量行動－上場企業の内部データに基づく検証」	『会計プログレス』第19号
2019年度	該当作なし		
2020年度	該当作なし		
2021年度	該当作なし		
2022年度	該当作なし		
2023年度	該当作なし		

あとがき

私の出身高校は埼玉県立熊谷高校です。熊谷駅から高校まで下駄履きで30分程かかります。途中，「公認会計士」という小さな看板を掲げていた家がありました。黒い板塀に囲まれひっそりとしていました。何をしているのだろう，と通るたびに思いました。英語の先生は，難波渉先生です。商社マンになろうとしていた私に公認会計士という仕事があることを教えてくださいました。

そのことを大学では多少意識し，会計学を系統的に履修しました。2年間のゼミナールも財務会計でした。4年生の7月頃，高校通学時の見慣れた看板に難波先生の助言が重なり，公認会計士試験の勉強を始めました。

大学院卒業の時，時代は明治から数えて100年。幕末から新時代にかけて多くのリーダーを輩出した「薩摩」に魅せられ，鹿児島経済大学（現鹿児島国際大学）に赴任しました。ほとんど年齢の違わない学生と夜を徹して語り，リュックを背負って離島や半島を歩き回りました。喜界島の夜の海は龍宮城のようでした。開聞岳のレンゲ畑は紅紫のじゅうたんでした。知覧の飛行場跡は留まって考えることを教えてくれました。まさに，青春の8年間でした。

32歳の時立命館大学に移り，定年まで33年間務めました。理事・学部長・就職部長等の大学の行政にも係り，透明性の高い職場でなければならないことを実感しました。マイクを使わない講義に学生は応じてくれました。

65歳の時，新設の熊本学園大学会計大学院に移りました。

窓越しに臨む紫に煙る阿蘇連峰，ドライブ道から広がる草千里。一見穏やかに見える阿蘇山ですが，その底には情熱のマグマが秘められています。最後の赴任地と思っていた肥後の国で，燃焼の意味を教えられました。

68歳の時，母校早稲田大学に赴任しました。18歳の入学式は，都の西北が流れる中でガウンを着た教授陣の行進で始まりました。50年後，同じ会場でガウンを着て最後に登壇し，入学時の感動が再び胸に迫りました。

1年後，金融庁公認会計士・監査審査会会長に任命され，3年間務めました。東芝事件は貴重な経験でした。検査チームをリードしてきたと自負しています。

「おほけなく うき世の民に おほふかな わが立つ杣(そま)に 墨染の袖」（前大僧正慈円(じえん)）と詠われた比叡の山を仰ぎ，桂川に沿って嵐山，常寂光寺，祇王寺，大覚寺等を訪ねます。そして，秋には「小倉山 峰のもみぢば 心あらば いまひとたびの みゆき待たなむ」（貞信公(ていしんこう)）の紅葉を満喫します。

でも，まだまだ，目標に向かって努力する，努力することを心掛けています。

いい大学とはどんな大学でしょうか？

朝，目を覚ました時，「あの講義があるから楽しみだ」と言えるなら，いい大学です。人生に一度しかない青春時代をつまらない講義で過ごす必要はありません。キャンパスで大いに青春を謳歌するのもよろしい。

しかし，活字を通して勉強した君が勝つ，と私は信じてきました。そして，その信念はますます強まっています。

初版から28年経ちました。多くの読者に感謝申し上げます。漫画家のやくみつるさんにお礼申し上げます。

2023年12月

京都西山のゆったりとしたラインと桂川を眺めつつ

千代田　邦夫

索　引

あ　行

ROE……134
アイファース……264
アキュムレーション……150
アクチュアリー……177
預り金……108
アモチゼーション……150
粗利……73
有高比較計算……30
いくら儲けたか……74
意見不表明報告書……244
一致の原則……84
一般債権……148
一般に公正妥当と認められる監査の基準……236
一般に公正妥当と認められる企業会計の基準……18,144,250,260
「一般に公正妥当と認められる企業会計の基準」の優位性……256
移動平均法……157,159,196
イファース……264
受取手形……99
売上勘定……49
売上原価……70,75
売上原価の計算……48
売上原価率……75
売上債権……100,132
売上収益……14
売上総利益……73
売上高……69
売上高営業利益率……75
売上帳……43
売上値引……71
売上割引……71
売上割戻……72
売掛金……99
売掛金の回収可能性……52
AI 時代の学生生活……270
営業外収益……71
営業外損益……70
営業外費用……71
営業活動によるキャッシュ・フロー…131
営業損益……69
営業利益……73
益金算入と益金不算入……261
益金の額……182,260
EDINET（edinet）……20,88,266,267
M&A……134
大手商社等の流動比率……96
押込販売……239
オペレーティング・リース……171,172
親会社……104
オンバランス……264

か　行

買入部品費……193,196
買掛金……107
外観的独立性……233
開業費……105
会計学の学び方と基本会計図書……268
会計監査人……6,248
会計期間の公準……143
会計原則……140,144
会計原則と会計基準……143
会計公準……140,142

会計処理方法が異なる……………………15
会計手続……………………………………140
会計と会計学…………………………………2
会計の原則（会社法）…………………258
会計方針……………………………………145
会計方針の開示…………………………145
会計方針の継続性………………146,254
会計方針の変更…………………………254
会計方針の変更に関する注記…………146
解散……………………………………83,142
開示法………………………………………258
会社……………………………………………3
会社計算規則………………………………13
会社の安全性………………………………93
会社の規模…………………………………93
会社の実態……………………………6,10,121
会社の種類……………………………………3
会社法の定める会計……………………257
外注加工費……………………………194,198
階梯式配賦法（原価計算）………203,204
開発費………………………………………105
加工費……………………………………209,210
貸方……………………………………………33
貸倒れ……………………………………52,173
貸倒懸念債権……………………………148
貸倒実績率…………………………………52
貸倒損失…………………………………52,173
貸倒引当金……………………52,173,183
貸倒引当金繰入額……………………52,173
貸倒引当金の表示…………………………53
過失…………………………………………235
貸し手（レッサー）……………………171
稼得資本……………………………………111
金型…………………………………………102
カネの調達と運用を表す貸借対照表…92
株券……………………………………………4
株式……………………………………………4
株式会社………………………………………4
株式交付費…………………………………105
株式引受権…………………………………115
株主……………………………………………4
株主資本……………………………………110
株主資本純利益率…………………………134
株主資本等変動計算書…………………116
株主有限責任の原則………………4,113
貨幣的測定の公準………………………143
借方……………………………………………33
借方と貸方の合計金額は一致する……42
借り手（レッシー）……………………171
為替手形………………………………………99
関係会社……………………………………104
関係会社株式…………………………103,151
関係会社事業損失引当金………109,176
関係会社社債………………………………103
関係会社出資金……………………………103
監査意見……………………222,223,244
監査意見の根拠……………………223,245
監査基準……………………………………236
監査基準報告書（監査実務指針）……237
監査上の主要な検討事項………223,245
監査における不正リスク対応基準……237
監査に関する品質管理基準……………236
監査人の独立性とコンサルティング
　業務………………………………………233
監査の基準…………………………………236
監査報告書……………………………222,243
監査報告書の構造………………………244
監査報告書の種類………………………243
監査法人……………………………………232
監査リスク…………………………………238
勘定……………………………………………26
勘定科目……………………………………26,34
勘定科目一覧表……………………………36
勘定式（報告様式）……………………60,61

間接法（減価償却）……………………53
還付……………………………………186
管理会計………………………………200
関連会社………………………………104
機械装置………………………………101
期間帰属…………………………………84
期間損益計算……………………………83
期間損益計算の根拠……………………83
企業………………………………………3
企業会計…………………………………2
企業会計基準委員会…………………144
企業会計基準の弾力性………………254
企業会計上の損益と所得金額との関係
……………………………………………261
企業会計上の利益……………………260
企業会計審議会………………………236
企業会計と税務会計との関係………259
企業会計の理論的な仕組み…………140
企業実体の公準………………………142
企業内容等開示制度……………………19
企業年金………………………………177
期日一括振込…………………………107
期待運用収益…………………………180
基本財務諸表…………………………136
基本的会計コンベンション…………142
キャッシュ・フロー…………………127
キャッシュ・フロー計算書………13,128
キャッシュ・フロー計算書のフォーム
……………………………………………129
キャッシュ・フロー計算書の有用性
……………………………………………135
給与と給料……………………………194
教員の立場……………………………169
強調事項…………………147,249,255
協同組織金融機関監査………………248
銀行取引停止処分………………………95
銀行簿記精法……………………………25
勤務費用………………………………180
金融商品………………………………258
金融商品取引所…………………5,247
金融商品取引法…………19,247,258,262
金融商品取引法と会社法の定める監査
……………………………………………247
繰越欠損金……………………………112
繰越利益剰余金………………113,114
繰延資産と5項目……………………105
繰延税金資産と繰延税金負債………186
グループ通算制度……………………186
黒字倒産………………………………128
KAM……………………………………245
経営者の立場と監査の必要性………227
K君と教授との対話…………………253
経済主体…………………………………2
計算書類…………………………………13
経常損益…………………………………69
経常利益…………………………………73
継続企業の公準………………………142
継続企業の前提（監査）…………225,249
継続記録法……………………155,196
継続性の原則……146,161,164,215,256
経費……………………………………194
経費の計算……………………………198
契約資産…………………87,88,100
契約上の履行義務の充足………………86
契約負債………………………………107
ゲーテ…………………………………23,60
決算………………………………………35
決算公告………………………………257
決算整理仕訳……………………………47
決算整理と整理記入……………………47
月次試算帳………………………………46
欠損金…………………………………186
原因別計算（複式簿記）………………28
原価管理………………………………199

原価計算期間…………………………196
原価計算基準…………………………193
原価計算の手続体系…………………192
原価計算のプロセス…………………190
原価計算表……………………………206
減価償却資産の耐用年数等に関する
　省令…………………………………163
減価償却の意味と目的………………162
減価償却の自己金融効果……………166
減価償却費の計算……………53,163
減価償却累計額………………53,166
原価の３要素…………………………193
原価の製品別計算……………205,209
原価の費目別計算……………………193
原価部門………………………………198
現金……………………………………98
現金及び預金の増減明細表…………135
現金主義………………………………84
現金出納帳……………………………43
原材料…………………………………100
減資と減資差益………………………112
検収基準………………………………87
減収減益………………………………10
建設仮勘定……………………………102
減損……………………………72,170
減損損失の測定………………………168
減損損失の戻入れ……………………169
減損テスト……………………………264
減損の兆候……………………………168
減損の認識……………………………168
現代監査の特徴………………………238
限定付適正意見報告書………………243
現場力がUPする課長の会計強化書…80
故意……………………………………235
公共施設等運営権……………………103
工具・器具・備品……………………102
合計残高試算表………………………45
合計試算表……………………………45
公告と広告……………………………257
合資会社…………………………………5
行使価額………………………………115
工事進行基準…………………………87
工事損失引当金………………………108
工場管理部門…………………………199
構築物…………………………………101
工程……………………………………199
合同会社…………………………………4
公認会計士……………………231,267
公認会計士監査に対する期待と限界
　……………………………………249
公認会計士監査の実施状況…………248
公認会計士監査の目的………………229
公認会計士の責任……………………235
公認会計士の損害賠償責任…………235
公認会計士の独立性…………………232
公認会計士を目指す諸君へ…………266
合名会社…………………………………5
小売棚卸法……………………………157
合理的な保証（監査）………………230
ゴーイング・コンサーン……………143
子会社…………………………………104
子会社株式及び関連会社株式………151
国際会計基準…………………………263
国際会計基準審議会（IASB）………264
国際会計士連盟………………………237
国際監査基準…………………………237
国際財務報告基準（IFRS）…………264
国税……………………………………181
国立大学法人等監査…………………249
固定資産………………………………101
固定資産圧縮積立金…………………113
固定資産の減価償却と減損会計……169
固定資産の減損………………167,170
固定資産の取得原価…………………163

固定性配列法……97
固定負債……109
誤謬……230
個別原価計算……205
個別原価計算の手続……206
個別財務諸表に係る無限定適正意見
　報告書……223
個別注記表……13
個別法……156,158,196

さ　行

財貨……3
債権……99
債権者……8
債権者保護……113
在庫……48,49,155
在庫帳（商品有高帳）……155
財産法……64
最終仕入原価法……157,160,196
財政状態……92
歳入……9
債務……30
債務超過……82,143,250
財務会計……191
財務活動……70,73,78
財務活動によるキャッシュ・フロー……133
財務諸表……10
財務諸表監査における監査人の責任
　……224,246
財務諸表監査の限界……251
財務諸表作成プロセス……35
財務諸表等規則……13
財務諸表に対する経営者並びに監査役
　及び監査役会の責任……224,246
財務諸表の監査の目的……229
財務書類……232
財務ディスクロージャー制度……19
財務ディスクロージャーと会計の
　仕組み……274
材料の購入原価……195
材料の棚卸減耗……196
材料費……193
材料費計算の基礎……196
材料費の計算……195
材料副費……195
先入先出法……156,159,196
先入先出法（原価計算）……212
先入先出法による原価の流れ……212
指図書別原価計算……205
雑給……194
雑収益……71
雑損失……41,71
残存簿価……163
残高試算表……45
残高試算表と貸借対照表及び損益
　計算書の関係……59
シーピーエー（CPA）……221
仕入勘定……49
仕入債務……132
仕入先元帳……43
仕入帳……43
仕入値引と仕入割引と仕入割戻……72
仕掛品……100
仕掛品と完成品の原価の計算……211
仕掛品の完成品換算数量……209
時価基準……119
時価評価……121
事業税……181
事業報告（会社法）……257
資金繰り……97
資金の調達と運用……91
自己株式の取得……134
自己資本……91
自己資本比率……124

試査……242
資産……31,98
資産除去債務……109
資産と負債の評価……118
資産の評価基準……119
資産の流用……230
試算表……45
資産評価のルール……118
試算表等式……32
資産負債アプローチ……265
市場……119
地震損失引当金……175
施設利用権……103
実現主義の原則……85
実際原価……198
実際原価計算……198
実地棚卸……48,196
支配力基準……263
支払手形……99,107
支払利息……40,71
資本……30,31
資本金……14,111
資本準備金……111
資本剰余金……111
資本的支出……167
資本取引……111
社員（会社法）……4
社会の公器……7
社債……19,109
社債発行費……105
社債利息……71,109
車両運搬具……102
収益……15,32
収益性……73,76
収益的支出……167
収益認識基準……86
収益費用アプローチ……265
修繕費と改良費……167
住民税……181
重要性の原則……71,72,98
出金サイクル……96
取得原価……119,154,163
取得原価基準……119,120
主要簿……43
純現金収支……134
純資産……30,110
純資産の構成……110
純資産明細表……118
償還期社債……109
償却原価法……150
条件付債務……176
証券取引所……5
証券取引法……258
上場……5
上場会社数……6
消費者保護……259
証憑……120
商品……100
商品勘定の3分割……49
正味売却価額……168
剰余金……111
賞与引当金……176
将来キャッシュ・フローの割引後の
　現在価値……168
除外事項……243
職業的懐疑心……234
職業的専門家としての正当な注意……235
職業倫理規則……236
諸口……43
所得金額……182,260
私立学校法人監査……248
仕訳……33,39
仕訳帳……33
仕訳の原則……33,34

新株予約権……115
信用金庫監査……248
信用保証協会……148
ステークホルダー……7
ズムマ……24
税効果会計……182
清算……83
生産高比例法……164
精算表……56,58
正常営業循環基準……93
精神的独立性……232
製造間接費……195,200
製造原価明細書……216
製造原価明細書（非公開）……274
製造指図書……205
製造部門……198
正当な理由（会計方針の変更）……146
税引前当期純利益……73,131
製品……100
製品原価計算目的……200
製品保証引当金……108,175,176
税理士試験科目……262
税理士を目指す諸君へ……259
全部純資産直入法……151
総勘定元帳……43
総合原価計算……205,209
相互配賦法……203
相互配賦法（原価計算）……204
総資産……121
総資本……91
増収増益……10
総製造費用……209
総平均法……157,159,196
創立費……105
素材費……193,196
その他資本剰余金……112
その他の記載内容（監査報告書）……245
その他の包括利益……265
その他有価証券……151,153
その他有価証券評価差額金……114,265
ソフトウェア……102
損益計算書……15,67
損益計算書と貸借対照表とキャッシュ・フロー計算書の関係……136
損益計算書の基本フォーム……68
損益取引……111
損益法……64
損益を計算するためのルール……83
損金算入と損金不算入……261
損金の額……182,260
損失……15,32

た　行

大会社……6,129
貸借対照表……14,89
貸借対照表等式……31
貸借対照表と損益計算書の関係……62
貸借対照表と損益計算書の様式……60
貸借対照表の科目の並び順と科目の表示……97
貸借対照表の合計欄……93
貸借対照表の見方……90
貸借対照表は会社の歴史も示す……125
貸借平均の原理……42
退職給付会計……177
退職給付債務……178
退職給付引当金……176,179
退職給付引当金の計算プロセス……178
退職給付費用……180
退職給付見込額……177
退職金……177
耐用年数……53,163
闘う公認会計士……256
タックス・ヘイブン……231

建物……101
建物付属設備……101
棚卸計算法……155,196
棚卸減耗損……161
棚卸資産……100
棚卸資産の会計……154
棚卸資産の期末評価……161
棚卸資産の取得原価……154
棚卸資産の評価方法……156
棚卸評価損……162
他人資本……91
段階別損益……73
短期貸付金……100
短期借入金……107
単式簿記……25
単式簿記の特徴と欠陥……26
地方税……181
注記……13,145,166,172,228,249,254
中小企業（法人税法）……4
帳合之法……24,64
長期預り金……109
長期貸付金……104
長期借入金……109
帳簿価額（簿価）……170
直接工と間接工……197
直接配賦法……202
直接配賦法（原価計算）……204
直接費と間接費……195
直接法（減価償却）……53
貯蔵品……100
賃金……194
通貨代用証券……98
ツー・ツー・ワン・ルール……95
T字型……26
定額法……53,163,165
ディスクロージャー制度……19
定率法……164,165
定率法から定額法への変更……165
定率法から定額法への変更（関西電力）……255
手形……95
手形債権と手形債務……99
点が線になる……138
転記……43
電子記録債権……106
電子記録債務……106
電子公告……257
当期純利益……14,73
当期純利益と包括利益との関係……265
当月製造費用……209
当座資産……98
当座預金……40
倒産危険情報……249
投資活動によるキャッシュ・フロー…133
投資者……19
投資者保護……258
投資その他の資産……103
投資損失引当金……176
東芝に対する限定付適正意見報告書……244
投資不動産……102
投資有価証券……72,103
どうやって儲けたか……75
得意先元帳……43
特別損益……69,72,76
特別損失……72
特別利益……72
特例有限会社……5
土地……102
特許権使用料……198
取引の認識……35,41

な 行

名宛人（受取人）……99

名宛人（支払人）…………………………99
内部監査………………………………230
内部牽制組織…………………………230
内部統制………………………………239
内部統制監査報告書…………………242
内部統制システム……………………257
日経・経済図書文化賞受賞図書……276
日本会計研究学会太田・黒澤賞受賞
　図書…………………………………277
日本会計研究学会賞受賞論文………280
入金サイクル……………………………96
任意積立金……………………………113
年金基金………………………………179
年金資産………………………………179
のれん…………………………………103
のれんの減損…………………………167
のれんの償却…………………………166

は　行

売価還元原価法………………157,160
配当金……………………………8,109
売買目的有価証券……………51,149
破産更生債権等………………………148
８桁精算表………………………………57
発生主義の原則…………………………84
パナソニックグループの関係会社数…82
パナソニックグループの業績…………81
パナソニックの業績……………………79
パナソニックの総資産・利益剰余金・
　自己資本比率………………………122
パナソニックの引当金…………………16
パナソニック物語………………………80
払込資本………………………………110
半製品…………………………………100
販売基準…………………………………86
販売促進引当金………………………176
販売費及び一般管理費…………………70
引当金…………………………15,108,119
引当金の会計…………………………172
引当金の種類と区分表示……………176
引当金のポイント……………………174
引当金の本質…………………………174
引当金の４つの要件…………………175
引渡基準…………………………………86
日立グループの関係会社数……………82
日立グループの業績……………………80
日立の売上債権………………………147
日立の貸付金の推移…………………148
日立の株主資本等変動計算書………117
日立の業績………………………………77
日立の原価計算プロセス………215,217
日立の総資産・利益剰余金・自己資本
　比率…………………………………122
日立の損益計算書………………………12
日立の貸借対照表………………………11
日立の棚卸資産の評価方法…………161
日立の引当金……………………………16
日立のホームページ……………………10
費用……………………………………15,32
評価……………………………………118
評価・換算差額等……………………114
評価性引当金…………………………176
費用収益対応の原則…………88,175,182
標準原価計算…………………………200
費用配分の原則………………140,163
ファイナンス・リース………………171
福沢諭吉……………………………24,64
複式記入…………………………………25
複式簿記………………17,24,25,28,30
複式簿記固有の特長……………………30
複式簿記の原理…………………………30
複式簿記の自己検証機能………………46
含み益……………………………………76
負債…………………………………31,106

負債性引当金……176
付随費用……154,163,195
不正……230
不正リスク……237,239
不適正意見報告書……244
部分純資産直入法……152
部門共通費……201
部門個別費……200
部門費の集計と配賦……200
部門費の第1次集計……200
部門費の第2次集計……201
部門費配分表……202,203
部門別計算の必要性……199
フリーキャッシュ・フロー……134
振出人（支払人）……99
不渡り……95
粉飾……230
粉飾技法……228
粉飾決算……17,228
分配可能額……110,112
平均法（原価計算）……211
平均法による原価の流れ……211
返金負債……72
包括利益……265
報告式（報告様式）……60
法人税……181
法人税，住民税及び事業税……181
法人税等調整額……181,184
法定監査……247
法定資本……111
法定耐用年数……163
法定福利費……70
ホームページで見る財務諸表……10
簿価……71,167,168,170
簿価切下げの方法……145,162
簿記（複式簿記）……17,25,28,30
保険数理士……177
保守主義……120
補助経営部門……199
補助部門……199
補助部門費の配賦計算……202
補助簿……43

ま　行

前受金……107
前受収益……54,108
前払費用……54,101
前渡金……100
マネジメント・コンサルティング・サービス……233
満期保有目的の債券……150
未収収益……56,101
未収入金……101
未償却残高……164
未払金……107
未払費用……55,107
無形固定資産……102
無形固定資産の償却……166
無限責任社員……5
無限定適正意見報告書……243
持ち合い株式……103,114,151
持株会社（パナソニック）……15
持株基準……263
持分会社……5
元帳……35,43
元帳への転記……42
物の流れと原価の流れ……191

や　行

約定利息……150
約束手形……95,99
有価証券……100,149
有価証券運用損益……52,150
有価証券届出書……247,258

有価証券の会計……149
有価証券の下落率……152
有価証券の減損……152
有価証券の評価……51,149
有価証券の分類……149
有価証券報告書……19,129,258
有価証券報告書と就職活動……266
有価証券報告書の活用……266
有形固定資産……101
有形固定資産の会計……162
有限会社……5
有限責任社員……4
用役（サービス）……3
預金……99
預金者保護……259
予定価格……197
予定賃率……197

ら　行

リース債務……171
リース資産……102,171
リース取引……171
利益……32,73,182
利益準備金……112
利益剰余金……112,123
利益操作……146,255
利益とカネのルール……133
利害関係（監査）……226,246
利害関係者……2,7
リスク・アプローチ監査……238,241
利息費用……180
リベート……72
流動・固定の分類基準……93
流動資産……98
流動性配列法……97
流動比率……94
流動負債……94,106
留保利益……111,112
利用高法……164
ルカ・パチョーリ……24
連結子会社数……263
連結財務諸表……262
連結の範囲……262
連結包括利益計算書……262,265
連鎖倒産……8
労務費……194
労務費の計算……197

わ　行

和式帳合……24
割引現在価値……119
割引現在価値基準……119
割引率……120,178
ワン・イヤー・ルール……94

〔著者紹介〕

千代田 邦夫（ちよだ　くにお）

1966年　早稲田大学第一商学部卒業
1968年　早稲田大学大学院商学研究科修士課程修了
1968年　鹿児島経済大学助手，講師，助教授（～1976年）
1976年　立命館大学経営学部助教授（～1984年）
1984年　立命館大学経営学部教授（～2006年）
2006年　立命館大学大学院経営管理研究科教授（～2009年）
2009年　熊本学園大学大学院会計専門職研究科教授（～2012年）
2012年　早稲田大学大学院会計研究科教授（～2014年）
2013年　金融庁公認会計士・監査審査会会長（～2016年）
現　在　立命館大学大学院経営管理研究科客員教授，立命館アジア太平洋大学客員教授
経営学博士，公認会計士

1973年　チュレイン大学大学院留学（～1974年）
1981年　ライス大学客員研究員（～1982年）
1992年　アメリカン大学客員研究員（～1993年）
1998年　公認会計士試験第２次試験委員（～2000年）
2003年　公認会計士試験第３次試験委員（～2006年）

日経・経済図書文化賞
日本会計研究学会太田賞
日本内部監査協会青木賞
日本公認会計士協会学術賞
辻眞会計賞

〈主要著書〉
単　著：『経営者はどこに行ってしまったのか―東芝 今に続く混迷』中央経済社，2022年
『現場力がUPする課長の会計強化書』中央経済社，2019年
『財務ディスクロージャーと会計士監査の進化』中央経済社，2018年
『闘う公認会計士―アメリカにおける150年の軌跡』中央経済社，2014年
『監査役に何ができるか？』（第２版），中央経済社，2013年
『現代会計監査論』（全面改訂版），税務経理協会，2009年
『会計学入門―会計・税務・監査の基礎を学ぶ』（第９版），中央経済社，2008年
『貸借対照表監査研究』中央経済社，2008年
『日本会计』（中国版）李敏校閲・李文忠訳，上海財経大学出版社，2006年
『課長の会計道』中央経済社，2004年
『監査論の基礎』税務経理協会，1998年
『アメリカ監査論―マルチディメンショナル・アプローチ＆リスク・アプローチ』中央経済社，1994年
『公認会計士―あるプロフェッショナル100年の闘い』文理閣，1987年
『アメリカ監査制度発達史』中央経済社，1984年
共　著：『会計監査と企業統治』（『体系現代会計学第７巻』）千代田邦夫・鳥羽至英責任編集，中央経済社，2011年
『公認会計士試験制度』日本監査研究学会編，第一法規，1993年
『新監査基準・準則』日本監査研究学会編，第一法規，1992年
『監査法人』日本監査研究学会編，第一法規，1990年
共　訳：『ウォーレスの監査論―自由市場と規制市場における監査の経済的役割』千代田邦夫・盛田良久・百合野正博・朴大栄・伊豫田隆俊，同文舘出版，1991年

新版 会計学入門（第8版）
■会計・監査の基礎を学ぶ

1996年3月25日　第1版第1刷発行
1998年5月10日　第1版第8刷発行
1998年10月20日　第2版第1刷発行
1999年10月10日　第2版第4刷発行
2000年2月10日　第3版第1刷発行
2000年6月1日　第3版第3刷発行
2001年4月5日　第4版第1刷発行
2002年6月1日　第4版第6刷発行
2003年3月20日　第5版第1刷発行
2004年3月20日　第5版第3刷発行
2005年1月20日　第6版第1刷発行
2005年6月1日　第6版第2刷発行
2006年3月20日　第7版第1刷発行
2007年3月20日　第8版第1刷発行
2007年5月30日　第8版第2刷発行
2008年3月30日　第9版第1刷発行
2009年4月1日　第9版第3刷発行
2010年2月10日　新版第1版第1刷発行
2011年3月1日　新版第1版第3刷発行
2012年4月1日　新版第2版第1刷発行
2013年3月25日　新版第2版第4刷発行
2014年2月10日　新版第3版第1刷発行
2015年1月25日　新版第3版第3刷発行
2016年2月10日　新版第4版第1刷発行
2017年9月30日　新版第4版第3刷発行
2018年3月10日　新版第5版第1刷発行
2019年2月20日　新版第5版第4刷発行
2020年2月20日　新版第6版第1刷発行
2021年10月5日　新版第6版第4刷発行
2022年3月10日　新版第7版第1刷発行
2023年2月20日　新版第7版第3刷発行
2024年3月1日　新版第8版第1刷発行

著　者　千代田　邦夫
発行者　山本　継
発行所　㈱中央経済社
発売元　㈱中央経済グループパブリッシング

〒101-0051　東京都千代田区神田神保町1-35
電話　03（3293）3371（編集代表）
03（3293）3381（営業代表）
https://www.chuokeizai.co.jp
印　刷／東光整版印刷㈱
製　本／誠　製　本㈱

＊頁の「欠落」や「順序違い」などがありましたらお取り替えいたしますので発売元までご送付ください。（送料小社負担）

ISBN 978-4-502-48731-6　C3034

■最新の監査諸基準・報告書・法令を収録■

監査法規集

中央経済社編

本法規集は，企業会計審議会より公表された監査基準をはじめとする諸基準，日本公認会計士協会より公表された各種監査基準委員会報告書・実務指針等，および関係法令等を体系的に整理して編集したものである。監査論の学習・研究用に，また公認会計士や企業等の監査実務に役立つ1冊。

《主要内容》

企業会計審議会編＝監査基準／不正リスク対応基準／中間監査基準／四半期レビュー基準／品質管理基準／保証業務の枠組みに関する意見書／内部統制基準・実施基準

会計士協会委員会報告編＝会則／倫理規則／監査事務所における品質管理　**《監査基準委員会報告書》**　監査報告書の体系・用語／総括的な目的／監査業務の品質管理／監査調書／監査における不正／監査における法令の検討／監査役等とのコミュニケーション／監査計画／重要な虚偽表示リスク／監査計画・実施の重要性／評価リスクに対する監査手続／虚偽表示の評価／監査証拠／特定項目の監査証拠／確認／分析的手続／監査サンプリング／見積りの監査／後発事象／継続企業／経営者確認書／専門家の利用／意見の形成と監査報告／除外事項付意見　他**《監査・保証実務委員会報告》**継続企業の開示／後発事象／会計方針の変更／内部統制監査／四半期レビュー実務指針／監査報告書の文例

関係法令編＝会社法・同施行規則・同計算規則／金商法・同施行令／監査証明府令・同ガイドライン／内部統制府令・同ガイドライン／公認会計士法・同施行令・同施行規則

法改正解釈指針編＝大会社等監査における単独監査の禁止／非監査証明業務／規制対象範囲／ローテーション／就職制限又は公認会計士・監査法人の業務制限